国家社会科学基金一般项目“水权制度研究”（16BFX176）的最终结项成果

南湖
法学文库

全球视野下的水权制度研究

龚春霞 著

法律出版社
LAW PRESS·CHINA
北京

图书在版编目(CIP)数据

全球视野下的水权制度研究 / 龚春霞著. -- 北京 : 法律出版社, 2022
ISBN 978-7-5197-7146-1

Ⅰ. ①全… Ⅱ. ①龚… Ⅲ. ①水法-研究-中国 Ⅳ. ①D922.664

中国版本图书馆 CIP 数据核字(2022)第180089号

全球视野下的水权制度研究
QUANQIU SHIYEXIA DE SHUIQUAN ZHIDU YANJIU

龚春霞 著

责任编辑 郑怡萍
装帧设计 贾丹丹

出版发行 法律出版社
编辑统筹 法律教育出版分社
责任校对 裴 黎
责任印制 刘晓伟
经　　销 新华书店

开本 A5
印张 8　**字数** 188千
版本 2022年11月第1版
印次 2022年11月第1次印刷
印刷 北京建宏印刷有限公司

地址:北京市丰台区莲花池西里7号(100073)
网址:www.lawpress.com.cn
投稿邮箱:info@lawpress.com.cn
举报盗版邮箱:jbwq@lawpress.com.cn
销售电话:010-83938349
客服电话:010-83938350
咨询电话:010-63939796

书号:ISBN 978-7-5197-7146-1　**定价**:39.00元
凡购买本社图书,如有印装错误,我社负责退换。电话:010-83938349

总　序

历经几回寒暑，走过数载春秋，南湖畔的中南法学在不断精心酿造中步步成长。中南法学的影响与日俱增，这离不开长江边上这座历史悠久、通衢九州的名城武汉，更离不开中南法律人辛勤耕耘、励精图治的学术精神。中南学子源于各地聚集于此，又在遍布大江南北传承法学精神、砥砺品格、守望正义的同时，也在法学和司法实践部门坚持创新、止于至善，作出了卓越的贡献。

纵观中南法学的成长史，从1952年9月成立中原大学政法学院，到1953年4月合并中山大学、广西大学、湖南大学的政法系科，成立中南政法学院，后至1958年成为湖北大学法律系，1977年演变为湖北财经学院法律系，转而于1984年恢复中南政法学院，又经2000年5月的中南财经大学与中南政法学院合并至今，中南财经政法大学法学院已然积淀了50年的办学历史。虽经几度分合，但“博学、韬奋、诚信、图治”的人文精神经过一代又一代中南学人的传承而日臻完善，笃志好学的研习氛围越发浓厚。中南法学经过几十年的积累，其学术成果屡见丰硕。“南湖法学文库”这套丛书的编辑出版，就是要逐步展示中南法学的学术积累，传播法学研究的中南学派之精神。

中南法学经过数十载耕耘，逐渐形成了自成一格的中南法学流派。中南法律人在“为学、为用、为效、为公”教育理念的引导下，历练出了自有特色的“创新、务实”的学术精神。在国际化与跨地区、跨领域交流日益频繁的今天，中南法学以多位中南法学大家为中心，秉承多元化的研究模式与多样性的学术理念，坚持善于批判的学术精神，勇于探讨、无惧成败。尤其是年轻的中南法学学子们，更是敢于扎根基础理论的研习，甘于寂寞；同时也关注热点，忧心时事，活跃于网络论坛，驰骋于法学天地。

从历史上的政法学院到21世纪的法学院，前辈们的学术积淀影响深远，至今仍给中南法学学子甚至中国法学以启迪；师承他们的学术思想，沐浴其熠熠生辉的光泽，新一辈的中南法律人正在法学这片沃土上默默耕耘、坚韧不拔。此次中南财经政法大学法学院推出这套“南湖法学文库”，作为中南法学流派的窗口，就是要推出新人新作，推出名家精品，以求全面反映法学院的整体科研实力，并使更多的学者和学子得以深入了解中南法学。按照文库编委会的计划，每年文库将推出5至6本专著。相信在中南法律人的共同努力下，文库将成为法学领域学术传播与学术交流的媒介与平台，成为中南法律人在法学研习道路上的阶梯，成为传承中南法学精神的又一个载体，并为中国法学研究的理论与实践创新作出贡献。

晓南湖畔书声朗，希贤岭端佳话频。把握并坚守了中南法学的魂，中南法律人定当继续开拓进取，一如既往地迸发出中南法学的铿锵之声。

是为序。

吴汉东

2011年2月1日

目　录

引　论

第一节　问题缘起和中心主题

一、全球水资源危机状况

地球是现阶段宇宙中唯一已知有地表水的行星,水使生命和文明成为可能。伴随着人口增长、经济社会持续发展,地球环境持续恶化,极端天气频发。人类社会生活生产活动日益受到水资源短缺、水资源灾害、水资源安全问题的影响。

太平洋研究所(Pacific Institute)统计的水冲突年表显示,2010年到2019年,全球发生了629起与水资源相关的争斗;2020年至今(2022年5月)全球发生了202起与水资源相关或影响水资源供应的政治冲突。其中发生在2020年的吉尔吉斯斯坦和乌兹别克斯坦之间的为争夺水资源的暴动导致200多人受伤;2021年发生在也门的水井纷争导致8人死亡,10多人受伤;2022年俄乌战争期间,乌克兰为了阻止俄国军队对基辅的攻击,开启了第聂伯河上的一处水坝,想要通过流水冲击形成的阻碍减缓俄罗斯装甲部队的行进速度,保护首都基辅。俄罗斯军队发射炮弹，毁损了大坝。[1] 水资源战争在全球各区域时有发生，冲突类型既包括武装冲突(weapon)，也包括一触即发的抗议行为(trigger)，还包括造成严重伤亡后果(casualty)的事件。

2018年，南非开普敦遭受了百年不遇的水危机，为了应对水资源短缺的危机，他们不得已关停城市用水，并将2018年4月21日命名为“零水日”(Day Zero)。2021年4月22日，第52个世界地球日，纪录片《零水日》(Day Zero)全球首播。片名取自南非开普敦“零水日”，“零水日”是指没有任何水资源可用的时候。该纪录片通过丰富的影像资料记录了当下地球上的水资源状况，展示了包括巴西、南非、美国和中国在内的国家和地区的水资源危机现象，将人类社会共同面临的水危机状况呈现在大众面前。2014年4月，在博鳌亚洲论坛上王浩院士作了《中国水资源面临三大危机》的发言。王浩院士指出，在联合国的192个有水统计的国家中，中国的人均水资源量从高到低排在第127位。与其他国家相比，中国水资源的条件比较差，主要体现在人均水资源占有量少；水资源南北分布不均衡；水资源污染问题突出三大危机。

如何有效缓解中国水资源危机状况？这个难题需要不同领域不同学科的学者从不同角度展开研究。笔者尝试从水权制度规范及其实践效果出发，通过完善制度设计，改变不合理的水资源使用方式和制度设计，提高水资源使用效率。正是以这一想法为指导，笔者完成了第一本水权专著：《水权制度研究——以水权权属关系为中

---

[1] See *Water Conflict Chronology*, World Water (May 13, 2022), https://www.worldwater.org/conflict/list/.

心》。[1] 这本专著主要以水资源所有权、水权配置以及水权交易为线索,从权属关系变化的视角探讨具体制度的实践及效果,并提出制度完善的具体建议。

二、核心概念与中心主题

研究过程中,笔者发现面对人类社会共同遭遇的水资源危机问题,不仅需要对我国水权制度及其实践展开研究,而且需要通过比较研究,探究分析其他典型国家的水权制度建设及实践发展,探究不同水权制度背后的逻辑以及规范之间的差异,进一步理解不同水权制度的实践效果,为完善我国水权制度建设提供外部视角。

正是在对如何缓解水资源危机的进一步思考中,笔者结合以往的研究基础,将"全球视野下的水权制度研究"作为新的研究主题。关于水权研究的第二本专著《全球视野下的水权制度研究》,具体比较水资源从所有到利用过程中,代表性国家水权制度的规范及实践效果差异,并通过对差异进行评价的比较研究,[2] 探索全球视野下完善中国水权制度建设的可能路径。

本书有三个核心概念:全球视野、水权、水权制度。2021 年 9 月 24 日习近平主席向中关村论坛发表视频致贺时提道:"当今世界,发展科学技术必须具有全球视野,把握时代脉搏,紧扣人类生产生活提出的新要求。"全球视野是一种开放的态度,更是大国的担当。在经

[1] 龚春霞:《水权制度研究——以水权权属关系为中心》,湖北人民出版社 2019 年版。

[2] 朱景文教授将比较法的框架概括为三个方面:叙述的比较法、评价的比较法和沿革的比较法。叙述的比较法是关于外国法的研究,集中在对外国法本身的介绍。评价的比较法是比较不同法律制度的异同。沿革的比较法是关于不同法律体系之间关系的研究。参见朱景文主编:《比较法总论》(第 4 版),中国人民大学出版社 2019 年版。借鉴朱景文教授关于比较法研究的框架,本书的研究集中关注水权制度的异同,属于评价的比较研究。

济全球化深入发展的大背景下,各国经济科技联系更加紧密,科学技术的发展和创新,需要全球视野。任何国家都不可能孤立地解决所有难题,世界各国需要加强合作和互动,共同应对时代挑战。全球水资源危机将对世界各国的经济社会发展产生重大影响。如何应对水资源危机,是所有国家面临的重大挑战。为了有效应对水资源危机,中国需要对代表性国家和地区的水权制度及其实践效果展开比较研究。希冀通过全球视野的考察,完善应对水资源危机的水权制度建设。缓解中国的水资源危机状况,既是回应中国生态环境保护和可持续发展的要求,也能对缓解全球水资源危机尽绵薄之力。受限于精力不足和能力欠缺,本书不可能对世界各国的水资源状况和水权制度建设进行分析。“全球视野”的考察,主要包括三个层面:第一,从宏观层面对全球的水资源危机状况进行分析;第二,从中观层面对典型国家和地区的水资源所有权进行介绍;第三,从微观层面重点分析美国和澳大利亚两国的水权制度及其实践效果。

我国现行法律并未明确界定水权的概念。《民法典》第 246 条规定:“法律规定属于国家所有的财产,属于国家所有即全民所有。国有财产由国务院代表国家行使所有权。法律另有规定的,依照其规定。”第 247 条规定:“矿藏、水流、海域属于国家所有。”《水法》第 3 条规定:“水资源属于国家所有。水资源的所有权由国务院代表国家行使。农村集体经济组织的水塘和由农村集体经济组织修建管理的水库中的水,归各该农村集体经济组织使用。”以上条款明确了水资源属于国家所有,国务院代表国家行使水资源所有权。

水利部颁布实施的《水利部关于水权转让的若干意见》(水政法〔2005〕11 号)开篇提道“健全水权转让(指水资源使用权转让,下同)的政策法规,促进水资源的高效利用和优化配置是落实科学发展观,实现水资源可持续利用的重要环节”。这一表述,通过备注的形式将

"水权转让"解释为"水资源使用权转让"。在"水权转让的基本原则"部分,该部门规范性文件指出"水权转让以明晰水资源使用权为前提,所转让的水权必须依法取得"。由此,我们可以判断,水利部将"水权转让"理解为"水资源使用权转让"。

虽然法律没有明确水权的内涵,但是在水资源国家所有的前提下,水权转让只能是水资源使用权的转让。在财产权体系内部,遵循"财产权—物权—用益物权—水权"的逻辑结构。水资源所有权是一种完全物权。水权的设定是为了最有效率地配置水资源,实则宣告了水权是派生于水资源所有权的用益物权。[1] 作为一种用益物权,水权包括了对水资源的占有、使用、收益等各项权能。水资源使用权是水权的重要权能之一,一般意义上使用水权,是指水资源使用权。水资源权能的可分离性,给水资源市场的发展提供了广阔的空间。[2]

本书在讨论"水权制度"时,并不仅仅关注"水资源所有权",也不仅仅关注"水资源使用权",而是关注与"水资源所有权""水资源使用权"相关的制度体系,主要包括国务院代表国家行使的水资源所有权制度,与水资源使用相关的水权配置制度,以及水权流转相关的水权交易制度。水权配置和水权交易都是确定水资源使用权主体的行为,不管是配置行为还是交易行为,其对象都是水资源使用权。

研究过程中,笔者意识到要探讨水资源从所有到利用过程中不同制度规范及其实践效果,还需要厘清流域管理立法的发展和路径选择问题。每个流域都是相对独立的水文系统,是人类生产生活的重要社会场所。流域立法是根据不同流域的具体情况和历史发展实

---

〔1〕 崔建远:《水权与民法理论及物权法典的制定》,载《法学研究》2002 年第 3 期。

〔2〕 曹明德:《论我国水资源有偿使用制度——我国水权和水权流转机制的理论探讨与实践评析》,载《中国法学》2004 年第 1 期。

践，对水资源的分配、使用、管理、监督等进行宏观规划。水权制度的完善应该从流域出发来讨论。例如，2021 年 3 月 1 日实施的《长江保护法》第 1 条规定："为了加强长江流域生态环境保护和修复，促进资源合理高效利用，保障生态安全，实现人与自然和谐共生、中华民族永续发展，制定本法。"该法通过规定"规划与管控""资源保护""水污染防治""生态环境修复""绿色发展""保障与监督""法律责任"等内容，界定了相关主体在使用长江流域水资源过程中享有的权利和应该承担的义务。长江流域内发生的水权配置行为和水权交易行为必须以《长江保护法》为指导展开。

在水资源日益紧张、各行各业用水需求日益增大而流域水资源总量相对稳定且有下降态势的情况下，流域内各行各业水资源分配的多寡，直接影响了流域内经济社会的整体发展。流域水权配置是流域管理机构和行政管理机构代表国家将水资源进行初始分配的行为，这一过程实现了水资源所有权向水资源使用权的过渡。流域初始水权分配的优劣成为制约或者促进流域经济发展的重要因素。流域水权配置完成后，水资源使用权的主体有权根据实际情况，在水市场上自由开展水权交易行为。我国不仅建立了全国性的水权交易平台，水资源紧缺的西部省份也建立了省级的水权交易平台。水权交易制度的建设及其实践过程的研究，对于缓解水资源危机具有重要意义，也构成了全球视野下水权制度建设的重要组成部分。

第二节　研究思路和研究方法

一、研究思路

本书致力于全球视野下的水权制度研究，具体包括水资源所有权制度研究、流域管理立法研究、水权配置制度研究和水权交易制度研究。水权制度研究希冀通过比较其他国家和地区的水权制度实践情况，主要比较中美两国在水资源所有权的制度规范、水权配置发展和水权交易实践等水权制度建设方面所进行的历时性和共时性发展，结合历史分析和典型个案，探究完善我国水权制度建设的可能路径，回应和缓解水资源危机状况。

本书的第一部分首先分析了全球水资源面临的水资源短缺、洁净水资源不足、水资源分配不均和水资源污染严重等四个方面的供应危机，这是水权制度建设所面临的水资源约束困境。正如第一章分析所指出的那样，缺水是最易被低估的全球安全风险。如何回应和解决水资源供应危机，是横亘在全球经济可持续发展和中国经济快速有序发展中的重要问题。在全球水资源面临严重危机的情况下，水资源应该如何分配，水权制度建设应该如何完善？要回应这一问题，还需要厘清水资源所承载的不同价值。水资源具有生存价值、生态价值、经济价值、文化价值和宗教意义等多重价值属性。不同的价值排序，会影响水权制度的具体安排，并直接改变制度实践的效果。

本书的第二部分是水资源所有权的制度功能和实践后果研究。水资源所有权制度是水权制度研究的基础和出发点。水资源所有权的界定既具有普适性也具有地域性，全球水资源所有权形态虽然并不完全一致，但水资源国家所有是主流。包括美国、日本、澳大利亚、印度等国法律规范在内的水资源相关法律规范，都确立了水资源的公共资源属性。水资源国家所有目标的实现，不仅有赖于水资源所有权的制度规范，更有赖于水资源所有权的具体实践，需要加强对水资源从所有到使用这一实践过程的调研和分析。我国水资源所有权的制度内涵包括水资源国家所有和统一管理制度，水量分配协商制度，水事纠纷预防、协商、裁决、执行机制。比较分析美国的联邦保留水权、公共信托原则以及各州关于所有权的立法,探讨完善我国水资源所有权制度的可能路径,有效回应水资源危机。完成从归属到利用的转变,还需要理解流域管理立法的相关问题。

本书的第三部分是流域管理立法的发展及路径选择研究。包括中国、美国、澳大利亚等在内的国家所开展的水资源分配和水权制度建设,都是以流域为基础展开的。流域是一个以河流水资源为主体的地理区域概念。流域具有相对独立的水文地理环境,在土壤、地貌、矿产、森林等资源的使用和保护上具有相似性。纵观主要国家的流域立法发展史,本书认为流域管理立法经历了地权规则主导流域管理阶段、以水资源利用开发为主的流域立法阶段、兼顾环境保护的流域立法阶段和以生态经济为基础的流域综合立法阶段等四个发展阶段。我国流域立法的路径选择应该结合我国流域立法发展的特征,融合流域立法的现代目标,发展流域综合管理立法模式。

本书的第四部分是水权配置制度的内涵和实践经验研究。这部分研究主要比较了先占优先权制度与中国水权配置制度的规范表达和具体实践。流域初始水权配置是制约流域经济整体发展的重要权利配置依据。鉴于此,第四部分首先探讨了流域初始水权配置的基础问题、分配原则,并对利益相关者进行了分析。接着分析了我国水权配置制度的规范表达,结合先占优先权制度展开比较分析。两者在启动程序、审批条件、审批原则上都存在差异。水资源使用权配置中,行政主导水量分配和取水许可是中国特色。为了有效发挥行政主导水资源使用权制度的预期效果,中国水资源使用许可制度可以从审批程序上引入社会公共利益影响分析、确立水资源许可使用的有益使用原则,鼓励公众发表取用水审批可能带来的后果的意见。

本书的第五部分是水权交易制度的建设实践和启示。中国从2001 年东阳—义乌水权交易第一案开始水权交易实践,各省市初步建立了水权交易的基本程序和制度体系，为水权交易的有序进行提供了区域经验和制度基础。美国水权交易市场的建设同样表现为一个持续发展的过程，形成了包括永久转移、租赁、结转、合并、补给等在内的多种交易形式。通过比较分析，笔者认为中国水权交易制度的发展同样需要对地方实践的不同水权交易形式进行总结，水权交易过程中，除了政府的指导作用外，还需要确立水权交易公众异议和听证程序，制定水权交易的基本原则。

本书的第六部分是总结。全球视野下的水资源所有权制度、流域管理立法的发展及路径分析、水权配置制度及水权交易制度的研究，从不同方面回应了中国如何应对水资源危机的问题。从国家层面，通过水资源国家所有权的制度安排，确立了水资源对于个体的生存意义及对国家发展的战略意义；从政府层面，厘清行政机关如何合理有效行使水资源的配置权力，实现水资源的可持续发展，促进水权交易行为；从水资源使用权主体的层面，水权交易行为以水资源使用权转让为核心内容，依靠水权交易市场的作用，实现水资源的优化配置。

比较视野的研究有其优势之处，也有其局限性。比较视野提供了水权制度的不同规范和实践差异，这有利于拓宽制度研究的视野，通过比较发现问题，探究值得借鉴的制度完善路径；同时，由于任何可能的借鉴都立足于本国的既有资源和约束环境，完善路径是否能取得预期效果，最终还依赖于是否与本国发展相适应。正是在这个意义上，需要对水权制度比较研究保持应有的警惕。

二、研究方法

全球视野下的水权制度研究，要求在阐释本国水权制度规范及实践经验的同时，也要比较分析域外典型国家的水权制度规范及其实践后果，这就要求运用比较研究的方法，既对域外的相关制度进行叙述,也需要展开“评价的比较研究”。制度规范的研究立足于立法的具体规定,必须通过规范分析展开。水权制度的实践后果,需要在具体个案的基础上进行分析和验证。水权制度的历史梳理则需要用到历史分析方法。具体而言,本书的研究采取了以下四种研究方法:

1. 比较研究方法。比较研究方法是贯穿在本书中的主要研究方法。水资源所有权的制度功能和实践后果研究,建立在对典型国家水资源所有权的制度和实践效果进行比较的基础上。水权配置制度的内涵和实践经验同样比较了水权配置的中国经验和先占优先权制度在启动程序、审批条件和审批原则上的差异。水权交易制度的建设实践和启示探索了水权交易规则、原则的异同。

2. 规范分析方法。水权制度的具体规定需要借助规范分析方法完成。流域管理立法的发展在规范分析基础上展开。水资源所有权的制度分析、水权配置的制度分析以及水权交易的制度分析都立足于规范分析。这不仅涉及对本国法律制度规范的分析,还涉及对其他国家和地区法律制度的规范分析。规范分析方法主要关注水权制度事实的构成及制度实践的文本要求。

3. 实证研究方法。全球视野下危机四伏的水资源状况,不仅需要对水资源危机进行宏观把握,还需要借助典型个案理解具体的危机状况。流域管理立法的发展同样需要对影响流域管理立法转型的事件进行细致分析。特别是关于中国水权交易制度建设实践的研究,是在对东阳—义乌水权交易个案的具体阐释中展开的。本书的实证研究主要通过对典型个案和司法案例的介绍展开,这是开展本研究不可或缺的研究方法。

4. 历史研究方法。正是在对流域管理立法历史发展过程的分析中,总结出了不同发展阶段流域管理立法的目标和立法特征。历史视野的考察,不仅对于理解流域管理立法必不可少,同样对于先占优先权的制度分析至关重要。古罗马法对于先占制度的规定,以及先占优先权制度的美国发展历程,是理解现代意义上先占优先权的关键内容。历史研究方法是展开全球视野下水权制度研究的重要方法。

第一章　水资源的属性和价值

第一节　水资源的属性

水资源，是指具有饮用、灌溉、养殖、航运或发电等功能，可以被利用或者可能被利用的淡水。[1] 水资源是人类生存和经济社会发展不可缺少的重要自然资源，主要包括自然降水或下雪累积而成，以河流、湖泊或湿地为载体的地表水，还包括储存于地层空隙、岩石裂隙或溶洞中的地下水。为了满足干旱地区的用水需求，水资源还包括海水淡化而形成的淡水。由于海水淡化技术要求高，且成本不低，使用区域和应用领域有限。

水资源既具有自然资源属性，也具有社会属性。水资源的自然属性不以人的意志为转移，是指水资源自身的特征和规律。水资源的社会属性是指水资源与人之间发生关联表现出来的独有特性，水资源的社会属性受到人与自然关系、人与人之间的关系以及社会发展状况的影响。

一、水资源的自然属性

水资源是任何生物生存必不可少的自然资源。作为重要的自然

---

〔1〕 由于海水含有大量的盐分，不具备饮用、灌溉等功能，所以，一般意义上水资源指淡水资源。

资源，水资源具有依附性、流动性和循环性等自然属性。

水土关系密不可分，陆地上的液态水资源必须以土地或者其他水利设施为载体，才能被聚集，并进一步被人类使用。历史上世界各国对水资源的保护，都是依附于土地的。中国历史上的“水随地走”，表明土地的权属关系直接决定了水资源的权属关系；美国东部沿袭的沿岸权原则，同样以是否拥有土地作为判断是否享有水资源的条件。当水资源日益稀缺且呈现价值多元化趋势时，水权的保护逐步独立于地权之外。[1] 不过，水权的独立属性，并不能改变水资源作为权利保护客体的依附性，水资源必须附着于土地或者其他水利设施。

进入工业社会以后，人类对水资源的关注和争夺日益激烈。水的流动性和水文复杂性影响了水资源在不同区域和不同群体之间的分配与争夺。水的流动性（fluid）与争夺水资源的“隐蔽性”（slippery）相互作用，形成了水资源争夺中不平等的权力关系，造成了正式权利和非正式权利以及合法与非法的模糊边界，水资源掠夺（water grabbing）成为当前和未来影响水资源使用和利益分配以及权利变化的重要场域。[2]

水资源是最活跃的自然资源，其数量和质量一直处于变化中。外界条件改变时，水资源的数量和质量都会受到影响。上下游之间的水量差异，直接影响修建水利设施的决策以及水利设施如何修建的方案。世界银行集团促成印度和巴基斯坦之间达成了《印度河水域条约》，确立了公平使用印度河的基本架构，包括常设印度委员会，

---

〔1〕 龚春霞：《乡村振兴背景下水权与地权关系的历史流变及反思》，载《山东大学学报（哲学社会科学版）》2018 年第 5 期。

〔2〕 See Lyla Mehta, Gert Jan Veldwisch, Jennifer Franco, *Introduction to the Special Issue: Water Grabbing? Focus on the (Re) Appropriation of Finite Water Resources*, Water Alternatives 2012, Vol. 5, Issue 2, p. 193.

以及河流使用的合作和信息交流机制。该条约即使确立了公平使用的基本框架,依然难以避免发生水资源争夺的纷争。巴基斯坦认为印度的水力发电和灌溉建设破坏了河流运输的规定,提出抗议,要求印度停止实施相关项目。[1] 在水资源紧缺的区域,共享水资源的不同国家之间,水资源的争夺上升到主权威胁的高度。尼罗河满足了埃及90%以上的用水需求,每年流向尼罗河约880亿立方米的水量中,超过550亿立方米的水资源为埃及所用。埃塞俄比亚建立巨型水库的决定遭到了埃及方面的强烈反对和严厉警告。为了预防可能的水资源利益受损,埃及方面宣称,他们有能力保护国家安全,水资源问题是国家安全问题。[2] 水资源的流动性增加了水资源分配和争夺的复杂性。埃及与埃塞俄比亚以及印度和巴基斯坦关于水资源的国家冲突说明了这一点。

地表水和地下水之间的流动与互换也是水资源流动性的重要表现。由于地表水和地下水的特征、变化规律、保护模式等存在差异,在水资源保护的研究中,关于地表水和地下水的研究是两个相对独立的领域。受到地形、地貌、水文、开采等因素的影响,地表水和地下水之间存在相互补给的关系,地下水的过度抽取,会导致地面不稳定和沉降,带来河流、湖泊水量的减少甚至干涸等灾害。沿海地区过度

---

[1] See Fact Sheet, *The Indus Waters Treaty* 1960 *and the Role of the World Bank*, The World Bank (June 11, 2018), https://www.worldbank.org/en/region/sar/brief/fact-sheet-the-indus-waters-treaty-1960-and-the-world-bank. 印度在相关河流上建设的两个项目中,一个项目于2018年完工,另一个项目还在建设中。2016年发生争议后,世界银行尽力斡旋了近6年,努力寻求一个友好的解决办法,召开了多次高级别会议,讨论了各种方案,依然没有找到解决办法。因此2022年3月31日,世界银行决定交给仲裁机构裁决。

[2] See Samy Magdy, *Egypt Warns Ethiopia Nile Dam Dispute Is "Life or Death"*, The Times of Israel (Nov. 18, 2017), https://www.timesofisrael.com/egypt-warns-ethiopia-nile-dam-dispute-life-or-death/.

使用地下水还可能导致海水侵入地下，导致地下水水质盐渍化，进一步影响农业产出、工业发展，加剧淡水资源匮乏困境。保护地下水刻不容缓。2022 年 3 月 21 日，在塞内加尔达喀尔举行的第九届世界水论坛开幕式上，联合国教科文组织代表联合国水机制（UN - water）发布了 2022 年度《联合国世界水发展报告》。报告主题为“珍惜地下水　珍视隐藏的资源”（Groundwater - Making the Invisible Visible）。[1] 我国水利部纪念 2022 年“世界水日”和“中国水周”的主题为“推进地下水超采综合治理　复苏河湖生态环境”。

水资源的循环性表现在地表水、地下水和大气补给之间形成了一个流动循环的自然水资源系统。大气降水形成地表水，或者渗入地下、岩石狭缝等形成地下径流，地表水和地下水同时汇入江河湖海，完成水资源的循环。一方面，水资源的循环性表明水资源具有取之不尽用之不竭的特征。由于水资源的保有量有限，而水资源的消耗量在持续增长，水资源的循环性并没有缓解水资源的供需危机。另一方面，淡水资源的循环性既有利于地表水的补给和利用，同时也表明任何一种水体的破坏或污染，都会影响其他水体的数量和质量。从水资源的循环属性出发，淡水资源的保护问题同时包括地表水和地下水的使用及保护，还包括大气层的保护。

二、水资源的社会属性

水资源的自然属性是不以人的意志为转移的客观存在。水资源的载体以及外界环境的改变虽然对水资源的数量、质量带来影响，但并不改变水资源作为自然资源所具有的自然属性。水资源的自然属性是其固有属性，并不因水资源分配及权属关系设置的不一样而改

---

〔1〕 See *United Nations World Water Development Report* 2022：*Groundwater*：*Making the Invisible Visible*, The Council of Canadians（May 20, 2014）, https://www.unesco.org/reports/wwdr/2022/en/download.

变。在水资源相关问题的研究中,水资源社会属性的争论成为影响水资源分配及权利关系的重要因素。随着水资源争夺战日益激烈,因水资源供应而形成的水资源危机被认为是“权利与市场的道德博弈”,也被认为是“人类生存需求与企业贪婪之间的对抗”。关于水资源社会属性的争论不断,水资源是一种商品(commodity),还是人类的共同财产(a common heritage and a public trust)?[1]抑或是具有某种宗教意义,被认为是造物主赋予的礼物,是一种祝愿(a blessing rather than a commodity)?[2]水资源到底具有怎样的社会属性? 本书认为,水资源既是一种商品,也是人类的共同财产,同时还具有人权属性。

商品是指用来交换的物品,其具有使用价值,能满足人类的某种需要,同时又凝结了人类的劳动,具有一定的价值。水资源不仅可供人们饮用、灌溉、养殖,还能用于发电、航运等生产领域,在诸多方面实现了其价值。水资源是一种商品。作为一种商品,水资源可以公开在市场上买卖,遵守市场经济交易的基本规律。1992 年,联合国在都柏林召开的“水与环境”国际会议上,将水资源定性为经济产品。[3] 国际贸易和金融机构,包括部分政治决策者以及跨国公司是这一主张的坚定支持者,他们认为自由市场能够有效处理资源分配,

---

〔1〕 See Maude Barlow, *Protecting Water and Land from Grabbers, For A New Water Ethic*, The Council of Canadians(May 20,2014), https://canadians. org/analysis/protecting - water - and - land - grabbers - new - water - ethic/. 巴洛参与撰写了与水相关的 19 本著作,她也是蓝色星球项目(Blue Planet Project)的联合创始人,致力于实现水人权。

〔2〕 See Gabriel Eckstein, *Precious, Worthless, or Immeasurable: The Value and Ethic of Water*, Texas Tech Law Review, Vol. 38, No. 4(Summer 2006), p. 966.

〔3〕 1992 年,在都柏林召开的“水与环境”国际会议上(Dublin Conference on Water and the Environment),形成了《都柏林宣言》,提出了四项基本主张,其中第四项主张表明水是一种经济商品(an economic good)。

提高水资源使用效率。

水资源商品化可能会带来两个后果:第一,水资源“私有化”。虽然大多数国家的法律规定了,水资源属于国家所有或全体人民所有,这否认了水资源私有化的可能,但是当水资源经过水权初始分配,水务集团、大型水务公司开始行使水资源使用权后,由他们控制或者维护水系统和水资源,水资源就有了“私有化”倾向。水资源“私有化”首先是水利基础设施的私有化,这是由水资源的依附性决定的。水利设施的私有化是水资源“私有化”的第一步;第二步则是通过法律制度赋予水资源自由交易的合法地位。水资源的“私有化”不仅表现在日常消费用水上的私营化趋势,还表现在农业和工业领域水资源分配和获取上的利益决定论。私营公司通过技术设备和增加投资,获取对水资源的控制权,通过市场行为销售给有能力支付相应对价的需求方。以美国为例,美国公共供水服务呈现私有化导向。已有关于美国水资源“私有化”的研究表明,当水资源短缺成为全球共同面对的问题时,美国水资源的“私有化”趋势也日趋明显,市场将水资源转移给那些最有能力和最愿意支付对价的人。这虽然满足了水务私营部门的营利目的,也满足了部分消费者的诉求,但难以解决如何通过水资源的公共管理责任,实现公众使用水资源的共同利益问题。[1]

第二,水资源供应的垄断化。农业和工业供水领域,由于需求量大,水资源供应商出现了垄断经营的态势。[2] 过去20年中,私营企业日益扩大供水领域。虽然不同的私营企业有不同的水资源供应销

---

〔1〕 See Craig Anthony(Tony) Arnold, *Water Privatization Trends in the United States: Human Rights, National Security, And Public Stewardship*, 33 William & Mary Environmental Law and Policy Review, Vol. 33(2009), p. 785, 849.

〔2〕 See James Salzman, *Thirst: A Short History of Drinking Water*, Yale Journal of Law & the Humanities, Vol. 17, p. 116(2006).

售模式,但它们都认可水资源的私有化服务能更好地降低水资源供应过程中产生的大量初始成本以及维护和升级设备等成本。拉美国家发生的案例显示,水资源供应的垄断模式不仅影响了普通居民的日常饮水安全,还进一步影响了政局动态。20 世纪初,柏克德公司控制玻利维亚的科恰班巴市的供水体系之后,将水价提高了 200%,老百姓没有能力购买充足的水资源,地方政府也受制于供水公司。[1]《蓝色金脉:世界水战争》的作者巴洛(Maude Barlow)指出拉丁美洲的水资源私有化和垄断化经营,只会给当地带来更多的贫苦和更多的污染,当地民众承担了水资源私有化的风险和不利后果,而私营企业却获得了所有利益。

作为一种可以买卖的商品,水资源“私有化”具有经济学意义上的合理性。自由市场交易背景下,水资源“私有化”有利于提高水资源使用效率,同时鼓励节约用水行为。已有关于水资源“私有化”的研究发现,在水资源“私有化”及水资源供应垄断化的发展态势下,虽然提高了水资源的使用效率,但却侵害了普通民众获取基本水资源的权利,这一权利被认为是一种水人权。拉丁美洲在没有充足资金的情况下,无法修建水利基础设施。为了解决供水问题,同时也为了避免公共投资建设中的腐败现象,将水资源出售给跨国公司,希冀通过跨国公司的资本投入改善饮水安全问题。跨国公司垄断拉丁美洲的水资源供应后,提高水资源价格直接导致普通民众没有能力购买充足的水资源。此时,商品化和市场化的水资源不仅未能实现当地水资源的效益最大化,还侵害了普通民众获取水资源的基本权利。

水资源“私有化”对水资源公共资源属性的侵蚀,对发展中国家造成了不可挽回的损害。“越来越多的公司进入发展中国家,扩张它

---

[1] 苏波、王蔚:《水资源私有化及其解决途径:观照拉丁美洲》,载《重庆社会科学》2014 年第 9 期。

们的商业帝国，往往会过度利用这些国家的自然资源。"[1]水资源的商品化属性虽然满足了企业的营利诉求，但却侵害了普通民众的用水权益。为了减少侵害普通民众用水权益的状况，水权配置中需要同时强调水资源的公共资源属性，水资源的商品属性不能排斥水资源作为公共资源所具有的公益性。

任何自然人都不能缺少水资源，任何人缺乏足够的水资源都将面临死亡的威胁。自然状态下的水资源应该为所有生物享有，这表明了水资源的非排他性和非竞争性特点。随着人口增加、城市发展、现代化的推进，水资源成为一种需要竞争的产品，社会和公共政策领域开始关注水资源的开发利用和分配问题，水资源逐渐成为一种"消费上具有非排他性但同时具有竞争性的共用资源"。[2] 水资源被认为是一种准公共品，具有公共资源属性。水资源的公共资源属性表明公民都应该享有水资源的使用权。水资源充沛的区域，民众享有平等获取水资源的权利；水资源供应不足的地方，民众同样享有平等获取水资源的权利。按照自由市场的逻辑，价高者得，水资源将流向经济实力强大和社会能力突出的富裕阶层，普通民众和社会底层的人在客观上将被剥夺获取生存之水的机会和条件。作为公共权力机构，政府需要承担起管理和监督水资源供应的基本责任，保障普通公民享有获取生存之水的权利。

中美两国关于水资源所有权制度的法律规定，中央政府、联邦政府、州政府代表人民享有水资源所有权。美国东部各州以佐治亚州

---

〔1〕 Saby Ghoshray, *Searching for Human Rights to Water Amidst Corporate Privatization in India: Hindustan Coca - Cola Pvt. Ltd. v. Perumatty Grama Panchayat*, The Georgetown Int'l Envtl. Law Review, Vol. 19, p. 672.

〔2〕 Lyla Mehta, *Problems of Publicness and Access Rights: Perspectives from the Water Domain, from Inge Kaul, Providing Global Public Goods: Managing Globalization*, Oxford: Oxford University Press, 2003, p. 558.

为例，《佐治亚州水资源保护法》(Georgia Protection of Tidewaters Act)第一章第1条第2项规定："州政府是本州人民权利的受托人，拥有所有水资源，使其能够用于捕鱼、通行、导航、商业及运输。"[1]美国西部各州以科罗拉多州为例，《科罗拉多州宪法》(Colorado Constitution)第16条第5项(Water of Streams Public Property)规定："州内未被先占的其他自然溪流中的水资源，都被宣告为公共财产，应为了全州人民的利益而使用。"[2]我国《宪法》第9条和《水法》第3条规定，中华人民共和国实行水资源国家所有，国务院代表国家行使水资源所有权。水资源行政管理方面的具体工作由国务院水行政主管部门安排和规划。中央政府、联邦政府和州政府代表民众享有水资源所有权，为实现水资源的公共资源属性提供了立法上的保障。不过，在各国的法律实践中，结合水资源分布的地理位置差异和历史传统，实现水资源公共资源属性的具体制度安排各具特色。

水权被界定为一项基本人权，强调国家有义务帮助公民获得个人生存和发展必不可少的水资源的权利。2002年11月26日联合国经济及社会理事会之经济、社会和文化权利委员会通过了《第15号一般性意见：水权(〈经济、社会及文化权利国际公约〉第11条和第12条)》，将水人权视为实施《经济、社会及文化权利国际公约》的一个实质性问题，并通过解释将水人权明确宣告为一项基本人权，指出"水人权赋予人人能为个人和家庭生活得到充足、安全、可接受、便于获取、价格上负担得起的水的权利"。水是人类生存所必需的自然资源，获取充足洁净的水资源是人应该享有的自然权利。2010年，联合

[1] See Georgia Code, *Protection of Tidewaters Act*, JUSTIA US Law(2010), https://law.justia.com/codes/georgia/2010/title-52/chapter-1/article-1/.

[2] See Colorado Constitution, *Article XVI*, *Section* 5, JUSTIA US Law, https://law.justia.com/constitution/colorado/cnart16.html.

国大会和人权理事会首次将享有安全饮用水的人权作为具有约束力的国际法的一部分予以承认。由此,获得满足个人基本需求的水资源被认为是一项基本人权。正如经济社会文化权利委员会指出的,"水权是一项不可或缺的人权,是人得以尊严生活的必要条件。水权也是实现其他人权的一个前提条件"[1]。

要获取满足个人基本生存所必需的水资源,水人权的实现必须首先是水资源可以获取,这种获取既表现为有一定的供水设施和供水设备,同时还要求是安全水和洁净水。所获得的水资源能保证个人健康,并且水资源的获取不能超出个人的支付能力。作为一项基本人权,国家负有义务保证公民获得生存和发展所必需的水资源。国家所承担的义务具体表现为尊重的义务、保护的义务和履行的义务。尊重的义务要求国家不得随意干涉水权主体的行为,不随意破坏水资源使用人的用水习惯;保护的义务要求国家积极采取措施防止用水主体破坏、污染水资源的行为;履行的义务要求国家采取必要措施帮助民众可以在现实中获取水资源,包括但不限于从战略层面制定水量分配规划,从国家安全层面处理好与相邻国家水资源的使用和保护问题。

强调水资源商品属性的群体,认为自由市场可以实现资源的高效配置,致力于提高水资源的使用效率、实现水资源经济效益最大化。水资源作为一种商品,应该遵守市场交易的基本规则。与普通的日常用品相比,水资源有其特殊性。没有球鞋或者缺乏某种食物,不会威胁人的生存。地球上的任何生物,缺乏水资源,都将面临生命威胁,水资源供给短缺达到一定时间则会丧失生命。水资源的商品

---

[1] 《第15号一般性意见:水权(〈经济、社会及文化权利国际公约〉第11条和第12条)》。转引自胡德胜:《水人权:人权法上的水权》,载《河北法学》2006年第5期。

属性不能极端化,水资源供应的"私有化"和垄断化在满足企业利益的同时,损害了大多数普通人的利益。正是在这个意义上,水资源的制度安排上,需要充分考量水资源的公共资源属性和人权属性。联合国水资源部门公布2020年世界水日的主题时,指出水是最宝贵的自然资源,要求人类更负责任地使用它们,平衡所有社会用水的需求,同时确保最贫困的人口不被排斥在外。[1] 水资源的公共资源属性和人权属性要求政府承担起满足大多数人基本生活生产用水的责任和义务。政权的合法性和政治权威来自人民的认可。要想获得人民的认可,必须保障人民享有生存的基本权利。获得洁净充足的水资源是实现生存权的基本要求。在既有约束条件下,政府应该满足民众基本水资源诉求。这就要求政府在引导市场配置水资源,提高水资源使用效率的同时,也应该以水资源公共资源属性和人权属性为指导,制定相应的法律和制度举措。

第二节　危机四伏的水资源供应

水是生命之源,缺乏充足的水资源供应,任何生命都将面临疾病和死亡的威胁。虽然地球表面71%被水覆盖,但是海洋水资源约占地球所有水资源的96.5%,可供人类享用的淡水资源不足3%。[2] 不足3%的淡水资源中,人类比较容易利用的淡水资源,主要包括河

---

〔1〕 See *World Water Day* 2020 – *Water and Climate Change*, United Nations (Jan. 16, 2020), https://www.unwater.org/world – water – day – 2020 – water – and – climate – change/.

〔2〕 See Water Science School, *How Much Water Is There on Earth*? USGS (Nov. 13, 2019), https://www.usgs.gov/special – topics/water – science – school/science/how – much – water – there – earth? qt – science_center_objects = 0#qt – science_center_objects.

流、湖泊及浅层地下水,这部分淡水资源的储存量约占全球淡水资源的0.3%。资源的稀缺程度决定了对资源的争夺和权属界定。人类进入现代社会以来,伴随经济的快速发展和人口的持续增加,水资源的需求量不断攀升。1961 年至 2014 年,全球取水量增长了 2.5 倍,水资源供应不足的严峻现实越来越明显。[1] 特别是在城市化和工业化逐步推进的趋势下,水资源的可持续供应成为巨大的挑战。

2013 年 5 月,时任联合国秘书长潘基文在联合国国际生物多样性会议上发表讲话指出,我们生活在一个日益缺水的世界,水资源供不应求,水质达不到最低标准。按照目前的发展趋势,未来水资源供应难以满足需求。经济合作与发展组织预测,2050 年世界人口的40%将生活在水资源高度紧张的区域。[2] 联合国《2018 年可持续发展目标报告》的数据显示,全球范围内水资源压力指标中,[3]非洲北部和西亚受干旱影响最严重。其中,影响最严重的 22 个国家中,有 15 个国家淡水抽取量的百分比达到了 100% 以上。[4] 水资源的短缺和使用效率低下的状况将降低经济发展速度。世界银行的研究表明,水资源是重要的生产资料,供水量的减少将影响经济增长速度,

---

[1] See World Recourses Istitute, *One Quarter of the World's Population Live in Countries with A High Level of Water Stress*, World Economic Forum (Aug. 8, 2019), https://www.weforum.org/agenda/2019/08/one-quarter-worlds-population-live-countries-high-levels-water-stress/.

[2] See Rebecca Lowe & Emily Silvester, *Water Shortages Threaten Global Security*, IBA Global Insight (October 1, 2014), https://www.ibanet.org/Article/NewDetail.aspx?ArticleUid=B7ACBA3B-A762-4B1A-A715-8BBEDC90F854.

[3] 淡水抽取量占可再生淡水资源总量的百分比;淡水抽取量占可再生淡水资源总量的比例越高说明水资源压力越大。

[4] See United Nations Statistics Division, *The Sustainable Development Goals Report* 2018, United Nations (2018), https://unstats.un.org/sdgs/report/2018/overview/.

预计到2050年,部分地区的GDP总量会因缺水下降6%,并进一步引发持续负增长。[1]

具体而言,危机四伏的水资源供应状况主要表现在水资源短缺、洁净水资源不足、水资源分配不均和水资源污染严重四个方面。

一、水资源短缺

水资源危机的第一个表现是水资源短缺。淡水资源主要依靠降水或降雪累积,自然环境差异大的不同区域,水资源的保有量也相差甚大。由于地理环境限制和气候特征,水资源短缺并不是人类社会进入工业化、城市化、现代化发展阶段才有的现象,某些区域在传统的农业文明时期,就面临严峻的水资源供应压力。中国山西地处黄土高原地区,80%以上的土地属于丘陵和山地,水资源历来相对匮乏。山西境内河流数量有限,气候变化较大,并无固定的水源地,仅汾河中下游及少数支流具有灌溉能力。"'十年九旱'一直是相当长的历史时期内影响山西社会经济发展的重要因素,至今少数山区仍有人畜饮水困难的问题。"[2]

美国历史的发展,很大程度上就是美国西部的拓殖史。伴随西部大开发的号召和对西部未来美好生活的想象,人口大量迁徙到西部,加剧了西部水资源紧张的局势,美国西部地区严重缺水。为了解决用水纠纷,美国西部形成了与降雨丰富的东部地区截然不同的水资源使用权制度。先占优先权制度成为解决西部水资源纠纷的核心制度。加利福尼亚州是美国的第三大州,虽然具有得天独厚的自然

[1] See World Bank Group, *High and Dry: Climate Change, Water, and the Economy*, World Bank, https://www.worldbank.org/en/topic/water/publication/high-and-dry-climate-change-water-and-the-economy.

[2] 行龙:《开展中国人口、资源、环境史研究》,载《山西大学学报(哲学社会科学版)》2001年第6期。

气候条件，但水资源分布不均，北涝南旱。始于1848年的萨克拉门托淘金热导致争夺水资源的竞争愈演愈烈。为了解决南部地区的水资源危机，加利福尼亚州当局经过多方协商，决定通过修建水利工程项目缓解水资源分布不均的问题，这加快了美国加利福尼亚州历史上的大坝修建工程的进程，也开启了水资源管理制度的探索历程。[1]

全球水危机的里程碑可以通过以下几个时间段和数据呈现出来。18世纪至19世纪，工业化导致英格兰城市化程度提高，提出对清洁用水的需求；1800年，水资源短缺首次出现在历史记录中；1854年，约翰·斯诺（John Snow）博士发现了水与霍乱传播之间的联系；自1900年以来，超过110亿人死于干旱；1972年，美国对《清洁水法案》（Clean Water Act）进行全面修订，致力于控制水污染；1993年，联合国大会将3月22日定为世界水日；2000年，联合国成员国设定了《千年发展目标》（MDGs），目标7设定，到2015年将无法持续获得安全饮用水的人口减少一半；2016年，《可持续发展目标》取代《千年发展目标》，旨在从2015年到2030年间以综合方式解决社会、经济和环境三个维度的发展问题，走可持续发展道路；2005年，全球有35%的人口处于长期缺水状况，而1960年处于此状况的人仅为9%。[2]

自1980年以来，在人口增长、社会经济持续发展以及消费模式

---

〔1〕 沃斯特指出，对水的技术控制是新西部的根基之所在。它不仅使农业繁荣的演化成为可能，也在很大程度上促成了海滨城市如洛杉矶与旧金山的成长。最终，它使得加利福尼亚州成为美国的要州，就其大小而言，它可能是世界上最有影响力、最强大的地区。［美］唐纳德·沃斯特：《帝国之河：水、干旱与美国西部的成长》，侯深译，译林出版社2018年版，第10～11页。

〔2〕 See World Vision, *Global Water Crisis: Facts, FAQs, and How to Help*, World Vision, https://www.worldvision.com.au/global-water-crisis-facts.

转变的共同作用下，世界范围内的用水量以每年大约1%的速度增长。预计到2050年，由于工业用水和家庭用水的增加，全球水需求将继续以类似速度增长，这将比目前的用水量增加20%到30%。由于用水需求的持续增加，以及气候变化的影响加剧，水资源供应压力将继续加大。[1] 各研究机构的数据也清晰呈现了2010年以来，全球水资源短缺的状况。联合国粮农组织的数据显示，到2025年，预计将有18亿人生活在“绝对”缺水（人均水资源每年小于500立方米）的国家或地区；世界2/3的人口可能处于水资源“压力”条件下（人均水资源介于500～1000立方米）。[2] 2013年，全球水研究所的数据显示，到2030年，全球7亿人口将因严重缺水而流离失所。2015年Richey等人的研究指出，世界上最大的地下水系统的1/3已经陷入困境。2016年Mekonnen和Hoekstra的研究表明，世界人口的2/3（约40亿人），至少每年有1个月时间将生活在严重缺水的条件下。[3] 2017年联合国儿童基金会公布的数据显示，2040年全世界18岁以下的儿童中有1/4（总数约为6亿人）将生活在缺水严重的地区。[4] 各研究机构的数据虽然都是预测性的，并有少许差异，但都呈现出水资源短缺的态势日益严重。同时，随着城市化的快速发展，

---

[1] See United Naitons, *UN World Water Development Report* 2019: *Leaving No One Behind*, United Nations (March 18, 2019), https://www.unwater.org/publications/world－water－development－report－2019/.

[2] See Food and Agriculture Organization of the United Nations, *Water Scarcity*, Food and Agriculture Organization of the United Nations, http://www.fao.org/land－water/water/water－scarcity/en/.

[3] See Mesfin M. Mekonnen & Arjen Y. Hoekstra, *Four Billion People Facing Severe Water Scarcity*, Science Advances (Feb. 12, 2016), https://www.science.org/action/doSearch? AllField = Four + billion + people + facing + severe + water + scarcity.

[4] See United Nations, *Water Scarcity*, United Nations, https://www.unwater.org/water－facts/scarcity/.

水资源短缺的情况将进一步恶化。而气候变化和生物能源需求也会进一步使世界经济发展与水资源需求之间的关系更复杂。

有学者认为,缺水是最被低估的全球安全风险。[1] 缺水的具体风险包括经济风险、社会风险和政治风险。除了 GDP 指数下降这一明显的数据变化外,处理水资源相关问题的成本增加,也是一种隐形的间接经济损失。例如,与水资源相关的法律挑战和权属纷争导致法律成本不断攀升。缺水的社会风险是指,水资源短缺直接影响了普通民众的基本生产生活,带来社会不稳定的风险。南非大约有 1200 万人无法获得满足日常需求(饮用、洗澡等)的充足水资源,南非当局一直致力于解决农村和城市周边贫困地区的基本水资源供应不足问题。[2] 缺水的政治风险是指因为水资源短缺而引起的政治动荡。有效和可持续的水资源管理举措的缺失,进一步恶化了中东和北非地区的政治局势,而政治局势的恶化也阻碍了水资源的有效供应。

二、洁净水资源不足

水资源危机的第二个表现是洁净安全的饮用水供给不足。2010 年联合国大会宣布,享有安全和洁净的饮用水和环境卫生是一项基本人权。人权理事会(Human rights council)宣称"享有安全饮用水和卫生设施的人权源于享有适当生活水平的权利,与享有的最高身心健康权以及生命权和人的尊严权密不可分"。这一人权可以在宪

---

〔1〕 See David J. Stuckenberg, Anthony L. Contento, *Water Scarcity: The Most Understated Global Security Risk*, Harvard National Security Journal (May 18, 2018), https://harvardnsj.org/2018/05/water-scarcity-the-most-understated-global-security-risk/.

〔2〕 See Rose Francis, *Water Justice in South Africa: Natural Resources Policy at the Intersection of Human Rights*, Economics, & Political Power, bepress Legal Series (March 14, 2005), https://law.bepress.com/expresso/eps/518.

法和其他法律中规定,既可以作为独立权利——享有饮用水和环境卫生的权利进行规定,也可以与教育和保健服务等其他需求并列的权利一起规定。结合不同国家的法律体系和法律实践过程,也有由法院判例承认享有饮用水和环境卫生的人权。[1] 虽然确立了享用洁净饮用水是基本人权,联合国在可持续发展目标(the UN Sustainable Development Goals,SDGs)的第 6 项也确立了 2030 年确保所有人的用水和卫生设施的可适用性和可持续发展目标,但是全球范围内的安全用水问题依然严峻。

世界上大多数人口缺乏安全的卫生设施,3/10 的人缺乏安全的饮用水。[2] 大约有 10 亿人不能获得改善的水资源;26 亿人无法获得基本的卫生条件;每年有 15 亿名 5 岁以下的儿童死于与水有关的疾病。[3] 世界卫生组织和联合国儿童基金会的联合项目研究显示,全球有 6.63 亿人口缺乏安全的水资源,24 亿人无法享用经过改良的卫生设施。世界卫生组织和联合国儿童基金会 2015 年的研究数据显示,全球范围内,80% 的废水未经处理就流回了生态系统,造成了大约 18 亿人使用被粪便污染的饮用水,使他们有患霍乱、痢疾、伤寒和脊髓灰质炎的风险。[4] 发展中国家的数据显示,不干净的水资源和缺乏基本清洁条件的卫生设施直接导致了大量与水相关的疾病,埃塞俄比亚历年的水资源占用状况表明,不健康的水资源给公共卫

---

〔1〕 联合国水机制环境卫生和饮用水全球分析及评估(GLAAS):《环境卫生和饮用水全球分析及评估 2018/2019 年周期国家调查指南》(PDF),第 11 页。

〔2〕 See United Nations Statistics Division, *The Sustainable Development Goals Report 2018*, United Nations (2018), https://unstats.un.org/sdgs/report/2018/overview/.

〔3〕 See United Nations, *Water Quality and Wastewater*, United Nations, https://www.unwater.org/water-facts/quality-and-wastewater/.

〔4〕 See United Nations, *Water Quality and Wastewater*, United Nations, https://www.unwater.org/water-facts/quality-and-wastewater/.

生安全带来了不利影响。[1] 每年有近100万人死于与水、卫生和个人卫生有关的疾病;每2分钟就有一个儿童死于与水有关的疾病。[2]

三、水资源分配不均

水资源危机的第三个表现是水资源分配不均。由于大气降水在地球表面的分布极不均匀,水资源的地区分布差异甚大。在降水量稀少的中东、非洲地区,人均年使用水量不到1000立方米,而在亚洲雨季气候的东南亚地区与热带雨林气候的南美地区,许多国家人均水资源超过10,000立方米。同时,由于东南亚发展中国家缺乏基础水利设施和蓄水设备,当地还存在许多生活用水贫乏的区域。部分中东的原油国,通过大量的资金支持,利用海水淡化技术和虚拟水战略保证生活用水。[3] 水资源分布不均既表现在因地理位置差异而造成的自然分布不均,还表现在因经济发展水平差异而形成的分配正义问题。一般来讲,经济发展水平较高和科学技术水平较高的国家,水资源相对充足,而贫困国家则更有可能承担更沉重的水资源压力。亚洲人口占全球人口的60%,但能够享有的全球水资源约30%。世界上约有200多条河流流经两个或两个以上的国家,拥有同一条河流的多国,容易发生水资源分配的纠纷和冲突。[4] 此时,经济发展状况,基础设施水平和国家实力强弱,直接影响了共享河流的水资源分配量。

---

〔1〕 *The Water Crisis*, https://water.org/our-impact/water-crisis/.

〔2〕 *The Water Crisis*, https://water.org/our-impact/water-crisis/.

〔3〕 虚拟水是指凝结在产品和服务中的虚拟水量。水资源短缺的国家和地区为了缓解水资源供应压力,从水资源充足的国家和地区进口耗水量大的农产品,比如粮食。

〔4〕 钱文荣:《水资源短缺形势严峻 关乎全球性国际安全》,载新华网2015年12月20日,https://economic.xmu.edu.cn/szx/xzgd/2016-03-03-11476.html。

具体在不同国家内部，水资源分配不均的现象也较普遍。中国季风气候显著，南北纬度跨度较大，降水量从东南往西北递减，而西北属于年降水量在200毫米以下的干旱地区，呈现水资源东多西少、南多北少的格局。长江流域及其以南地区国土面积占全国总面积的36.5%，水资源保有量占全国的81%；淮河流域及其以北地区的国土面积占全国总面积的63.5%，水资源保有量占全国水资源总量的19%。为了解决水资源分布不均的问题，中国启动了南水北调工程。美国境内东西两侧气候和自然条件差异较大，东部多雨，西部干旱少雨，形成了东西截然不同的水资源管理方式和水权制度。以西经100度为界，美国东部29个州，在规定水资源属于各州或人民所有的情况下，水资源利用主要采用沿岸权制度；美国西部9个州，主要采用先占权制度；美国中部11个州，主要采用双重水权体系。[1] 澳大利亚的气候具有半环状特征，以大分水岭为界，东部地区水资源丰富，中西部广大地区属于终年高温干旱的热带沙漠气候。为了缓解中西部用水压力，澳大利亚启动了“东水西调”的跨流域调水工程。

四、水资源污染严重

水资源危机的第四个表现是水资源污染严重。当没有经过处理的污染物直接排放到水体，就会发生水资源污染现象。由于水体处于循环系统中，不同水源地的水体污染，会对循环系统内的水资源造成损害，影响水体内的动植物、破坏生态、影响环境、增加疾病风险。地表水的污染主要包括以工业生产产生的废水为主的点源污染和农业面源污染带来的对水层、湖泊等水体的污染。联合国水资源机构的研究表明，未经处理的污水量增加，加上农业径流和工业废水排放，已经使世界范围内的水质下降和水资源受到污染。水资源污染

---

〔1〕 王小军：《美国水权制度研究》，中国社会科学出版社2011年版，第3页。

不仅会带来疾病和死亡,同时,也对整个自然生态环境造成不可逆的消极影响。联合国环境署通过对 1990 年至 2020 年河流重要参数的变化进行评估,得出的研究结论显示,拉丁美洲、非洲和亚洲的水资源污染严重,超过 50% 的河流出现病原菌污染和有机污染加剧的现象,近 1/3 的河流出现盐度污染加剧的现象。水资源污染加剧主要表现在三个方面:第一,三大洲所有河流中约有 1/3 已受到病原菌的严重污染。除面临受污染的饮用水带来的健康风险外,许多人还因沐浴、洗衣和其他家务接触受污染的地表水,面临感染疾病的风险。三大洲中面临水资源污染风险的农村人口数量可能达到数亿。第二,三大洲所有河流中约有 1/7 出现了严重的有机污染,引发人们对淡水渔业现状以及食品安全和民生的担忧。第三,三大洲所有河流中约有 1/10 已出现中度至重度的盐度污染,污染使得河流用于灌溉、工业和其他用途受到限制。[1]

各国都制定了相应的预防和处罚水污染行为的法律。19 世纪,美国制定了《联邦水污染控制法》(后修改为《清洁水法》)。1972 年,国会对该法进行了重大修改,形成了目前《清洁水法》的主要条款。该法案主要是为了控制水污染,保护河流、湖泊的水质,恢复和保持国家水源化学、物理和生物上的完整性。同时,法案也规定了点源污染、非点源污染等问题,对如何获得排污许可证进行了界定。一旦违反法案的相关规定,联邦和州可以采取民事处罚、强制救济或刑事处罚等方式进行制裁。普通公民也可以通过行使监督权践行该法案。在这个意义上,《清洁水法》是一个自我调控的法案(a self -

〔1〕 United Nations Environment Program (UNEP), *A Snapshot of the World's Water Quality: Towards a Global Assessment*, United Nations Environment Program Live (2016), https://uneplive. unep. org/media/docs/assessments/unep_wwqa_report_web. pdf.

monitoring statute)。[1] 中国于1984年制定了第一部《水污染防治法》,目前生效的是2017年修正通过,2018年1月1日生效的版本。该法共计103条,规定了中华人民共和国领域内的江河、湖泊、运河、渠道、水库等地表水以及地下水体的污染防治要求,致力于保护水生态,保障饮用水安全,推进生态文明建设,促进经济社会可持续发展。

2019年联合国世界水日发展报告的主题是"不让任何人掉队"(Leaving no one behind)。"不让任何人掉队"是2030年可持续发展议程作出的核心承诺,旨在让所有人都能从社会经济发展中获益,减少水资源使用的不平等状况。该报告中文版本的执行摘要指出,在享有水的多重效益和机会面前,"不能让任何人掉队"。自20世纪80年代以来,全球用水量每年增长1%。到2050年,将有超过20亿人生活在水资源严重短缺的国家,约40亿人每年至少有一个月的时间遭受严重缺水的困扰。全球层面的宏观数据掩盖了某些地区更严重的缺水实情,不同地区、国家和社区之间存在严重的水资源不平等状况。

第三节　多样化的水资源价值

水资源不仅具有自然属性,同样具有社会属性。在城市化、工业化高速发展以及消费模式发生重大变化的态势下,水资源的需求还将持续增加,水资源难以有效供应。全球视野下的水权制度建设如何回应水资源危机这一课题,需要厘清在水资源出现严重危机的全

---

[1] See Joel M. Gross, Kerrl L. Stelcen, *The Clean Water Act* (the second edition), American Bar Association Section of Environment, Energy, and Resources, 2012, p. 1 - 3.

球背景下,如何理解水资源的价值。任何物品是否具有价值,是从其对人所具有的效用来理解的。水资源对于人类、自然界以及生物界的存在和发展都具有关键作用。水资源对于人类的价值,直接取决于人类对水资源的感知和评估。人们对水资源价值的评估,不仅仅关注其对生命的意义,还同时从生态环境保护、经济价值、文化因素、宗教意义等方面进行综合分析。具体而言,水资源的价值主要包括五个方面。

一、水资源的生存价值

水资源的生存价值来源于水资源对人类生存的不可或缺性,水资源是生命的基本组成部分。人的生命神圣不可侵犯,对生命的评估和比较都是不恰当的。从这一信念出发,任何关于水资源价值的评估都是惘然,因为水的内在价值是不可估量的。[1] 既然水资源是人类生命不可或缺的组成部分,那么对水资源价值的评估实际上就是在评估人类的生命价值,而生命无价,也因此水资源是无价的。

水资源在人类生存和发展过程中具有至关重要的作用。水资源是否具有多重价值,也许存在争论,但都不能否定水资源对于人类的生存价值。为什么地球是目前适合人类居住的唯一星球?因为地球提供了适合人类的基本生存条件和可供人类使用的自然资源。其中,最重要的是水资源。水资源以液态、气态和固态三种形态存在于地表、大气和地下,水资源的三种形态之间通过降水、蒸发、凝结等方式相互转换,形成地球表面的水循环系统。正是因为地球具有了水循环的能力,满足了人类的基本生存需求。海洋为人类提供了丰富的化学、矿产、动力和生物等资源。河流和湖泊为人类提供了灌溉、

---

〔1〕 See Gabriel Eckstein, *Precious, Worthless, or Immeasurable: The Value and Ethic of Water*, Texas Tech Law Review, Vol. 38, p. 965(2006).

发电、渔业、城市供水和航运之便。存蓄在岩石裂缝和土壤空隙中的地下水,是工农业生产、日常生活用水的重要来源。高纬度和高山地区的冰川不但是人类的固体水源,也影响着世界的气候和人们的生活方式。

水是人类生命存在的重要资源和核心组成部分。人体在缺水的情况下,不仅会出现养料吸收问题,同时也会出现新陈代谢问题,引发体内循环困难。人体缺水 1% ~2% ,会感到口渴;缺水 5% ,会有口干舌燥之感;缺水达到 10% ,会产生意识不清的症状,甚至出现幻觉;持续缺水超过三天,个体将难以存活。水资源不仅是人类得以生存的最重要的物质,同样也对其他生命体具有重要的生存价值。哪里有水,哪里就有生命。哪里缺水,哪里就没有生机。

二、水资源的生态价值

生态系统是生物和非生物环境相互作用的动态复杂系统,为人类和动物种族提供基本的生命支持。在过去的 27 亿年里,水一直是维持和运行地球生命支持系统的基础。水资源是人类自然生态环境的重要组成部分。水资源的日益减少和水资源需求量日益增长之间的矛盾,要求从生态环境保护的角度提高水资源的使用价值。此时,水资源的生态价值逐渐体现出来。水资源的价值随着自然生态环境和环境保护观念的变化而变化。在工业化发展的前期,水资源丰富,水资源短缺和水资源污染问题并未呈现,大家也并未意识到水资源的生态价值。随着工业化的持续发展、人口的持续增加,水资源短缺和水资源污染问题逐渐呈现出来,水资源的生态价值开始显现。

美国保护水资源生态价值的历程具有一定的代表性。19 世纪后半叶,西部大开发鼓励民众从西部大陆获取私有财产,强调个体对自然资源的财产权。随着西部大开发的完成,联邦政府意识到,无限的扩张会带来对自然生态的破坏,不能放任自然资源的无序开发和利用。联邦政府通过建立国家公园和保护区的方式保护荒野(wilderness),在自然资源利用与土地的开发和保护之间寻求平衡,这也成为现代环境法的开端。1913 年约翰·缪尔(John Muir)反对在赫奇赫奇山谷(Hetch Hetchy Valley)中的托洛姆河上修建大坝(该大坝意在为旧金山提供水力发电)。虽然最后大坝依然建立了,但是该事件开启了环境保护主义者保护自然资源远离不合理开发的序幕。接下来近 40 年的发展中,随着环保组织和环保志愿者不断增加,环境保护运动获得越来越多的支持且产生较大的影响力。1954 年,环境保护运动取得标志性的重大胜利,环境保护主义者成功抵制了在犹他州的回声公园(Echo Park,Utah)建造大坝的计划。环境保护运动的发展,推动了对水资源生态环境价值的保护。与此同时,工业化发展造成的水资源污染问题,将环境保护的问题与个体生命健康问题联系在一起。1962 年《寂静的春天》出版,书中关于杀虫剂 DDT 对公众健康和环境的不利影响,刺激了普通公众对于环境问题的担忧,也推动了国会对于污染问题的深入调查和立法活动。[1]

在这样的背景下,20 世纪 60 年代和 70 年代,美国国会通过了一系列保护水资源的法律。比如 1964 年的《荒野法》(The Wilderness Act);1968 年的《国家自然和风景河流系统》(The National Wild and Scenic Rivers System);1972 年的《清洁水法》(The Clean Water Act);1974 年的《安全饮用水法》(The Safe Drinking Water Act);1976 年的《资源保护和利用复兴法案》(The Resource Conservation and Recovery Act)等。这些法案显现了一个共同的指导思想,水资源保护被放置在整个自然资源保护的框架之内。水是自然环境的组成部分,按照生态远景的观点,“世界是由复杂而相互渗透的系统构成的,

---

〔1〕 See Randy Strobo, *Commodity of the Future? Environmental Ethics and the Value of Water*, Journal of Animal & Environmental Law, Vol. 8(Summer 2017), p. 57.

食物和毒素可以通过空气传播。水、土壤和其他物质，每一种物质都可能是其他物质”[1]。鉴于这种你中有我，我中有你的生命系统，认可和保护水资源的生态价值，被认为是保护整个自然生态系统。

三、水资源的经济价值

随着全球水资源供应的诸多问题以及水危机的发展情势，为了改善水资源供应和管理过程中使用效率低下、污染严重等困境，达成了水政策方面的国际共识：水是一种经济产品（water as an economic good）。形成水政策核心共识的是以下三项协议：(1)1992 年国际水与环境会议（ICWE）上达成的协议（也被称为“都柏林原则”）；(2)1992 年在里约热内卢举行的联合国环境与发展会议上确立的行动计划(《21 世纪议程》)；(3)2002 年，在约翰内斯堡举行的可持续发展问题世界首脑会议上重申了 1992 年的“都柏林原则”。[2] 水资源的经济价值，强调从水资源经济收益的角度考虑水资源的开发、生产和管理，水务部门的投资必须在经济上有效，并在财务上可持续。

自 1992 年国际水与环境会议以来，水资源管理中普遍接受了都柏林原则。[3] 都柏林原则指出水资源是一种商品，在各种竞争性用途中，水资源都表明了其经济价值。水资源的经济价值要求从成本收益的视角开发和管理水资源，为了保证公平效益，同时要求提供所

---

[1] Jedediah Purdy, *After Nature: A Politics for the Anthropocene*, Harvard University Press, 2015, p. 8.

[2] See Kerry Turner, Stavros Georgiou, *Economic Valuation of Water Resources in Agriculture from the Sectoral to a Functional Perspective of Natural Resource Management*, Food and Agriculture Organization of the United Nations, 2004.

[3] 都柏林原则由四个原则组成，包括淡水资源是脆弱和有限的，应以综合方式进行管理；所有利益相关者都应该参与水资源的开发和管理；妇女在水资源供应和保护中发挥了核心作用；水资源是一种商品，具有经济价值。See ICWE. 1992, *The Dublin Statement and Report of the Conference*, International Conference on Water and the Environment: Development Issues for the Twentieth Century.

有利益相关者参与管理的渠道和方式。水资源的经济价值鼓励以下行为:提高水资源的使用价值,要求水资源从效益较低的行业或领域(如农业)流向价值较高的行业或领域(如工业);通过计算成本收益确定水资源的使用价格;鼓励水资源的市场交易行为,提高水资源的使用效率。

市场规律背后的假设是理性经济人,也称为“经济人假设”。自由开放的市场经济中,经济决策的主体都充满了理性,以实现利益最大化和物质性补偿的最大化。不同的经济产品都适用市场经济的基本规律,市场交易的主体是经济理性人。市场交易的基本规律,是水资源作为一种经济产品的理论支撑。市场经济的基本规律同样适用于水资源,而水资源的使用主体也是经济理性人。作为一种经济产品,水资源可以通过市场买卖行为提高资源配置效率。因此,水资源与经济活动中的其他商品一样,为了实现效益最优,应该遵循市场经济的基本规律,通过市场定价实现多重目标。

在经济持续发展、人口不断增加以及生态环境问题日益严重的情势下,肯定水资源的经济价值,要求通过成本收益确定价格,加强水资源的开发、使用、管理和分配等工作,具有不可否认的重要意义。[1] 但同时,相关研究怀疑通过经济定价是否能够实现水资源的多重目标;另一个被质疑的问题是,经济定价通过促进水的重新分配,是否真正能实现水资源从效益较低的领域向效益较高的领域转移。研究者指出水资源从灌溉领域流出后的使用价值被严重高

〔1〕 2019年12月4日至5日,笔者参加了美国俄克拉何马州第四十届水资源州长会议,会议主题是“举足轻重的水资源”(water is business),强调水资源和水利基础设施在该州经济繁荣和发展中的重要地位。

估。[1]佩里(Perry)等人的研究指出,有效实现水资源的经济价值,市场并不是唯一的途径。通过将水资源交易中的外部性问题内部化,确立适当和有效的规则可以降低水资源交易的成本,实现资源最优配置。[2]

四、水资源的文化价值

2003年3月22日,第三届世界水论坛"水和文化多样性"部长级会议精神表明:"水在社会生活中具有基础性作用,水资源具有很强的文化内涵。如果不了解和考量水问题的文化因素,就不可能找到可持续的解决办法。"联合国教科文组织以"水与文化"作为2006年世界水日的主题。文化是一个社群共享的有其独特性的精神、物质、情感、行为等特征不断发展的集合,具体包括一定的生活方式、价值体系、传统信仰等。不同的民族具有不同的文化传统,水资源的价值构成了社会文化身份的一个重要组成部分。反过来,不同的文化差异,也形成了不同的水资源价值属性。"文化差异在不同社会对水的认知、评价和管理方面起着关键作用。"[3]在大多数文化传统中,水被认为是灵感的源泉。有一些地区认为,水资源是造物主赋予的礼物,具有神圣不可侵犯性,不能过度开发或者开采。人类在使用水资源时,应避免对地球造成伤害,避免对地球造成毁灭性打击。[4]

水资源具有不同的文化属性和文化意涵,这就要求水资源问题

---

[1] See Hubert Savenije, Pieter van der Zaag, *Water as an Economic Good and Demand Management Paradigms with Pitfalls*, Water International, Vol. 27, Number 1, p. 98 – 104(2002).

[2] See Perry, C. J., M. Rock, and D. Seckler, *Water as an Economic Good: A Solution, or a Problem?* Research Report 14, IWMI, Colombo.

[3] 2006年世界水日的主题是"水与文化"。See World Health Organization, *Water&Culture, the Internation Decade for Water* 2005 – 2015.

[4] See Gabreil Eckstein, *Precious, Worthless, or Immeasurable: The Value and Ethic of Water*, Texas Tech Law Review, Vol. 38, p. 966(2006).

和水危机的解决应尊重不同地方的文化实践，展开具体的分析和讨论。对于跨文化的水资源危机问题，则应该促进文化对话。利益相关者应该在尊重水资源文化多样性的基础上，展开跨文化对话，实施包容的、相互理解的、相互妥协的水治理举措。具体操作上，应该鼓励对于水资源相关问题的艺术表达和实践，通过绘画、摄影、视听材料等方式促进跨文化沟通和超越语言的信息传递工作。社会层面，积极引导社会公众开展水资源有效使用和保护的日常宣传，比如在水资源保护日，鼓励中小学生通过绘画、文字等方式，从小树立节约用水、保护水资源的观念。自 1993 年"世界水日"诞生后，从 1994 年开始，我国将每年的 3 月 22 日至 28 日确定为"中国水周"。每年的"中国水周"期间，中央和地方水资源管理部门和相关社会组织都会开展相应的活动，提高公众珍惜和保护水资源的意识。例如，水利部 2022 年"中国水周"的活动安排包括，发表"世界水日"部长署名文章；发布主题宣传画和宣传口号；组织专题报道等。[1] 美国俄克拉何马州结合本州用水文化，在每年举办的水资源州长会议上，都会对在水资源保护和宣传上作出杰出贡献的个人、社区和水资源组织授予荣誉称号，并进行表彰。[2]

五、水资源的宗教意义

从宗教价值观和精神层面理解水资源价值，可以发现关于水资

---

〔1〕《水利部办公厅关于组织开展 2022 年"世界水日""中国水周"活动的通知》，载水利部网，http://www.mwr.gov.cn/zw/tzgg/tzgs/202203/t20220304_1563536.html。

〔2〕2019 年 12 月 4 日至 5 日，本书作者参加了美国俄克拉何马州第四十届水资源州长会议。在本次会议上，该州水资源委员会表彰了作出杰出贡献的社区和个人。农场局成员罗德·迈克达尼尔因为不仅在自家农场践行了保护水资源的具体措施，而且还通过社交媒体开展节约和保护水资源的教育工作，荣获"卓越用水奖"。

源价值的判断与宗教信仰联系在一起,并以特有的方式影响人们的生活。宗教和精神领袖也在重新思考他们的价值观在保护和创造地球资源中能起到怎样的作用。[1] 文化、宗教意蕴上的水资源价值更多代表了一种传统观点和历史视角。佛教、印度教、犹太教、伊斯兰教等都有关于水的认知和判断。一般意义上,水具有净化、洗涤罪孽的意义。也因此,不同的宗教仪式会利用水完成身心净化的过程。

印度教认为水是神圣的,在恒河中沐浴可以宽恕罪孽;伊斯兰教认为水是上帝赋予的礼物,不能出售或者购买,禁止水的垄断、流失和污染。[2] 犹太教有关于"洁净之礼"(purification)的仪式,并根据不同的情景区分了四种不同的洁净之礼:清洁遗体;清洁患病之人;清洁产后的妇女;清洁身体长癫瘢之人。除了这四种洁净之礼外,犹太教还践行更常规的洗手礼。任何进入圣殿祈祷或者献祭之人,都必须完成洗手礼。洁净之礼不仅强调洗涤身体,更注重洁净心灵。与此相对,施洗约翰的洗礼与犹太人的洗礼具有完全不同的意义,施洗约翰的洗礼是认罪悔改,代表重生的开始。印度教徒将尸体焚烧后送入恒河,才代表完成了丧葬仪式。在某种程度上,水参与定义了一个民族的身份、宗教信仰、仪式和日常生活。此时,水不是一种商品,而是一种祈愿(a blessing)。

---

〔1〕 Niki Rust 的研究指出,不同宗教对于环境保护有不同的影响,而相互对立的信仰之间的冲突可能影响人们对待自然保护区的态度。虽然宗教实践者和宗教领袖在保护自然的活动中具有潜在的重要作用,但是环保主义者和宗教领袖基本上老死不相往来。See Niki Rust, *Religion can make us more environmentally friendly – or – not*, Yale Forum on Religion and Ecology (Feb. 7, 2017), http://www.bbc.com/earth/story/20170206 – religion – can – make – us – more – environmentally – friendly – or – not.

〔2〕 关于 *Water: A Way of Life—Sustainable Water Management in a Cultural Context* (by A. J. M. Schelwald – van der Kley, Linda Reigerkerk, 2009)的简介, See Water and Culture, http://www.waterandculture.org/264_Water_Wisdom。

在宗教意义上，水是具有神性的物质，并且它的神性是永远流淌的。水的这种神性表明，它是造物主赋予的礼物或福气，任何需要帮助的人都无法拒绝它。同样，任何需要帮助的人都应该得到它。水被认为是绝对必要的，因为它不仅是维持个人生活的必需品，还是维持人世洁净的重要资源。人类社会日益世俗化后，伴随商品化、城市化、工业化的快速发展以及全球人口的增长，水变成了一种主要用于消费、生产的资源。水的神圣性消解之时，也是它衰变退化的开始。〔1〕

综上所述，水资源不仅具有生存价值、生态价值和经济价值，还需要结合传统视角，从文化、宗教等视野理解水资源的使用和分配。在生态环境保护成为全球话题的当代背景下，水资源的生态价值应该成为综合解决水资源问题的重要价值选择。从价值的角度衡量水资源的使用问题，也是从整体和系统的角度思考水资源对不同主体的作用和意义，并进一步思考水资源合理分配的问题和水资源危机的解决。地理区位和自然禀赋的不同，形成了水资源分配的自然差异；传统和现代的分野以及共存，造就了水资源的不同意蕴；经济发展阶段和发展水平的差异，形成了水资源开发技术和管理能力的优劣之别；天灾人祸以及战争等因素进一步对水资源的公平合理使用提出了挑战。所有这些差异和不同，都要求在水资源的分配和管理中，不能强调某一个价值，而忽视另外的价值。一般意义上，水资源的多重价值具有同等重要性。水资源管理的具体实践中，需要综合考虑水资源的多重价值，这样有利于在保证实现水资源经济价值的同时，帮助实现水资源服务社会的目标，促进水资源的公平合理使用。

---

〔1〕 周雷：《尼泊尔城镇化：亚洲水困境的缩影》，上海社会科学院出版社 2015 年版，第 136 页。

第四节 水资源的价值排序

价值指的是某种有形或者无形的物质能满足主体的某种需求，强调客体对主体的有用性。水资源的价值分析中，水资源作为一种客体，可以满足不同主体的不同需求，即具有不同的有用性。不同主体结合自身经验以及所处的客观环境，对于水资源有不同的认知和需求。主体的需要是多元多层次的，这决定了水资源价值的多元和多层次性，形成了包括生存价值、生态价值、经济价值、文化价值、宗教意义等在内的五大价值。

尊崇传统的主体，认为水资源的文化价值具有最高位阶。而严格遵守宗教戒律的人，更愿意相信水资源具有的宗教意义。处于市场体系中的理性经济人则认为，为了实现水资源的高效利用，应该突出水资源的经济价值，通过成本收益控制水资源的分配和管理。在城市化、工业化发展趋势下，水资源的经济价值被更多提及。同样，在生态环境保护的压力下，环保主义者更多主张水资源的生态价值。由于不同主体诉求的差异以及不同主体诉求的多元性，水资源的不同价值之间会发生冲突和矛盾。同时，自然环境的差异、限制条件的区别等因素，进一步加深了水资源价值之间的张力。[1]

解决水资源价值之间的冲突和张力，需要确立水资源的价值位

---

〔1〕 目前法学领域没有关于水资源价值的研究，但水资源属性的研究与水资源价值的研究，具有相关性。主张水资源经济价值的研究者，倾向于强调水资源的商品属性；主张水资源公共资源属性的研究者，其论据更多强调水资源对于人类基本生存的意义，实际上是通过水资源的生存价值来驳斥水资源的经济价值。参见关于水资源属性分析的部分内容。水利工程研究领域关于水资源价值的分析主要是从地租论、劳动价值论、边际效用论、非使用价值论等不同角度理解水资源的价值。

阶。价值位阶是指通过确立价值排序标准，对不同的价值进行优先性排列，确定不同价值之间的主次关系。当处于高位阶的价值与处于低位阶的价值发生冲突时，以高位阶的价值指导具体的制度实践。水的位阶原则可以从一般意义上确立水资源不同价值之间的排序，但在具体的用水实践中，还需要结合不同的情况，进行比较分析，通过比例原则、个案平衡原则进行合理的价值排序。

一、价值位阶原则

水是生命之源，任何人或其他生物离开水资源都无法生存。人的生命是无价的，只有有了生命，地球上其他一切体系或制度运行才有可能。因此，水资源的生存价值处于最优价值序位。当水资源的其他价值与生存价值发生冲突时，应以水资源的生存价值为指导。短视的经济发展举措会破坏整体的生态系统和生态平衡，进一步加剧环境保护压力。在现代化语境下，经济社会的可持续发展应该以不破坏整体的生态为原则开展。肯定生态原则，也是一种代际负责的考量。当代人应该在自我的利益和后代的利益之间寻求某种平衡，在看得见的经济利益和看不见的生态利益之间寻求某种平衡。[1]

现代社会继续以工业化和城市化为发展导向，技术革新也在不断加强，水资源分布不均、短缺、污染等危机将进一步加剧。为了有

〔1〕 工业化城市化高速发展的阶段，水资源的经济价值超越了生态价值。随着生态环境污染和环境恶化问题日益严峻，人们逐渐意识到生态环境是关系到社会和经济持续发展的复合系统。人类在利用和改造自然的过程中，应坚持生态环境保护，坚持“保护优先、预防为主、综合治理、公众参与、损害担责的原则”。水是生态系统的重要组成部分，全球所有生物的生命活动都离不开水，水是生态功能的重要指标。由此，水的生态价值超越了经济价值，水资源的开发利用过程中，不能因为单纯追求经济效益，而忽略了对水源地和生态环境的保护与修复，使水的生态价值和功能受到损害。

效缓解危机，在强调政府宏观控制和指导的同时，加强水资源交易市场的建设，通过市场规则引导水资源的高效配置，依然具有重要意义。利益衡量和经济刺激，依然是现代社会分配资源的核心考量因素。面对水资源危机的严峻现实，水资源的经济价值应该被遵从。

水资源的文化和宗教意义具有一定的超越性，更多是从精神层面来理解水资源，这一超越性背后折射地对水资源的崇敬也会影响水资源的具体实践过程。在现代世俗社会的治理过程中，水资源的超越性价值主要表现在宗教仪式或者具体的文化活动中，日常生活中的使用状况虽然也受其影响，但影响有限。现代水资源危机主要表现为对水资源的开放、利用、保护、分配和管理等问题。鉴于此，水资源的文化和宗教价值处在价值序列的末端。

根据价值位阶原则对水资源的价值作出的排序为：生存价值、生态价值、经济价值、文化和宗教价值。生存价值处在最高位阶，任何其他价值都不得与生存价值相抵触；生态价值处于第二序列，在保证基本生存用水的情况下，水资源的开发利用应坚持山水林田湖是一个生命共同体的指导思想，用系统思维统筹水资源管理和水生态保护；经济价值排在第三序列，在兼顾水资源生存价值和水资源生态保护的前提下，通过工程技术、制度设计、市场规制提高水资源的经济效益；具有超越性的文化和宗教价值虽然处于最后位阶，但同样应该推广以其为基础的使用水资源的合理行为和理念，有效应对水资源危机。

二、比例原则

德国联邦宪法法院在审判案件的过程中，通过判例形式逐步形成了具有一定约束力的比例原则。比例原则早期主要适用于限制警察权力，避免不必要的损害，后来逐渐发展到其他领域，并进一步被其他国家所援引。比例原则的核心要义在于，在满足适当目的的情况下,使实体和程序两方面都合乎比例,实现“两害相权取其轻,两利比较取其大”。比例原则是对公权力行为的目的与手段的衡量,也是在所欲实现的目的与所造成的损害之间进行衡量,不能为了某个目的而付出过分的、不合比例的代价,应实现利益的均衡和总体最大化。[1] 比例原则要求行政机关的行为方式必须具有适当性、必要性和损害与利益之间的均衡性。比例原则虽然源自德国审判实践,并且主要用于限制行政权力的不合理使用,但其对行为适当性、必要性和损害与利益之间的均衡性的权衡比较,同样适用于其他可能涉及多数人利益或公共利益的行为模式分析中。比例原则作为一种方法,具有可迁移性。

具体到水资源的价值排序中,在以价值位阶为指导性原则对不同的价值进行排序外,比例原则是指导水资源不同价值序位的补充原则。水资源不同价值背后体现了不同的理念,通过对比不同理念指导下行为的必要性、可行性以及损害与利益之间的均衡度,选择对大多数人造成侵害最小,又能达到基本目的的举措。水资源经济价值追求的是水资源对经济发展和物质财富积累的贡献,此时有资本支撑和处于市场交易有利地位的主体会获得更多的话语主导权,从而使水资源开发、使用和管理行为偏离大多数人的基本利益,还包括无法表达诉求的后代的利益。这就要求对比具体的水资源开发管理举措,可能对生态价值和生存价值造成的侵害,通过均衡侵害与利益之间的关系,寻求最合适的水资源管理指导原则、制度安排和具体行为模式。结合传统与现代之争、文明相对论的观点,在依然保有土著文化的地区,水资源的使用和管理,还必须考量文化和宗教可能带来的行为后果。结合不同的发展阶段和客观环境,不同国家和地区水

---

〔1〕 蔡宏伟:《作为限制公权力滥用的比例原则》,载《法制与社会发展》2019年第6期。

资源价值的序位应该有所不同。

三、个案平衡原则

价值位阶确立了一般意义上的价值排序，比例原则通过概括性地比较行为的必要性、合理性及利益与侵害之间的均衡问题，实现行为与手段的合目的性。一般原则和概括性规定虽然具有广泛的指导意义，但在具体的个案中，不一定能实现预期的目的。因此，个案平衡原则作为补充具有合理性。个案平衡原则是指当处于同一位阶的价值之间发生冲突时，结合个案中的不同因素，综合考虑客观环境、主体处境和利益诉求，通过兼顾双方利益而实现个案的合理解决。水资源价值之间同样存在类似的选择问题，将价值位阶原则与比例原则适用于水资源价值分析后，个案平衡原则同样具有借鉴意义。

水资源价值的排序中，存在类似的价值位阶问题。当经济价值和生态价值需要同时考量时，应该如何选择；当对生态价值和文化宗教价值进行权衡时，是否需要将文化宗教价值作为指导性价值进行选择。1913 年，为旧金山提供水力发电的托洛姆河大坝成功修建。修建托洛姆河大坝是结合当时的经济发展需要和发展前景，作出的经济价值优于生态价值的选择结果。而 1954 年，环境保护主义者成功抵制犹他州回声公园的大坝计划，则充分考量了水资源的生态价值，此时水资源生态价值优于水资源经济价值。个案平衡原则是在具体个案中，综合考虑不同价值选择可能带来的后果，从而进行具体的决策，实际上是为了纠正宏观规划和指导原则可能带来的个案不公平和不合理。

结合水资源的价值位阶原则、比例原则和个案平衡原则，水资源的生存价值、生态价值、经济价值、文化价值和宗教意义并没有一个固定的排序。具体以哪一种价值指导水资源的使用管理和分配，必须结合不同价值所引导的行为可能导致的不同后果，最终确立水资源不同价值之间的排序问题。虽然比较方法对选择具有重大作用，但在具体的分析中，与水资源相关的信息的完整性、充分性、有效性直接决定了比较的真实性和实践可能性。因此，需要同步开展对于水资源使用管理相关的水文知识、经济收益分析、生态保护评价及文化宗教背后的行为模式等问题的研究，跨学科的综合性研究显得尤为必要。

四、应对水资源危机的价值基础

1992 年，在里约热内卢举行的联合国环境与发展会议上，提出了设立国际水日的提案，同年联合国大会通过决议，宣布每年的 3 月 22 日为世界水日，从 1993 年开始实施。截至目前，世界各国已连续 30 年举办了各种主题的关于淡水资源和使用的宣传和纪念活动。联合国确定 2022 年第三十届“世界水日”的主题为“珍惜地下水　珍视隐藏的资源”。中国以此为基点，确立了纪念 2022 年“世界水日”和“中国水周”活动的宣传主题即“推进地下水超采综合治理 复苏河湖生态环境”，水利部印发了 2022 年“世界水日”“中国水周”活动方案和 2022 年“世界水日”“中国水周”宣传口号，指导具体的水资源宣传活动。

维持现代社会的高速发展，需要可持续供应的水资源。水资源是经济的命脉，能源生产、运输发展以及制造业等行业都依赖水资源的有效供应。水联盟组织的数据显示，作为全球最大的经济实体，美国水务部门创造的每一个工作会帮助国民增加 3.68 个工作岗位；全美所消耗的 46% 的水资源主要用于生产制造品；一旦缺乏可靠、清洁的水资源，20% 的美国经济产值将陷入停滞状态。世界资源研究所的数据表明，全球 189 个国家和地区中，中东干旱地区的十几个国家被认为是世界上极度缺水的国家。当从各地区的地表水、地下水抽取的水量与可用水总量的比值超过 80%，就会被认为“极度缺水”；

当比例为40% ~80%,则为“高度缺水”。不管是经济实力雄厚、水资源相对丰富的国家,还是水资源极度缺乏的国家,随着全球人口的持续扩张,工商业经济的高速发展,世界范围内的总取水量都将大幅度增加,[1]水资源需求量的增加是造成水资源短缺的重要原因。

在全球水资源需求量不断上涨的情况下,想要获得可持续的水资源供应,必须确保水资源循环系统正常运行。水资源的自然属性不可改变,对社会属性的认知在不同国家和地区,有不一样的表现。水资源的社会属性虽然以自然属性为基础,但结合了不同国家和地区的水资源自然分布情况、政治体制、经济发展阶段、工农业发展占比以及用水习惯,形成了不同的水资源社会属性认知。商品经济高度发达的国家和地区,当资本主导市场经济发展模式时,强调水资源的商品属性成为面对水资源危机的重要着力点,主张通过市场规则实现稀缺资源的高效配置,将与水资源相关的各项工程都纳入市场交易的范畴,比如水资源基础设施建设、水权市场交易行为等。水资源除了具有商品属性之外,还具有公共财产的性质。对于水资源严重缺乏的地区,如果仅仅强调水资源的商品属性,将进一步加剧自然条件禀赋差异和经济能力差异所带来的绝对的水资源分配不公现象。

对水资源商品属性的认知背后是水资源经济价值。对水资源公共财产属性的肯定是肯定水资源具有的生存价值和生态价值。水资

---

[1] 世界资源研究所的研究显示,在过去半个世纪中,灌溉农作物所需的水增长了超过1倍,灌溉用水占每年取水量的67%;2014年的工业用水量是1961年的3倍,占总取水量的21%;2014年家庭用水占总取水量的10%,是1961年的6倍多。See World Recourses Istitute, *One Quarter of the World's Population Live in Countries with a High Level of Water Stress*, World Economic Forum (Aug. 8, 2019), https://www.weforum.org/agenda/2019/08/one-quarter-worlds-population-live-countries-high-levels-water-stress/.

源危机应对中,具体用怎样的价值理念去指导水资源的具体立法规定和制度安排,直接影响了水资源危机应对的效果。20 世纪 70 年代,美国集中制定了包括《安全饮用水法》《清洁水法》等在内的水资源统一管理法规,直接回应了安全饮用水资源的重要性和水资源的生态价值。水资源兼具自然属性和社会属性,同时具有多重价值。过分强调水资源的任何一种价值,都不值得提倡。全球范围内不同国家和地区,应该具体采取哪一些举措和制度安排来应对水资源危机,必须结合国家和地区的实际状况,尊重区域差异、国家差异,作出合理的安排。类似中东干旱地区,严重缺水的国家,应该以水资源的公共财产属性为出发点,通过具体的制度安排体现水资源的生存价值,满足当地人生存的基本用水需求。此时水资源生存价值优于经济价值和生态价值。在可以通过市场交易解决水资源供给不足和水资源洁净问题的国家和地区,应该立足于水资源的商品属性,通过相应的制度安排和立法规定,保证市场交易行为的顺利开展,降低市场交易的外部成本,实现水资源的高效配置和利用。对于社会开放程度并不高,且保有传统用水习惯和宗教信仰的地区,应该尊重水资源的文化和宗教价值,引导合理的水资源使用习惯。

简言之,面对水资源供应的全球危机,不同国家和地区,应该结合水资源供应的自然禀赋、政治体制、经济发展水平、工农业发展结构等因素,在综合考虑人口发展、经济可持续性和市场发展前提条件的情况下,强调水资源价值的不同面向,进行动态的平衡管理。

第二章 水资源所有权的制度功能和实践后果

本章界定的水资源所有权区别于一般意义上使用的水权概念。水资源所有权是一种完全物权，其上位概念是财产权。水权的设定是为了提高水资源的配置效率，强调使用水资源并获得收益的权利，因此水权是派生于水资源所有权的用益物权。[1] 水资源所有权的主体是唯一的，而水权的主体可以是任何民事主体。[2] 水权制度研究，包括对水资源所有权制度的分析，也包括对水资源使用权制度的分析。水资源所有权制度是水权制度的基础和出发点。鉴于水资源具有发展国家经济、保障个人生存、保护生态环境等多重作用，不同国家和地区规定了不同的水资源所有权制度。结合我国水资源相对匮乏的实际情况，不对欧洲和非洲国家的水权情况进行比较分析。因为欧洲国家属于水资源充裕的国家，非洲国家水资源极度匮乏，可比性较弱。美国与我国国土面积相当，是美洲水资源量中等国家的代表；日本与我国同属亚洲，具有相似的气候环境，是水资源缺乏国家的代表；澳大利亚代表了大洋洲水资源匮乏的国家；印度与我国人

〔1〕 龚春霞：《优化配置农业水权的路径分析——以个体农户和农村集体的比较分析为视角》，载《思想战线》2018 年第 4 期。

〔2〕 裴丽萍：《水权制度初论》，载《中国法学》2001 年第 2 期。

口数量相当，人均水资源占有量不足。本章将在简单介绍美国、日本、澳大利亚、印度等国家水资源所有权概况的基础上，重点分析比较中美两国的水资源所有权制度及实践。

第一节 水资源所有权的域外考察

一、美国水资源所有权的概况

美国水资源所有权归属于联邦及各州。美国水资源所有权的法律规定，主要表现在各州的宪法或民法规范中。根据美国宪法的规定，基于公共信托原则，联邦享有确立公共水权、保障公共利益的权力。除了这一规定外，关于水资源的所有及利用都在各州宪法或民法中规定。同时，由于自然经济、社会条件的差异，以西经 100 度为界，美国东西中部各州水资源归属及利用差异较大。美国东部 29 个州，在规定水资源属于各州或人民所有的情况下，水资源利用主要采用沿岸权制度；美国西部 9 个州，主要采用先占权制度；美国中部 11 个州，主要采用双重水权体系。[1]

美国东部各州以佐治亚州为例，《佐治亚州水资源保护法》第一章第 1 条第 2 项规定："州政府是本州人民权利的受托人，拥有所有水资源，使其能够用于捕鱼、通行、导航、商业及运输。"[2] 美国西部各州以科罗拉多州为例，《科罗拉多州宪法》第 16 条第 5 项规定："州内未被先占的其他自然溪流中的水资源，都被宣告为公共财产，应为了全州人民的利益而使用。"[3] 美国中部各州以华盛顿州为例，《华盛顿水法》（Washington Water Code）第 10 条规定："州内的水资源都

---

〔1〕 王小军：《美国水权制度研究》，中国社会科学出版社 2011 年版，第 3 页。

〔2〕 Georgia Protection of Tidewaters Act, Chapter 1 Article 1, Section 2.

〔3〕 Colorado Constitution Article XVI, Section 5.

归公众所有。关于水的任何权利或者对水的使用,今后都只能通过为了有效利用而占有水的方式,并且通过法定的方式取得。"

不管是水资源所有权属于各州,或是属于各州人民所有,都确立了水资源所有权的公有模式。水资源所有权的实践过程,更多表现为水权的使用过程,即从"归属到利用"的过程。水权(water right)强调的也是主体对水资源的汲取、使用、消耗等权利。

二、日本水资源所有权的概况

日本水资源管理的基本法律是《河川法》。日本《河川法》颁布于1964年,随后,根据水资源的发展利用状况进行了多次修订,形成了指导全日本水资源管理的法律框架体系。日本《河川法》对河流管理的原则、中央与地方政府在河流管理上的分工、河流利用的规制、河川审议会制度等做了详细规定。[1] 该法的立法精神之一是使流域水资源能够实现统筹管理、统一规划、统一实施。根据日本《河川法》第2条的规定:"河川属公用资源,因此河川的保护、利用及其管理必须妥善进行,以达到第1条所述的目的。河川的水资源不得据为私有。"第1条所述的目的,即是该法第1条:"为了防止河川发生洪水和高海潮等灾害,合理地利用河川,对河川进行综合管理,以使河水保持正常的功能,从而达到有助于国土的保持与开发、保护公众安全、提高公众社会福利之目的,特制定本法。"[2] 水资源的公共属性界定,成为日本水资源管理日益完善的前提条件。

为了使《河川法》得以顺利实施,日本政府还出台了《河川法实施令》对日本《河川法》进行解释和细化,构建了统一指标使执法部门在执法过程中有章可循。日本将河流按照等级划分为一级河川、

---

〔1〕 林家彬:《日本水资源管理体系考察及借鉴》,载《水资源保护》2002年第4期。

〔2〕 国外水法法规库:《日本河川法》,载水利部官网2015年5月13日,https://elaws.e-gov.go.jp/document? lawid=339AC0000000167。

二级河川、准用河川和普通河川四种。日本中央政府对一级河川具有绝对的控制权与管辖权,并对一级河川进行整治担负主要责任,其治理的相关经费由国家财政统一划拨,而二级河川的经费主要是由地方政府财政支出来承担,但其自筹额度不超过50%。[1] 日本的水资源管理经历了由注重河川水量的分配、规划,大力开发其他水源(如开采地下水)向节流为主(企业改进节水技术)、事前防治(如种植水源防护林)、确保水质(加大污染治理力度),从而实现长远规划和可持续发展的转变。

与河川水资源属于公用资源不同,日本缺乏对地下水管理的全国性立法。日本关于地下水的属性存在土地构成说和土地分离说两种法律学说。土地构成说依据日本《民法典》第207条的规定,主张土地所有权涵盖土地上下,地下水资源依附于土地,属于土地所有权支配权能的范围内,因此,地下水并不被认为是独立的水资源,使用地下水的行为应受到限制。土地分离说认为,结合水资源的循环性,地表水和地下水应综合考量。既然地表水属于公用资源,那么地下水应该具有相同属性。[2] 当前,关于地下水属性的争论,依然存在。

三、澳大利亚水资源所有权的概况

澳大利亚四面环海,约70%的国土处于干旱或半干旱地带,多个地区面临严重缺水问题。澳大利亚著名的水利专家 John Williams 说:“澳大利亚是个干旱陆地,干旱决不会在澳大利亚被根除。我们

---

[1] 董石桃、艾云杰:《日本水资源管理的运行机制及其借鉴》,载《中国行政管理》2016年第5期。

[2] 华瑀欣:《日本百年地下水法律性质的考察和启示》,载《理论界》2015年第8期。

将永远在干旱和洪水降雨间生存,我们所能做的事情就是反复思考我们使用自己的土地和水的方式。”在澳大利亚联邦体制下,水资源及相关事项属于各州或地方管理。随着环境保护日益重要,经济社会发展对水资源的需求也在增加,为了便于水资源的统一管理,澳大利亚原则上形成了统一的全国性水资源法律与政策。例如,2004 年实施的《关于国家水资源行动计划的政府间协议》。该协议的目标是在澳大利亚形成一个以全国统一、市场、监管和规划为基础的城乡水资源利用的地表和地下水资源管理制度,使经济、社会和环境效益最优化。[1]

澳大利亚《水法》规定,水资源属于国家所有,以各州为主体对水资源、水体环境和水权市场进行全面规划和治理。各州根据用水习惯、水资源禀赋及环境差异采取不同的水资源配置和水权制度。澳大利亚新南威尔士州政府 2019 年 11 月 21 日宣布,由于持续干旱,水库蓄水量急剧下降,大悉尼地区从 12 月 10 日起实行二级限水令,这也是该地区近 10 年来最严的限水令。根据该限水令的规定,只能用喷壶或水桶在上午 10 时之前或下午 4 时之后给花园浇水,不遵守规定的居民可能面临 220 澳元的罚款。

伴随人口增长以及气候的影响,澳大利亚所有城市处于缺水边缘,澳大利亚的水资源越来越紧缺,必须开发新的用水供应技术,以

〔1〕 胡德胜、陈冬等编译:《澳大利亚水资源法律与政策》,郑州大学出版社 2008 年版,第 22 页。

满足居民的基本用水需求。[1] 澳大利亚各州逐步实现水权交易。市场化运作不仅体现在水权交易领域,州、地方一级的水权管理与配置同样委托企业进行市场化运作。尽管各州(和领地)管水部门和机构名称不尽相同,但水资源管理的职责基本一致,主要是:代表州(领地)政府根据各自的水法行使水资源管理、开发建设和供水的权力;在联邦确定各州(领地)水量配额之后,代表当地政府制定相应的水资源政策,对用水户按一定年限确定水权并收取有关费用;代表当地政府组织实施州内水资源的评价、规划、水利工程建设等方面的监督管理。[2]

四、印度水资源所有权的概况

印度是世界上面临最严重水安全挑战的国家之一,具体表现为其人均水资源严重短缺、水资源分布极其不平衡、用水效率低下、水污染严重等。同时,印度人口迅速增长、粗放式水资源管理、水争端频发、气候变化等因素使水危机严重程度进一步升级。印度水安全形势严峻,未来发展前景不容乐观。[3]

印度不仅人均水资源保有量持续下降,而且水体受到严重污染。各邦之间关于水资源的争夺也越来越激烈,班加罗尔水骚乱即是一

---

〔1〕 2019年,从北部的昆士兰州到新南威尔士州至少有十几个澳大利亚城镇面临零日(Day Zero)困境。零日是指居民的水龙头被关闭,大量家庭和企业不得不到各集中取水点取水。如果不能采取有效举措,澳大利亚将有更多的城市面临"零日"。Nicole Trian, *Australia Prepares for "Day Zero"-the Day the Water Runs Out*, France 24 (Sept. 19, 2019), https://www.france24.com/en/20190919-australia-day-zero-drought-water-climate-change-greta-thunberg-paris-accord-extinction-rebe.

〔2〕 池京云、刘伟、吴初国:《澳大利亚水资源和水权管理》,载《国土资源情报》2016年第5期。

〔3〕 曾祥裕、朱宇凡:《印度水安全问题的现状与影响》,载《国际研究参考》2015年第1期。

个例证。为争抢水源,印度南部的卡纳塔克邦与泰米尔纳德邦爆发骚乱,致使卡纳塔克邦首府班加罗尔等地局势紧张,造成至少 1 人死亡,5 人受伤。[1] 2016 年 9 月 13 日,印度总理莫迪表明这是一场“不幸”,并呼吁双方和平解决水权争议。这一骚乱折射了印度水资源危机的死循环:人口增长导致水资源紧张,水资源紧张导致工业发展不充分,工业发展缓慢导致大多数人口停在农业时代,妇女权利低下,计划生育难以推行,人口持续增加。[2] 根据 2017 年 3 月 16 日环球网的报道,“印度正面临着几代人以来最严峻的水资源危机”。预计 2050 年,印度人口将达到 17 亿。[3]

实际上,印度政府一直采取措施,缓解水资源供应危机,除了在技术方面采用河流联通、雨水续集、人工回灌和盐水淡化等方法增加可用水资源、提高水资源利用效率外,在法律制度方面印度自独立以来也一直在努力。印度水资源法律体系复杂、层次多样,主要由国际条约、联邦和各邦法案组成,包括了水资源相关政策、习惯性规则和条例在内的正式或非正式文件,判例即法院指令也是印度水资源法律制度的渊源。[4]

经过长期的发展改进,印度逐步确立了政府对水资源的公益性权力。印度宪法是印度水资源法律发展的重要渊源。该法涉及水资

[1] 《印度两个邦因缺水爆发骚乱 已致 6 人死伤》,载观察者网,http://www.guancha.cn/global-news/2016_09_14_374358.shtml。

[2] 马平:《班加罗尔水骚乱,印度“弯道超中国”遇麻烦了》,载观察者网,http://www.guancha.cn/MaPing/2016_09_21_374948_2.shtml。

[3] 杨芯编译,谭利娅审稿:《印度正面临着几代人以来最严峻的水资源危机》,载环球网,http://world.huanqiu.com/exclusive/2017-03/10322959.html。

[4] See Philippe Cullet, Water Law in India: Overview of Existing Framework and Proposed Reform, IELRC Working Paper, Geneva, Switzerland: International Environmental Law Research Centre, 2007, p. 3-6. 转引自杨翠柏、陈宇:《印度水资源法律制度探析》,载《南亚研究季刊》2013 年第 2 期。

源的条款规定,"国家应使其政策致力于保证社会物质资源之占有权与控制权之分配应促进公共利益最为有利";任何公民都不得"仅仅根据宗教、种族、种姓、性别、出生地,或其中任何一项"而在"'供大众使用之井泉、水池、浴场'使用方面""丧失资格、承担责任、遭受限制或接受附加条件"。印度宪法从规范层面确立了政府应从公共利益出发管理水资源,同时,印度公民享有不受歧视的水资源使用权。根据《1931年中央邦灌溉法案》(这一法案目前依然生效)的规定:"任何河流、天然溪流或天然排水水道、天然湖泊或其他天然集水区的全部水权归政府所有。"[1]政府享有水资源所有权成为印度水资源管理的基础规范。

本章接下来几节,将主要比较中美两国水资源所有权的制度异同,分析水资源所有权制度如何回应水资源危机的问题。在水资源危机日益加剧,同时水资源需求不断扩张的背景下,如何理解不同的水资源所有权制度对水资源使用和管理的差异化后果,并通过对制度实践过程和差异化后果的辨析,对水资源所有权制度所蕴含的功能进行合理阐释,希冀从水资源所有权制度理论上回应水资源危机问题。

第二节　中国水资源所有权的制度内涵

根据我国《宪法》第9条和《水法》第3条的规定,我国实行水资源国家所有,国务院代表国家行使水资源所有权,国务院水行政主管部门代表国务院负责工作规划与安排。《水土保持法》第5条第1款规定:"国务院水行政主管部门主管全国的水土保持工作。"国务院具

[1] 杨翠柏、陈宇:《印度水资源法律制度探析》,载《南亚研究季刊》2013年第2期。

体行使水资源所有权,必须依托国务院的各相关部门。根据 2017 年国务院令第 676 号公布的《取水许可和水资源费征收管理条例》(以下简称《取水条例》)第 3 条的规定,各流域管理机构根据《取水条例》和在国务院水行政主管部门的授权下,负责管辖范围内取水许可制度的组织实施和监督管理。这表明各流域管理机构可以根据国务院授权行使相应管理权限。根据 2016 年国务院令第 669 号公布的《农田水利条例》第 4 条第 2 款的规定,县级以上地方人民政府水行政主管部门负责本行政区域农田水利的管理和监督工作。这表明县级以上地方人民政府同样获得了在区域范围内的管理权限。

因水资源所有权管理涉及的不同层级、不同流域之间工作内容的复杂性及管理对象的差异性,国务院水行政主管部门及相关机构、流域管理机构、县级以上人民政府根据国务院发布的各种“意见”“条例”“办法”等行使相应的水资源管理权(《水法》第 12 条集中作出了规定)。[1] “国家对水资源进行区域分配,是在国家宏观管理的前提下依法赋予地方各级人民政府水行政主管部门对特定额度水资源和水域进行配置、管理和保护的行政权力和行政责任,而不是国家对水资源所有权的分割。”[2] 国务院作为水资源所有权主体,同时作为水资源管理主体,行使水资源所有权的制度包括以下内容。[3]

一、水资源国家所有和统一管理制度

根据《水法》第 12 条的规定,国家对水资源实行流域管理与行政区域管理相结合的管理体制。在重要江河、湖泊设立的流域管理机

---

〔1〕 王文革对中国目前的水资源立法现状进行了小结。王文革主编:《自然资源法——理论·实务·案例》,法律出版社 2016 年版,第 115~225 页。

〔2〕 王晓东、刘文、黄河主编:《中国水权制度研究》,黄河水利出版社 2007 年版,第 77 页。

〔3〕 龚春霞:《水权制度研究——以水权权属关系为中心》,湖北人民出版社 2019 年版,第 29~33 页。

构，行使相应的管理和监督职责。县级以上地方人民政府水行政主管部门负责本行政区域内水资源的统一管理和监督工作。根据《水法》第 14 条的规定，国家制定全国水资源战略规划，包括流域规划和区域规划。根据《水法》第 32 条、第 33 条和《水污染防治法》第 63 条的规定，国务院批准水功能区划安排，国家建立饮用水水源保护区制度。《水法》第 39 条规定了河道采砂许可制度。根据《水法》第 44 条、第 47 条、第 48 条的规定，国务院水行政主管部门会同有关部门制订全国的和跨省、自治区、直辖市的水中长期供求规划，国家对用水实行总量控制和定额管理相结合的制度，国务院统一规定实施取水许可制度和征收管理水资源费的具体办法。根据《水污染防治法》第 6 条、第 12 条的规定，国家实行水环境保护目标责任制和考核评价制度，国务院环境保护主管部门制定国家水环境质量标准。

概言之，水资源国家所有和统一管理制度分别就水资源管理体制、水资源战略规划、水资源保护利用、水资源分配、水资源许可使用、水环境保护等方面作出了统一部署。以上各方面的计划安排都必须在国务院水行政主管部门及相关部门的统一安排下展开，这就迈出了实现水资源国家所有和统一管理的第一步。由于涉及水资源管理的不同内容，具体规划的编制、水资源分配方案等需要根据流域及行政区划内水资源保有量等的差异而确定，同时遵守统一管理的具体要求。例如，根据《水法》第 15 条的规定，综合规划应该与土地利用总体规划等相协调，而根据《水量分配暂行办法》的规定，跨省、自治区、直辖市的水量分配应以流域为单元进行；省、自治区、直辖市以下的水量分配方案以行政区域为单元展开。

二、水量分配协商制度

根据《水量分配暂行办法》第 4 条的规定，跨省、自治区、直辖市的水量分配方案由水利部所属流域管理机构与省、自治区、直辖市人民政府协商制订,报国务院或者其授权的部门批准。[1] 根据规定,省、自治区、直辖市以下其他跨行政区域的水量分配方案同样实行协商制度。由于同一流域范围内的水量分配涉及不同的行政区域,建立以流域机构为主要参加者的协商机制,可以降低不同行政区域之间就水量分配发生纠纷的概率,这既包括各省级政府之间就水量分配可能产生的纠纷,也包括省域范围内跨区行政机关之间就水量分配产生的纠纷。

《水量分配暂行办法》不仅规定了水量分配协商的机制,同时还规定了协商过程中应该遵循的分配原则。《水量分配暂行办法》第5条规定:"水量分配应当遵循公平和公正的原则,充分考虑流域与行政区域水资源条件、供用水历史和现状、未来发展的供水能力和用水需求、节水型社会建设的要求,妥善处理上下游、左右岸的用水关系,协调地表水与地下水、河道内与河道外用水,统筹安排生活、生产、生态与环境用水。"根据该条的规定,跨省、自治区、直辖市以及省级以下跨行政区域的水量分配,应该结合流域的特征,在充分考虑当地用水历史、用水实践、供水能力的情况下,遵循公平和公正原则进行分配。公平公正原则不代表水资源分配的完全均等,而是要求水资源分配要根据历史和未来的水资源开发利用状况进行合理分配。以2017年淮河流域分配方案为例,根据该分配方案,2030年,淮河河道外地表水正常来水年份(来水频率50%)分配数量分别为:湖北省1.49亿立方米、河南省63.1亿立方米、安徽省98.1亿立方米、江苏省68.1亿立方米。水量分配协商机制有利于保障流域范围内水量分配方案的

---

〔1〕 2017年6月13日,国家发展改革委、水利部对淮河水量分配方案作出批复。淮河水量分配方案即是由淮河水利委员会与江苏省、安徽省、河南省、湖北省人民政府协商制订的,国家发展改革委和水利部根据国务院授权作出"原则同意"的批复。

有效实施。

三、水事纠纷预防、协商、裁决、执行机制

根据《水法》第56条的规定，不同行政区域之间发生水事纠纷的，应当协商处理；如果协商不成，则由上一级人民政府裁决。同样，根据《水土保持法》第46条的规定，不同行政区域之间发生水土流失纠纷应该协商解决；如果协商不成，则由共同的上一级人民政府裁决。这两个条文表明，不同行政区域之间发生水事纠纷，应该协商解决。协商解决是行政区域之间水事纠纷的前置程序。只有在协商解决这一前置程序未达到一致意见的前提下，才能启动上一级政府的裁决机制。而根据水利部印发的《省际水事纠纷预防和处理办法》（以下简称《处理办法》）第3条的规定，处理省际水事纠纷，应当以预防为主，预防与处理相结合。根据《处理办法》第13条的规定，预防为主表现在日常工作中，即要求流域管理机构应该组织流域内各省级人民政府水行政主管部门定期召开省际水事协商会议，及时互通情况，确定需要重点解决的省际水事矛盾以及解决的途径和方案。预防和协商机制构成了应对省际水事纠纷的主要途径。[1]

如果预防和协商都未能应对水事纠纷，那么就进入水事纠纷的裁决和执行机制。以省际水事纠纷为例，如果纠纷各方协商不成，则由流域管理机构提出处理意见；如果对流域管理机构提出的处理意

---

〔1〕 公开报道的省际水事纠纷并不多，比较有代表性的是2009年发生在渭河干流的陕甘省际凤阁岭河段水事纠纷。2009年3月，陕西省宝鸡市陈仓区凤阁岭镇通关河村在渭河干流陕、甘省界河段的通关河村渭河左岸陕西一侧河道内擅自修建河堤工程。陕西方开始施工后，对岸甘肃方吴寨村村民曾多次和对方协商，要求停止施工，但没有得到应答。吴寨村随即将凤阁岭镇通关河村及北岸数千居民出行的两座跨渭桥梁桥头挖断，两岸村民情绪严重对立，事态进一步升级。后来，黄河水利委员会及时介入，通过一年多时间的积极协调和努力，通过协商途径顺利解决纠纷。

见有异议，可以报请水利部给出处理意见；必要时，水利部报请国务院裁决。没有异议的处理意见和国务院裁决一旦作出，有关各方必须遵照执行。这里的执行不仅包括具体事项的处理方案，还包括对有关责任人及其所在单位或上级主管部门的行政处分。当然，对于相关责任人及有关单位的行政处分，并不影响对相关行为的民事定性及刑事定性。对于水事纠纷发生及处理过程中出现的违反民法、刑法等违法犯罪行为，应移交公安司法机关追究相应责任。对相关私主体行为的定性及处罚，并没有改变水事纠纷的行政处理方式。

不管是水事协商会议、互通情况等预防举措，还是组织各方开展针对纠纷的具体协商活动，以及由流域机构、水利部给出指导意见，甚至是国务院给出最后的裁决意见，都是一种通过行政途径解决纠纷的方式。[1] 省际水事纠纷以及省级以下行政机关之间的水事纠纷解决并不主张采取诉讼方式。例如，《长江流域省际水事纠纷预防和处理实施办法》(长政监〔2013〕418 号)第 6 条规定：省际水事纠纷应当按照分级管理的原则，逐级协商处理。长江委负责管辖范围内省际水事纠纷的预防和处理工作……负责流域内经国务院裁决、水利部及长江委协调解决的省际水事纠纷协议执行情况的监督检查，督促落实纠纷各方达成的省际水事协议。虽然这种安排是否合适还值得进一步讨论，但通过行政途径处理水事纠纷符合中国行政体制的架构和组织运行方式。通过协商方式处理水事纠纷，既是遵从行政权威的表现，也是强化行政权威的方式，当然也有利于水事纠纷快

〔1〕 为了预防省际水事纠纷发生，流域管理机构会提前部署，通过座谈会方式排查纠纷。例如，2020 年 12 月下旬，长江水利委员会为会员组织展开了 2020 年度省际水事矛盾纠纷排查化解工作座谈会，集中排查化解省际水事纠纷，维护省际边界地区水事秩序稳定。

速、高效地解决。[1]

第三节　美国水资源所有权的规范表达

美国是英美法系国家,成文法的作用和意义有限,法律制度和法律规则的确立更多依赖个案,特别是联邦最高法院运用宪法条款的解释和适用确立相关的权利保护规则。在自然资源所有权的保护问题上,联邦最高法院运用宪法条款在联邦层面通过立法权或违宪审查权对各种自然资源进行有效管理,尤其体现在联邦通过控制或征收自然资源,确立国家所有权,实现对私人所有的规制。[2] 美国联邦最高法院通过对联邦宪法的解释以及运用司法审查作为核心手段,帮助联邦政府实现对自然资源的管理和规制。

一、联邦保留水权

美国《宪法》第 4 条第 3 款第 2 项规定:"国会有权处置合众国之属地及其他产业,并制定有关这些属地及产业的一切必要的法规和制度;不得基于本宪法中的任何条文,作有损于合众国或任何一州的任何权利的不利解释。"该条款被认为是联邦政府判断公有财产范围的权力来源,从而实际上限制州及个人对自然资源的所有权。1976 年,联邦最高法院在审理 Kleppe v. New Mexico(克莱普诉新墨西哥州)案时,提出了如下意见:"在一般意义上,联邦宪法赋予了国会判断涉及公用土地的必要性的权力,授予国会在公用土地上的独占权

---

[1] 根据我国《水法》第 57 条的规定,单位之间、个人之间、单位与个人之间发生的水事纠纷,如果协商或调解不成,当事人可以向人民法院提起民事诉讼。

[2] 王旭:《论自然资源国家所有权的宪法规制功能》,载《中国法学》2013 年第 6 期。

力。"[1]1971 年,美国国会通过了《野外漫游的马和伯罗斯法案》(The Wild and Free – Roaming Horses and Burros Act of 1971),法案规定,美国公共土地上无人认领的马和驴子都属于美国公共财产的一部分,保护自由放养的马匹免受捕获、攻击。新墨西哥州认为该法案违宪,由此引发相关诉讼。联邦最高法院法官瑟古德·马歇尔(Thurgood Marshall)审理该案时,发表了法院的一致意见。联邦法院对宪法财产条款做了扩大解释,一方面,即使州法有相关规定,财产条款依然赋予国会保护公共土地上野生动植物的权力;另一方面,国会对公共土地享有的独占权力,必然包括调节和保护生活在该地区的野生动植物的权力。该案虽然是关于公共土地上放牧问题的讨论,但案件关于联邦宪法的解释和适用,有力推进了联邦政府对自然资源的规制。[2] 水资源是一种重要的自然资源,同样适用自然资源国家所有权的相关规制。

在自然资源国家所有权的联邦判决产生法律效力前,直接与水资源保护相关的判决早已发布并最终确立了"联邦保留水权"(Federal Reserved Water Rights)。联邦保留水权允许联邦政府根据宪法商业条款和财产条款的规定,从联邦发展的目的出发,保留公共领地的水权。州政府对州域范围内的水资源享有绝对权力,但是联邦保留水权不受此约束。[3] 该原则表明,联邦政府通过明示或默示的方式,为实现特定目的的公共土地预留一部分用水权。[4] 联邦保

---

〔1〕 Kleppe v. New Mexico,426U. S. 529(1976).

〔2〕 王旭:《论自然资源国家所有权的宪法规制功能》,载《中国法学》2013 年第 6 期。

〔3〕 See Kelly J. Latimer, *Federal Reserved Water Rights Doctrine under the Wilderness Act: Is it Finally Here to Stay*, Journal of Land Resources & Environmental Law, Vol. 20, p. 336 – 337(2000).

〔4〕 龚春霞:《水资源所有权的中外比较及借鉴》,载《武汉科技大学学报(社会科学版)》2018 年第 4 期。

留水权原则的立法依据，虽然来自美国《宪法》第 6 条商业条款(commerce clause)和第 7 条财产权条款(property clause)，但这实际上是通过司法判决最终确立的原则。

首次提出这一问题的是美国诉里约热内卢大坝和灌溉公司(United States v. Rio Grande Dam & Irrigation company)案。在该案中，联邦最高法院面临的问题是，州政府是否可以授权灌溉公司开展引水行为，即使行为可能会因为降低水位而影响通航。联邦最高法院在判决中指出：任何州不能通过立法剥夺美国作为河流沿岸土地所有者享有的获得水流的权利(continued flow of its waters)，支持对联邦政府享有的财产进行有益使用。[1] 这一结论成为 1908 年温特斯诉美国(Winters v. United States)案的判决依据。[2] 通过这一结论，联邦最高法院对印第安保留地的水权作出了开创性判决，并最终诞生了对印第安部落的保留原则。几个在蒙大拿的印第安部落向法院控告在保留区附近开发土地的白人，指控他们对水资源的过度使用侵害了印第安人的权益。最终判决指出，水源上游的使用者不能通过建水坝或水库的方式减少印第安人保留灌溉所需的水资源，该判决维护了印第安人部落的用水权。

温特斯诉美国案判决半个多世纪后，1952 年《麦卡伦修正案》(McCarran Amendment)颁布，开启了美国西部水权诉讼的现代历程。本法颁布之前，主权豁免使美国无法作为诉讼主体参加任何涉及水权或所有权的诉讼。该法案允许有关联邦水权的诉讼在州法院审判。在任何有关水权的诉讼中，美国作为诉讼的当事人放弃任何主

---

〔1〕 See Kelly J. Latimer, *Federal Reserved Water Rights Doctrine under the Wilderness Act: Is it Finally Here to Stay*, Journal of Land Resources & Environmental Law, Vol. 20, p. 336(2000).

〔2〕 See Winters v. United States, 207U. S. 564(1908).

张国家法律豁免的权利,并受有管辖权法院所作出的判决、决定等约束。在美国作为诉讼当事人的案件中,传票或其他程序均应通过司法部长或其他指定代表。

联邦最高法院在1963年的亚利桑那州诉加利福尼亚州(Arizona v. California)案中明确了联邦保留水权。[1] 法院裁定,保留原则并不仅仅限于印第安保留地,同样适用于所有联邦保留的公共土地,包括国家森林、国家娱乐区和野生动植物保护区。该判决确认了联邦保留水权可能涵摄的范围。1976年的卡帕特诉美国(Cappaert v. U.S.)案中,联邦最高法院认可了禁止抽水禁令的法律效力,通过保护地下水资源,进一步扩展了联邦保留水权的适用范围。[2] 1978年的美国诉新墨西哥州(United States v. New Mexico)案中,联邦最高法院认为1897年《森林服务组织法》(Forest Service's Organic Act of 1897)关于国家林地保留水权的规定仅是关于最低水量的规定,无法满足河床流量用途和木材生产的需要,驳回了林业局关于鱼类、野生动植物和娱乐用途的溪流流量的索赔要求;判决指出保留水权的适用范围和程度,取决于保留水权的授权立法和保留土地的特定目的。[3]

联邦保留水权强调联邦对享有所有权的土地和其他基础设施的水权,赋予联邦政府基于公共利益或者河流适航等需求,限制州政府或者私人对水资源使用和管理的权力。"联邦保留水权几乎与每一项州政府的优先权利(appropriation rights)存在冲突。最大的冲突在于联邦权利的不确定性。"[4] 正因如此,联邦保留水权被认为是"可

---

〔1〕 See Arizona v. California, 373 U.S. 546(1963).

〔2〕 See Cappaert v. U.S., 426 U.S. 128(1976).

〔3〕 See United States v. New Mexico, 438U.S. 696(1978).

〔4〕 Comment, *Federal Reserved Rights in Water*: *The Problem of Quantification*, Texas Tech Law Review, Vol. 9, p. 93(1977).

以在任何时候被使用的王牌(a wild card)”,也被认为是“可以填写任何金额的支票”“它享有第一抵押权,且数额难以确定,宛如一把达摩克利斯之剑,悬于涉及联邦保留区的每一条溪流之上”。即使保留水权依然面临着与州之间如何协商和平衡的问题,但由于其关乎水资源可持续利用和生态完整性,只能通过正视保留水权的实践困境而逐步完善。

联邦保留水权不仅对于美国西部的国家公园、野生动植物保护区和荒野地区的保护至关重要,而且对于维护多用途土地和生态完整性至关重要。保留水权的设立,将减少部分区域的不合理开发。“一旦联邦储备的水资源被过度开发,那么水从哪里来的问题需要被重新考虑。既要考虑到地表水和地下水的关系,还要考虑到水资源的数量、使用费用和具体用途及价值。”[1]联邦保留水权是为了减少水资源使用过程中的不公平现象,希冀在联邦政府的统一协调下,制定更好的长期规划,减少水资源的浪费现象,促进水资源的合理使用。前述的几个案例都体现了保留水权的这一目的,这一目的合理性为美国西部干旱地区适用联邦保留水权提供了强有力的支撑。

为了减少联邦保留水权与州权力之间的冲突,研究者主张采取有效立法的方式,满足联邦和地方之间对水的不同需求。例如,立法中将联邦保留水权的具体权利明确量化,从而促进州对水的规划。“在正视保留水权原则所具有的不确定因素、空头支票属性以及达摩克利斯之剑等问题的同时,督促各州将环境问题纳入水资源管理规划中,这样将有利于更好地达成一致意见。”[2]但也有研究者指出,

---

〔1〕 Comment, *Federal Reserved Rights in Water: The Problem of Quantification*, Texas Tech Law Review, Vol. 9, p. 110(1977).

〔2〕 Janice L. Weis, *Federal Reserved Water Rights in Wilderness Areas: A Progress Report on a Western Water Fight*, Hastings Consttitutional Law Quarterly, Vol. 15, p. 154(Fall 1987).

自从联邦最高法院通过温特斯案件确立联邦保留水权后，该原则并没有取得任何进展，导致美国西部的水权问题仍然存在很多不确定性。进入21世纪后，可以借助可再生能源领域的爆炸式增长，全面推动能源和水资源规划，提高输电能力和低碳电力生产，在通过联邦保留水权原则解决水权纷争的同时，推动再生能源的开发。[1] 为了实现相应的目标，应该改变狭隘解释权利保留条款的状况，赋予联邦政府应有的权力，改变州法院狭隘解释联邦保留条款的目的，促使联邦机构，比如国防部制定相应政策，通过确认水权实现既定的军事任务。[2]

联邦保留水权的目的是通过在土地上预留足够的水资源，排斥先占优先原则的适用，实现联邦保留土地的综合使用目的。在西部干旱各州盛行先占优先原则的情况下，联邦保留水权原则对于实现土地的综合目的和生态完整性意义重大。但自从联邦保留水权在一个多世纪以前被联邦最高法院首次确立后，其一直被视为是对现有权利人的威胁，西部水资源游说团体也对其保持警惕和坚决反对的态度。[3] 作为联邦制国家，美国各州享有较大的自治权。除了联邦保留水权外，美国水资源所有权的相关规定主要还是由各州界定。

二、公共信托原则的实践与挑战

公共信托原则源于古罗马和英国法律，具有丰富内涵。美国在司法实践中也广泛适用了该原则。伊利诺伊州中央铁路公司诉伊利

---

〔1〕 See Debbie Leonard, *Doctrinal Uncertainty in the Law of Federal Reserved Water Rights: The Potential Impact on Renewable Energy Development*, Natural Resources Journal, Vol. 50, p. 643 (2010).

〔2〕 See Jeffrey T. Hawkins, *Protecting Federal Reserved Water Rights on Military Installations*, The Air Force Law Review, Vol. 79, p. 1 (2018).

〔3〕 See Michael C. Blumm, *Federal Reserved Water as a Rule of Law*, Idaho Law Review, Vol. 52, p. 370 (2016).

诺伊州(Illinois Central Rail Road v. Illinois)案被认为是美国历史上首次援引公共信托原则作出判决的案例。[1] 1869年伊利诺伊州立法机关将一大片淹没土地(large tracts of submerged lands)转让给了伊利诺伊州中央铁路公司;4年后,立法机关撤销了该转让行为,铁路公司不认可撤销行为的效力,于是提起诉讼。联邦最高法院裁定,伊利诺伊州州政府为了保护公共利益,接受人民的委托,管理这片土地。当州政府的转让行为不能给本州人民带来明显的公共利益时,转让行为无效。由此案开始,公共信托原则进入美国司法实践。

(一)公共信托原则的实践

一般意义上,公共信托原则是指政府从公共用途(通航、商业和渔业)出发,代表公民管理可通航水域和土地。[2] 该原则认为,可通航水域和潮汐地是公共资源,公众享有使用这两种资源的权利。"公民个人在信托财产上获得可通航、发展商业和捕鱼的权利被认为是自由社会的重要标志。"[3]被誉为美国公共信托理论之父的约瑟夫(Joseph L. Sax)教授曾撰文指出,公共信托原则能够有效发挥作用必须符合三个标准:包含一般意义上的法律权利概念;对政府具有一定的强制性(be enforceable against the government);[4]对于其解释应该与当代环境质量问题相一致。[5] 此时,政府适用公共信托原则要受到三个方面的限制:第一,基于信托的财产不仅必须用于公共目

---

[1] See Illinois Central Rail Road v. Illinois, 146 U. S. 387(1892).

[2] See Notes, *Water Law – Public Trust Doctrine*, Natural Resources Journal, Vol. 24, p. 812(July 1984).

[3] Martin v. Waddell, 41 U. S. (16 Pet.)367(1842).

[4] 对政府具有一定的强制性并不是指政府或者官员是被告身份。在很多公共信托案件中,州政府是原告,被告是某个私人土地所有者或者公共代理机构。

[5] See Joseph L. Sax, *Public Trust Doctrine in Natural Resource Law: Effective Judicial Intervention*, Michigan Law Review, Vol. 68, p. 474 – 475(1970).

的,而且还必须可供公众使用;第二,基于公共信托的财产在任何情况下都不能出售;第三,基于公共信托的财产应按照传统方式加以利用(通航、娱乐、渔业),或者遵照该财产的自然用途。[1]

美国各州对于公共信托的具体适用并不一致,公共信托原则在各州的适用,既有肯定的声音也有否定的评价。有些州通过司法判决直接确立公共信托的地位和指导意义;有些州并没有直接认可其效力,但并未排除其在司法实践中的适用。公共信托原则主要在美国西部干旱地区适用较多。加利福尼亚州具有独特的自然地理环境以及水资源利用历史,使得美国西部加利福尼亚州的水资源使用和管理极具代表性。这部分主要以加利福尼亚州水资源使用和管理为窗口,阐释和理解公共信托原则的具体实践过程。

在加利福尼亚州,公共信托原则以多种形式出现在各种判决中。比如,在艾德里奇诉科威尔(Eldridge v. Cowell)一案中,加利福尼亚州最高法院裁定,旧金山市的发展规划,既包括对街区和街道的规划,也包括对潮汐水域(tide waters)的规划,以满足运输的基本要求。[2] 此时,潮汐水域被填充是应然之义,唯有如此才满足建筑物和陆地运输的需要,原告的行为完全符合法律的要求。面对可通航水域的土地不能被私人所有的质疑,加利福尼亚州最高法院通过对公共信托权益的阐释,反驳了这一质疑。法院认为根据港口开发计划,旧金山湾填充土地,确立新港口的做法,有利于提高通航水域的公共权利(enhance public rights)。在此案的终审判决中,加利福尼亚州最高法院实际上是通过"提高公共利益"对抗了一般意义上的私有权利。本案中,原告(旧金山市和县)创建深水海港(creating a

[1] See Joseph L. Sax, *Public Trust Doctrine in Natural Resource Law: Effective Judicial Intervention*, Michigan Law Review, Vol. 68, p. 477(1970).

[2] See Eldridge v. Cowell, 4 Cal. 81(1854).

deepwater seaport）符合当时的港口开发计划，客观上满足了公众利益诉求，即作为公共财产的信托人，为了提高财产的使用价值，原告可以采用合理和适当的方式对财产进行处理。从此案开始，加利福尼亚州司法审判实践中逐步开始了对公共信托原则的适用和确认。“20 世纪，加利福尼亚州法院扩大了受公共信托原则保护的航海、商业和渔业等传统领域的活动，将这些活动延伸至休闲划船、钓鱼和游泳，甚至包括对土地自然状态的保护。”〔1〕

随着公共信托原则适用领域的进一步扩展，对于该原则的具体价值和作用，产生了不少分歧和意见。“对公共信托理论的逐案扩展使用模糊了公共信托理论的范围和目的。”〔2〕一部分研究者认为，公共信托原则已经成为加利福尼亚州水资源管理中的审查程序之一；另一部分研究者认为，公共信托原则已经完全被加利福尼亚州水资源管理的法定审查程序所取代；还有一部分研究者主张，公共信托原则不仅在水资源管理局的审查中作为审查条件被适用，同样还可以在法院被援引（provided a right of action in the courts）。〔3〕其中，1983 年的国家奥杜邦协会诉高级法院案〔4〕（National Audubon Society v. the superior Court of Alpine County，以下简称国家奥杜邦协会案件）对加利福尼亚州公共信托原则的具体适用产生了重要影

---

〔1〕 John Franklin Smith, *The Public Trust Doctrine and National Audubon Society v. Superior Court: A Hard Case Makes Bad Law or the Consistent Evolution of California Water Rights*, Glendale Law Review, Vol. 6, p. 207 (1984).

〔2〕 J. Stevens, *The Public Trust Doctrine: A sovereign's Ancient Prerogative Becomes the People's Environmental Right*, U. C. Davis Law Review, Vol. 14, p. 196 (1980).

〔3〕 See John Franklin Smith, *The Public Trust Doctrine and National Audubon Society v. Superior Court: A Hard Case Makes Bad Law or the Consistent Evolution of California Water Rights*, Glendale Law Review, Vol. 6 (1984), p. 203.

〔4〕 National Audubon Society v. The superior Court of Alpine County, 33 Cal. 3d 419 (1983).

响，不仅影响了加利福尼亚州水权制度的发展，还对洛杉矶地区发展以及莫诺湖流域（Mono Lake basin）[1]生态发展产生了积极作用。

20 世纪初，位于莫诺湖以南的洛杉矶市迅速发展。城市发展伴随水资源的需求不断增加。20 世纪 30 年代，洛杉矶在莫诺盆地购买了 120 平方公里的土地，并开始从该地区的小溪和溪流中取水。洛杉矶市水利电力局为了保证足够的水资源供应，转移了最初从塞拉利昂向莫诺湖供水的四个支流，减少了莫诺湖流域的水资源，对莫诺湖造成了一定程度的环境破坏。[2] 鉴于此，1979 年，国家奥杜邦协会、莫诺湖委员会、地球之友和四个莫诺湖土地所有者等对洛杉矶水利电力局提起诉讼，要求其停止转移莫诺湖水资源的行为。国家奥杜邦的申诉意见认为，洛杉矶水利电力局随意改道的行为不仅违反了公共信托理论，而且违反了加利福尼亚州宪法关于禁止州政府阻塞通航水域的规定，因此要求法院基于公共信托权利，进行宣告性和禁令性救济。国家奥杜邦诉求的一个关键问题是，加利福尼亚州水权制度与公共信托原则的关系。原告主张用公共信托原则对抗洛杉矶水利电力局的行政决策和许可权限。

1983 年，该案最终上诉到加利福尼亚州最高法院。加利福尼亚州最高法院通过分析公共信托原则的三个问题，给出了具体的判决意见。加利福尼亚州最高法院审议的三个问题包括：第一，公共信托原则的目的是什么；第二，公共信托原则的范围是什么；第三，公共信

---

[1] 莫诺湖位于加利福尼亚州内华达山脉（Sierra Nevada）东部，正处于优胜美地国家公园（Yosemiten National Park）的正东方位。1870 年马克·吐温曾到此游览，他用"风景如画""庄重、寂静、无风的大海"等词语描述莫诺湖。Mark Twain, Roughing it（1872）.

[2] 1976 年开始，加利福尼亚大学的一群学生开始研究莫诺湖的环境问题，他们的研究结论显示，水位降低造成了环境破坏，包括盐虾的损失、迁徙和筑巢鸟类的损失以及自然景观的破坏等。

托关系中,受托人的权利和义务是什么。公共信托原则是为了维持可通航水域的航行、商业、捕鱼等公众利益。虽然公共信托原则保护的是类似莫诺湖的可通航水域,但是如果莫诺湖非通航水域的改变影响了可通航水域的公共利益时,则需要扩展公共信托原则的范围,以达到禁止不良后果的目的。此时,原告寻求保护的主要价值观符合公共信托的目的和要求。当专有水权与公共信托原则之间发生冲突时,专有水权原则应该尽量减少对公共信托资源的损害。所有权人对水资源的使用,即使是为了公共利益的需要,也必须符合合理使用的标准。这实际上是通过回答公共信托的目的、范围和受托人的义务等三个问题,对该案作出了判决。最终,加利福尼亚州最高法院裁定,授予洛杉矶市水权时,并未考虑到分流对莫诺盆地公共信托资源的影响。由于分流行为造成了一定程度的损害,那么,基于公共信托原则,应重新考虑流域内的水资源分配问题,将调水量减少约2/3,直到莫诺湖的水位恢复到可接受的水平。

该判决确立了公共信托原则在加利福尼亚州水资源分配中的独立地位,与加利福尼亚州既有的水权制度形成了一种平衡关系。最高法院在阐释公共信托原则的范围时,做了扩大解释。将可通航水域的范围,扩展到非可通航水域,即当非可通航水域的水资源调配影响了可通航水域的公共利益时,公共信托原则也可以适用在非可通航水域。通过该案可以发现公共信托原则的适用既需要保留之前判决的基本原则,同时也需要考虑不断变化的社会发展状况,这也是法律体系持续合理发展的一个重要方面。

(二)公共信托原则的挑战

在美国西部水法的发展过程中,公共信托原则也在不断发展,其在美国西部水法中占据越来越重要的位置,过去的几十年被认为是

"公共信托原则的显著扩张期"（most significant expansion of public trust）。[1] 公共信托原则的核心在于保证普通公众能享有水资源，且能共享水资源的生态、环保等价值。要实现水资源的公共利益，就要确立水资源作为公共财产的法律地位，由联邦、州或者州人民享有水资源所有权。不管各州法律直接规定水资源所有权属于各州，或者属于各州人民，或者将水资源直接定义为公共财产，集合意义上的"州"或者所有人民都不可能作为行政、司法或执法实践的主体，只能赋权给不同的机构（agency）。不同的机构从公共利益出发，行使水资源的分配、管理、赋权等工作。根据公共信托原则，不同机构获得发布和批准水资源使用权证的权力。此时，不同机构应该以是否有利于实现公共利益为标准，衡量和决定是否赋予相关主体使用水资源的权利。

公共信托原则虽然赋予相关机构分配、管理水资源的权力，但同时该原则也是对州权力的一种限制和制约。[2] 政府接受公众的委托，从公共利益出发，行使水资源的管理和分配权限。此时，相关机构作为受托方，在行使相应权力的同时，也需要承担相应的责任和义务。国家奥杜邦协会案件中，加利福尼亚州最高法院的分析指出，应该从目的、范围和义务三个角度理解公共信托原则的具体适用。"义务"实际上就是一种对州政府机构的限制。当州或者联邦政府放弃公共信托的职责，导致发生侵犯公民基本用水权的行为时，州或者联邦政府的行为就是对正当程序条款的侵犯。

具体而言，这一限制主要表现在三个方面。第一，限制州政府浪

---

〔1〕 See Richard M. Frank, *The Public Trust Doctrine: Assessing Its Recent Past & Charting Its Future*, U. C. Davis Law Review, Vol. 45, p. 675(2012).

〔2〕 See Joseph Regalia, *A New Water Law Vista: Rooting the Public Trust Doctrine in the Courts*, Kentucky Law Journal, Vol. 108, p. 6(2019).

费水资源的行为;第二,限制州政府放弃信托义务;第三,限制州政府的权力。在水资源日益紧缺的背景下,谈论政府浪费水资源的行为,更多是指政府应引导、助推普通公众、私人团体和机构提高水资源的使用效率。美国西部面临严峻的水资源危机,除了加利福尼亚州长期遭受干旱外,包括内华达州在内的其他西部各州,同样面临干旱困境。流入内华达州南部主要储水区的米德湖的水量正在迅速下降。持续干旱导致降雨量减少,蒸发量增加,可用的水资源进一步减少。为了缓解水资源供应紧张的状况,政府应加强对水资源的管理和分配。当代水资源管理中,虽然有一些州扩大了属于公共信托领域的水资源范畴,比如扩张到具有娱乐属性的水体或者人工的水体,但同时许多州缩小了公共信托的范围、用途和影响,甚至几乎返回到1800年伊利诺伊州中央铁路公司案件所描述的基本范围。缩小信托的范围,实际上是一种放弃信托义务的行为。简言之,这种限制可以防止各州严重侵犯公民对所有流动水体享有的权利。[1]

这表明公共信托原则的发展面临一定的挑战。政府机构基于公共信托原则分配和管理水资源,客观上限制了水资源使用这一私权(limits their private rights of use)。私人水权(private water rights)与公共利益(public trust)两者之间存在冲突。对私人水权的保护是不是对公共利益的侵犯?如何在私人水权和公共利益之间寻求平衡,既满足公共利益的诉求,同时也保护不同主体对水资源的合理使用?在对公共信托原则的阐释中,应如何界定公共利益?哪些因素可以作为衡量公共利益的标准?一方面,司法实践表明,政府机构在评估耗水量比较大的采矿、灌溉和其他市政项目时,主要将预期经济利益

---

〔1〕 See Joseph Regalia, *A New Water Law Vista*: *Rooting the Public Trust Doctrine in the Courts*, Kentucky Law Journal, Vol. 108, p. 12 – 13(2019).

作为重要的衡量标准，忽略了公共利益的其他面向。[1] 另一方面，用水许可中，某些部门会将政治利益作为衡量标准。预期的经济利益和政治利益成为判断是否符合水资源公共利益的两大标准，这对公共信托（public trust）原则提出了挑战。

三、水资源所有权的州立法

美国对水资源所有权的规定以各州法规为主，通过司法判决确立相应的水资源使用和管理规则。各州关于水资源的法律规定，既可能规定在州宪法中，也可能规定在民事法律规范中，也有一些州制定了专门的水资源法律规范。根据美国各州所规定的水资源所有权主体的不同，可以区分为三种类型的水资源所有权人：水资源属于各州人民所有、水资源属于各州所有、水资源属于公共财产。加利福尼亚州、华盛顿州、科罗拉多州、马萨诸塞州等州规定水资源属于州人民所有（the property of the people of the State）。蒙大拿州、爱达荷州、路易斯安那州、佐治亚州等州规定水资源属于各州所有。犹他州等州并未明确规定水资源属于州或者属于人民所有，而是直接规定水资源属于公共财产（property of public）。

《加利福尼亚州水法》（California Water Code）第一章第102条规定：州域范围内的所有水资源属于本州人民所有，水资源的使用权由法律界定。该章第104条和第105条表明：本州人民对水资源的使用享有最高利益，州政府可以决定哪些水资源，包括地表水和地下水，可以作为公共用途或者为了公共利益而被限制使用；州人民非常关注州政府在开发水资源过程中的公共利益问题，州政府应以最大

---

〔1〕 See Michelle Bryan Mudd, *Hitching Our Wagon to a Dim Star: Why Outmoded Water Codes and "Public Interest" Review Cannot Protect the Public Trust in Western Water Law*, Stanford Environmental Law Journal, Vol. 32, p. 286 (2013).

的公共利益开发地表水和地下水。第 106 条第 5 项指出,州内各城市享有获得和使用水资源的权利,以满足现在和未来使用水资源的需求,但是任何城市都不享有浪费水资源的权利,也不能超越市政用途使用水资源,不能超出合理使用范围。[1] 加利福尼亚州强调对水资源的合理使用,严厉禁止水资源浪费行为,与极端气候之下加利福尼亚州水资源的危机状况有关。[2] 加利福尼亚州长期处于干旱和洪涝灾害相互交替的状态,气候变化使得水资源危机在加利福尼亚州变得更加严重。[3]

加利福尼亚州水法规定了州人民享有水资源所有权,每个人都有权获得安全、清洁、负担得起的水资源,水资源应该足以满足人民的消费、烹饪和卫生用途。人民应该根据法律的规定获得水资源和使用水资源。从"所有"到"利用"的过程中,虽然州内所有人民享有水资源所有权,但并不是所有人都可以具体行使所有权,必须由相应的机构或部门代为行使权利。加利福尼亚州大部分的地表水由水供给部门(agency)掌握,并分配给不同主体,不同主体将其用于灌溉作物或其他用途。司法实践显示,当地的许多水资源机构拥有水权。比如特洛克灌区早在 1914 年就获得了泰伦恩河(Tuolumne River)河

---

〔1〕 *California Water Code Division* 1, Chapter 1, Public Law(Jun. 6, 2016), https://california.public.law/codes/ca_water_code_section_102.

〔2〕 2017 年结束了长达 5 年的历史性大旱之后,2018 年加利福尼亚州州长布朗(Jerry Brown)签署了两条新法。法案详细规定了加利福尼亚州居民室内和室外用水量的总体目标,同时要求加利福尼亚州各地水利局制定永久性节水法规。例如,规定加利福尼亚州居民在 2022 年每人的用水限量为 55 加仑(约 208 升),2030 年下降为 50 加仑;2027 年起,如果过量用水,相关人员将会受到高达 10,000 美元的罚款。

〔3〕 [美]埃丽卡·吉斯:《洪水与旱灾的夹击:极端气候下的加利福尼亚州》,张涵译,载《光明日报》2017 年 11 月 29 日,第 14 版。

流的水权。[1] 此时水供给部门享有的是水资源使用权。正如前文分析指出的，美国公共信托原则实现了水资源所有权到水资源使用权的转变。水资源属于州人民所有，更多是关于水资源公共资源属性的宣称。这一宣称虽然并不复杂，但因其确立了水资源的公共资源属性，从而可以与现实中宣扬的水资源的商品属性展开竞争，帮助普通人实现获得和使用水资源的权利。《加利福尼亚州水法》第 106 条规定：首先要确保家庭用途的水资源供应，其次是保证灌溉供应。在加利福尼亚州水资源危机难以有效缓解的情况下，强调水资源公共资源属性，更有利于保障普通公民享有基本生存用水和生活用水的权利。

与加利福尼亚州水法的规定不同，犹他州法典（Utah Code）第 73 项第一章第 1 节（73 - 1 - 1）关于水资源的立法规定犹他州内的所有水资源，包括地表水和地下水都属于公共财产（property of the public），受已有用益使用权的约束（subject to all existing rights to the use thereof）；立法机关基于有益使用的目的管理公共水资源，同时不得侵犯受宪法保护的私有财产；公众出于娱乐目的使用公共水资源的行为受《公共水资源法案》第二十九章的约束。[2] 作为一种公共资源，水资源应该为本州内所有人共同使用和收益。犹他州最高法院意识到水的公共所有权的重要性：水资源公共所有权建立在水资源是一种稀有和必需的资源的基础上，对于所有人的福利而言，它都不可缺少。正因如此，州必须为了全州人民的利益和福利承担分配水资源的责任。水资源公共所有原则是州为了人民利益和福祉而治

---

〔1〕 See Brian E. Gray, *The Modern Era in California Water Law*, Hastings Law Journal, Vol. 45, p. 279 (1994).

〔2〕 *Utah Code Title* 73. *Water and Irrigation* § 73 - 1 - 1. Waters declared property of public, Findlaw (May 05, 2022), https://codes.findlaw.com/ut/title - 73 - water-and - irrigation/ut - code - sect - 73 - 1 - 1.html.

理水资源使用的基础。[1] 在J. J. N. P.诉犹他州(J. J. N. P. Co. v. State)案的审理过程中,法院认为州政府作为人民利益的受托人(as trustee for the benefit of the people)管理水资源的使用状况。此时,拥有湖泊和溪流的私人所有权并不能妨碍州政府规范用水行为的权力。[2] 同样,在坦纳诉贝肯案(Tanner v. Bacon)中,犹他州最高法院裁定,出于对公共利益的保护,州工程局(state engineer)如果认定某种行为会损害公共福利,则为了私人使用的目的提出的申请不会被批准,即使私人的申请比联邦政府的申请提前了11年。[3]

犹他州确立水资源公共所有权,同样赋予州政府基于公共利益的需要,对私人所有权进行有效的约束的权力。犹他州的水资源立法活动以及与水资源权利相关的司法解释活动,都认可了水资源的公共利益属性。州工程局在批准水资源使用权的过程中,将是否影响或者损害公共利益作为重要的标准。并不是任何情况下使用水资源都有利于公众利益,从水资源所代表的公共利益出发,某种情况下不使用水资源可能更符合公众的最佳利益。例如,当河流的价值被用于非经济目的,如娱乐或美学用途时,禁止开发利用是对河流最大的保护。同样,在市场条件并不成熟的地方,水权最好由一个公共实体持有而不使用(held but not used by a public entity)。[4] 从立法上肯定水资源的公共财产属性,为州政府及相关部门从公共利益出发审查、管理和分配水权提供了基本标准和指导原则,有利于实现水资

---

〔1〕 See J. J. N. P. Co. v. State(655 P. 2d 1133, 1136 Utah 1982).

〔2〕 See J. J. N. P. Co. v. State(655 P. 2d 1136, 1137 Utah 1982).

〔3〕 See Jaqualin Friend, *Nephi C. v. Hansen: The Utah Supreme Court Sidesteps Public Trust Principles in Allowing Forfeiture of Municipal Water Rights*, 11 Journal of Energy, Natural Resources & Environmental Law, Vol. 11, p. 377(1991).

〔4〕 See Jaqualin Friend, *Nephi C. v. Hansen: The Utah Supreme Court Sidesteps Public Trust Principles in Allowing Forfeiture of Municipal Water Rights*, 11 Journal of Energy, Natural Resources & Environmental Law, Vol. 11, p. 390(1991).

源的生存价值和生态保护价值。特别是在私人使用或者其他主体使用行为与公共利益发生冲突时，该法条及相关判决所确立的司法解释原则（如有益使用和公众最佳利益）可以对抗水资源的过度商业化。

与前两个州的法律规定不同，《佐治亚州水资源法》第一编第一章第 2 条规定：州政府是本州人民权利的受托人，享有水资源所有权，使其能够用于捕鱼、通行、导航、商业及运输。根据该条的规定，州政府是州内所有水资源的所有权人。州政府作为水资源所有权人，以通航水域和河床（navigable streams and their stream beds）作为水资源的权利客体。州并不享有不可通航水道的水域或者河床的所有权。河流是否可以通航是一个事实问题，由联邦政府决定。如果一条河流是可通航的或者预计可以通航，则被视为可通航。州政府享有的水资源所有权受到联邦商业条款的限制。[1]

随着人口增长和经济社会持续发展，佐治亚州同样面临越来越严重的水资源供应困境。一方面，持续干旱以及全球气候的变化给环境带来多变性，增加了水循环供应和水资源保有量的不确定性。另一方面，该州与佛罗里达州和亚拉巴马州共享部分水源的现状也带来了水资源供应的不确定性。20 世纪 80 年代以来，持续干旱暴露了该地区的水资源困境。同处美国东南部的三州之间爆发了美国历史上臭名昭著的“三州水资源争夺战”（Tri - State Water Wars）。三个州同样面临着城市化快速扩张和工业发展的竞争压力，都希望能有效共享资源，防止水资源被过度使用和破坏。虽然开展了多次协调和讨论，但三州之间关于如何有效分配水资源的商讨总是陷入僵

---

〔1〕 See John L. Heim, *Georgia Water Law*, *Use and Control Factors*, Georgia Bar Journal, Vol. 19, p. 125 (1956).

局,最终三州陷入关于水资源分配的持久且激烈的法律诉讼中。[1]研究者认为三个州之间应该放弃各自强硬的立场,采用宽松的架构,既要保护自己的利益,也要作出妥协,通过州际合作,基于共享资源的价值观,包括采用柏林规则和公平利用原则(doctrine of equitable utilization),实现人民和土地的更大利益(the greater good of the people and the land)。[2] 在这场旷日持久的诉讼中,各州宪法或水法中关于水资源所有权的规定对于解决三州之间的纠纷用益不大。州享有所有权或者本州人民享有所有权仅针对州内可通航的水资源,一旦超越州际边界,只能通过协商解决或者依靠联邦裁决。

不管水资源属于州所有、州人民所有还是作为公共财产进行规定,都宣告了水资源具有的公共资源属性,政府应该基于公共利益考量,管理、分配和使用水资源。从所有权主体来看,似乎区分了三类主体,实际上都是由州政府代为行使水资源所有权。在本书第五章关于水权交易的比较分析中,我们可以发现美国水权交易种类繁多,但这仅表明水资源使用权之间的交易活跃,并不表明交易主体享有水资源所有权。水资源仍然是一种公共资源,政府从公共利益出发,行使管理职能。水资源公共所有权有助于政府在水资源短缺时,采取调整或限制水资源使用的相关举措。[3]

---

〔1〕 See Eva Melody LaManna, *Three's a Crowd: Examining Georgia's Options in the Tri – state Water Wars under Principles of International Law*, Georgia Journal of International and Comparative Law, Vol. 39, p. 216(2015).

〔2〕 See Eva Melody LaManna, *Three's a Crowd: Examining Georgia's Options in the Tri – state Water Wars under Principles of International Law*, Georgia Journal of International and Comparative Law, Vol. 39, p. 239(2015).

〔3〕 See Andrew Myers & Meghan Snow, *Water Share – Using Water Markets and Impact Investment to Drive Sustainability*, The Nature Conservancy(2016), https://www. environmental – finance. com/assets/files/research/WaterShare_Fin_Web_Med. pdf.

水资源所有权的行使需要明确以下三个方面。首先,州政府代为行使权力,只限于本州领域之内,一旦涉及跨州际的水资源使用问题,该规定并无多大意义。其次,州政府应该基于公共利益行使权力,而不能超越这一界定。至于对公共利益的具体理解,则由各州在具体的司法实践中确立。最后,州政府的这一权力受到联邦权力的制约。这种制约不仅体现在关于水域是否"通航"的理解上,同样还体现在受制于联邦保留水权的规定。

第四节　水资源所有权制度的比较分析

中国确立了水资源国家所有权,由国务院代表国家行使水资源所有权的各项权能,水资源行政管理部门、各省及不同流域机构行使相应的水资源管理职责。实行联邦制的美国,各州享有较多的自治权,包括制定州宪法和民商事基本法律的权力。各州在水法或者民商事法律中,规定了属于各州不同的水资源所有权,水资源属于州所有、州人民所有或者水资源直接被定义为公共财产。联邦政府通过联邦保留水权获得了联邦保留土地上的水资源权利。

虽然中美两国行使水资源所有权的主体不一样,但从法律规范来看,水资源都被界定为一种公共财产,应该为了民众的利益而进行管理、分配和利用——"水资源属于国家所有""水资源为本州内所有人共同使用和收益"。中美两国都通过立法确立了水资源的公共资源属性,排除了政府之外的私主体对水资源的所有权。这是两者在水资源所有权制度上的共同点。除了这一共同点外,中美两国在水资源所有权制度上的规定,更多地体现为差异。

一、水资源所有权的制度及实践差异

中美水资源所有权的制度差异主要体现在以下三个方面:

1. 所有权主体不一样。中国水资源属于国家所有。水资源的所有权由国务院代表国家行使。为了有效管理,国务院赋权水资源行政主管部门行使具体的水资源分配和管理权力。农村集体经济组织的水塘和由农村集体经济组织修建管理的水库中的水,归各农村集体经济组织使用,主要从日常生活、农业生产、农业灌溉的角度进行统一分配和使用。美国水资源所有权主体具体分为三类:联邦、州、州人民。联邦政府作为联邦保留水权的主体,仅仅对联邦保留土地享有水资源所有权,而不涉及其他土地和其他水源;州和州人民所享有的水权以本州范围内的水资源为界,一旦超越本州界限,水资源的使用和管理问题就存在纷争,最典型的如"三州争水"事件。

美国水资源管理中,由于各州对州域范围内的水资源享有所有权,并行使具体的管理工作,一旦涉及州与州之间的水资源纠纷就很难协商解决。比较而言,国务院代表国家行使水资源所有权,从整体上对全国的水资源进行有效协调和分配,满足经济发展过程中对水资源的不同价值诉求。美国不同州的自然地理状况和经济发展水平影响了各州的水资源管理方式,进一步影响了水资源的具体制度功能和价值排序。

2. 水资源所有权制度的内涵不一样。国务院代表国家行使水资源所有权,统一规划水资源,确立了水资源统一使用和管理、水量分配协商、水事纠纷协商和裁决等制度。国务院及国务院授权的水资源行政主管部门,为了发挥水资源的综合效益,完成了从所有、分配到纠纷解决的制度构建,指导全国的水资源实践活动。美国联邦保留水权制度,仅限于联邦保留土地上的水资源管理问题,立法上并没有确立具体的制度,一旦发生水资源纠纷或诉讼,主要是通过司法途径解决,在个案中确立具体的意见。美国各州的水资源所有权制度,主要是通过公共信托原则或者公共利益在个案中的具体适用,确立各州在不同时期水资源公共利益的保护范围。司法实践确立的公共信托的范围主要包括通航、渔业和商业三大领域。概言之,中国水资源所有权制度在水资源国家所有之下,确立了水资源统一使用、水资源分配、水事纠纷协商解决等一揽子制度规范;美国水资源所有权制度主要通过联邦保留水权、公共信托原则、公共利益在不同个案中的具体适用来践行。

3. 水资源所有权的制度实践不一样。中美两国的制度实践差异,主要表现为行政模式主导和司法实践主导。在水资源国家所有之下,水资源的管理和分配由国务院授权的水资源行政主管部门和各流域机构进行统一部署安排,依靠行政的力量,体现的更多是一种分配制的模式。在行政主导模式下,中央和各级地方政府行使对水资源实践过程进行管理和指导的权力。与中国水资源所有权制度实践的行政主导模式相比,美国水资源所有权的制度实践,主要是通过司法路径来形塑和界定的。

在联邦保留水权原则下,联邦政府仅能根据这一原则去维权,联邦政府并不能决定其是否享有保留水权。纠纷发生后,司法机关听取双方的辩论意见,判决联邦政府是否享有保留水权。各州水资源所有权的实践同样体现了这一模式。由于美国东西各州的自然地理条件存在差异,各州对公共信托原则的认可和适用存在较大差异。即使在西部各州内部,水资源公共信托原则的适用、范围和目的也并不一致。美国各州基于各州的实际情况作出不同选择。行政模式主导下,水资源的分配和管理是否合理,主要依靠行政机关的决策,此时具体的决策机制(比如通过听证等方式进行协商)是否有效至关重要;司法实践模式下,水资源的分配和利用是否合理,在当事人双方的辩论之下,由法官进行最后的决策,此时,司法说理和法官个人立场至关重要。

二、水资源所有权制度的功能共性

结合中美两国水资源所有权制度分析，水资源所有权主要呈现国家所有、联邦保留、州所有、州人民所有等几种形式，不管所有权的主体具有怎样的差异，都代表了某种公共所有的形式。当然，作为所有权客体的水资源，在不同国家，关于其法律属性也存在差异，出现了共用物、公产、公用物、公共用物等定性。[1] 不同的法律属性定义，代表了水资源作为公共所有财产或者公共物品特性的不同方面。此时，所有权客体法律属性的差异，并不影响水资源所有权制度展现出某些制度功能的共性。

1. 水资源所有权制度具有排他功能。水资源国家所有，排除了水资源私人所有的可能性。任何私人或者市场经济中的水资源经营主体，想要获得一定量的水资源，必须符合水资源许可和申请程序，经过批准审核，才能获得水资源的使用权。联邦保留水权主要是为了保护保留土地上获得充分的水资源的权利。此时，联邦政府作为水资源所有权的主体，排除各州及州人民的权利。州所有或州人民所有的情况下，因公共信托原则而赋予州相关机构分配和批准使用水资源的权力，申请主体同样必须符合获得水资源使用权的条件。[2] 不管是国家所有，还是州或者州人民所有，都排除任何私主体对水资源的所有权，从而保证水资源的公共资源属性，或者说公共物品属性。

2. 水资源所有权制度具有保障全民共享利益的功能。水资源国

---

〔1〕 单平基：《论我国水资源的所有权客体属性及其实践功能》，载《法律科学》2014年第1期。

〔2〕 美国东西部关于水资源使用权制度主要包括先占优先权制度和沿岸权制度，获得具体的水资源使用权必须分别符合这两项制度所要求的不同条件。关于水资源使用权制度的阐释是本书接下来两章的内容。

家所有、集体所有、州所有或者州人民所有的不同模式，宣告了个人及任何组织或者机构都不能成为水资源的所有权人，公共所有模式表明所有民众共享附着在水资源之上的各种价值。水资源上存在的多种价值，也表明水资源不能仅仅成为某些私主体的个人财产。水资源具有的多重价值属性表明水资源既需要满足高效利用的诉求，提高使用效率，也应该满足所有人的生存诉求，包括满足子孙后代的生存需要，还需要符合部分人群的宗教文化诉求，而不仅仅只是满足少部分人的需求。从公共信托原则的司法实践来看，水资源的使用和分配是否会影响既有的生态平衡和生态安全，是判断水资源使用和分配是否合理的重要标准。公共信托原则可以基于对公共利益的判断，对抗已经存在的私有产权。国家奥杜邦协会案件的判决宣告了当公共信托原则与私有产权发生对抗时，应该优先考虑公共信托原则所代表的价值和利益。保护水资源所承载的生态价值，就是在实现水资源所有权所承载的全民共享利益的功能。

3. 水资源所有权制度具有保障所有人平等获得水资源的功能。公共信托原则下，政府负有信托义务，这一信托义务表明，政府必须从公共利益（public interest）或者公共信任（public trust）的立场出发，行使水资源的管理和许可权限。水资源的公共利益，必须保障所有居民平等获得水资源，抵制不公平获取水资源的行为。联邦保留水权的历史是从公平合理获取水资源的诉求开启的。印第安保留地水权的纷争表明，在没有水权的情况下，印第安人的土地无法发挥最大的作用。因此，不管是法律规范层面还是实践意义上，在确立保留地的同时，他们就获得了保留地上的水资源使用权。当这一权益可能被侵害时，比如从1908年温特斯诉美国（Winters v. United States）案来看，如果其他机构、组织或者私人不合理使用水资源的行为不符合公平使用行为，则该行为应该被制止。而水资源公共产品的属性，也决定了公平合理使用水资源是水资源公共所有权的主要目标。

《加利福尼亚州水法》规定人民享有水资源所有权，每个人都有权获得安全、清洁、负担得起的水资源，水资源应该足以满足人民的消费、烹饪和卫生用途。犹他州最高法院的判决指出，水资源公共所有权建立在水资源是一种稀有和必需的资源的基础上，对于所有人的福利而言，它都不可缺少。美国大多数州的立法强调了可获取水资源对州域范围内所有居民的重要意义，以及水法和司法实践都应该满足居民的基本用水需求。水权争夺的司法实践也表明，正是通过公共信托原则和联邦保留水权，在强调生态保护和水资源可持续利用的情况下，联邦或州通过具体案例保证大多数居民享有获得洁净水资源的权利。比较来看，中国水法的规定更注重从整体上强调国民经济和社会发展的需要以及水资源的可持续利用目标，并以此为基础，强调居民节约用水和保护水资源合理使用的义务。

4. 水资源所有权制度具有保障居民生活用水优先性的功能。我国《水法》第 21 条规定，开发、利用水资源，应当首先满足城乡居民生活用水，并兼顾农业、工业、生态环境用水以及航运等需要。水资源具有多重价值，但所有价值中，最重要的是生存价值。美国《加利福尼亚州水法》规定，水资源应该满足居民的消费、烹饪和卫生用途，同样将居民的水资源日常消费作为第一序位进行界定。居民生活用水直接关乎居民的生存权问题，水人权概念正是在这一意义上提出来的。1992 年，联合国首次在《都柏林水与可持续发展声明》(The Dublin Statement on Water and Sustainable Development)中指出，所有人都有权获得清洁水和卫生设施。2011 年，联合国确认了水人权的法律约束力，并声明：水和卫生设施权源自享有适当生活水平的权利，并与享有最高标准的身心健康的权利、生命权和人的尊严息息相关。[1]

要实现生活用水优先性的功能，在某种程度上就是要限制水资源的经济价值，保障所有人获得可支配的生活用水，这是水资源经济价值让位于生存价值的表现。根据联合国粮农组织的预测，2025 年，全球将有 18 亿人生活在"绝对"缺水的国家或地区；联合国儿童基金会公布，2040 年，全世界 18 岁以下的儿童中有 1/4 将生活在缺水严重的地区。这些数据表明，在获取基本生存用水存在极大困难的地方，水资源的经济价值处于次要地位，保证普通人能通过适当有效的方式获取基本的生活用水才是最高的价值诉求。此时，生活用水的优先地位应该被强调。正如蒂瑞克（Teerink）所言："虽然经济效益是评价一项水资源工程资金耗费的一种方法，但它并不能支配水资源分配。项目选择和授权中还有一些其他因素，而这些其他因素不能在经济分析中货币化（比如环境质量、地区发展和社会福利）。"[2]

三、水资源所有权制度应对水资源危机的不同架构

我国《民法典》第 9 条规定，民事主体从事民事活动，应当有利于节约资源、保护生态环境。这一条款界定了民事活动的绿色原则。《环境保护法》第 4 条第 2 款规定，国家采取有利于节约和循环利用资源、保护和改善环境、促进人与自然和谐的经济、技术政策和措施，使经济社会发展与环境保护相协调。这一条款界定了节约和循环利

[1] See Matthew Goff, Ben Crow, *Water is Water Equity? The Unfortunate Consequences of a Global Focus on "Drinking Water"*, Water International, Vol. 39, p. 164 (2014).

[2] John R. Teerink, *Water Allocation Methods and Water Rights in the Western States*, U. S. A, in John R. Teerink and Masahiro Nakashima, *Water Allocation, Rights and Pricing: Examples from Japan and the United States*, The World Bank Press, 1993, p. 16.

用资源、人与自然和谐发展的环境保护原则。中国水资源管理实践中,需要践行《民法典》的绿色原则和《环境保护法》规定的人与自然和谐发展的环境保护原则。

改革开放40年来,中国经济高速发展带来了一系列环境治理问题。改革开放的经济成就和生态治理问题同时出现,必须平衡两者之间的关系。通过改善大型水利工程设施,提高水资源的使用效率,将减少水资源的浪费和不必要消耗,对于阻却北方缺水地区严重超采破坏地下含水层的行为也大有帮助。中国水资源消耗中,农业是用水大户,占用水总量的60%以上。根据《中国国别水资源合作战略(2013~2020)》报告,支持加强水利基础设施建设,有助于加强农业耗水管理,提高单位耗水量产值。提高农业用水效率对于提高水资源的经济价值和生态价值具有同样重要的意义。国务院代表国家行使水资源所有权,通过制定水资源"红线"进行刚性约束,倒逼用水方式转变;出台"双控"行动方案,节水型社会建设"十三五"规划,全民节水行动计划等,在统一部署下,31个省区市已将双控目标具体分解到地级行政区。[1]

开展农业节水,带动全行业节水,提高水资源使用效率,对于实现十九大报告中提出的"加快生态文明体制改革,建设美丽中国"大有裨益。2022年1月,国家发展改革委、水利部印发《"十四五"水安全保障规划》(以下简称《规划》)。《规划》提出,到2025年,水旱灾害防御能力、水资源节约集约安全利用能力、水资源优化配置能力、河湖生态保护治理能力进一步加强,国家水安全保障能力明显提升。"十四五"水安全保障将坚持"节水优先、空间均衡、系统治理、两手发力"的治水思路。加强水土保持和河湖整治,提高水生态环境保护

---

〔1〕 陈晨:《水资源消耗"双控"行动成效如何——写在2018年"世界水日"和"中国水周"之际》,载《光明日报》2018年3月22日,第10版。

治理能力。科学推进水土流失综合治理,继续推进地下水超采治理,恢复水清岸绿的水生态体系,扩大优质生态产品供给。只有在国务院代表国家行使水资源所有权的前提下,国务院才能授权以水利部为代表的机构进行统一的部署和指导全国范围及全行业开展节水行动,通过节水型社会建设,大幅提高水资源利用效率和效益。

《水法》第4条规定,在开发、利用、保护和节约水资源的过程中,应当综合利用、讲求效益,发挥水资源的多种功能,协调好生活、生产经营和生态环境用水。根据这一立法主旨,中国当前水资源利用中要提高水资源的使用效率,即要致力于实现水资源的经济价值。经济价值是指产品对于人和社会在经济上的意义,不仅包括行为人可以从该产品中获得的直接利益或间接利益,还包括行为人通过提高使用效率,实现资源配置最优化,提高产品的经济价值。我国《水法》对于水资源"效益"的强调表明,在水资源的管理和使用过程中,大量水资源被过度消耗或者浪费,需要采取措施防止水资源的浪费行为。除了资源型缺水外,中国依然存在工程型缺水问题,需要通过对大型水利工程的修复,提高农业水资源的供给效率。[1] 经济资源缺乏造成水利基础设施建设投入不足,水资源难以形成有效循环和高效供给。[2]

美国水资源利用中,同样存在水资源生态价值与经济价值之间的权衡和选择困境。其在水资源价值排序上的问题具有特殊性。作为发达的现代化国家,美国社会的节水空间不大。美国农业的发展,已经实现了高效集约的发展模式。通过节水提高水资源的经济效益,从而保障生态价值的思路并不具有可行性。水资源经济价值和

---

〔1〕 中国水利部和世界银行:《中国国别水资源合作战略(2013~2020)》。

〔2〕 龚春霞:《优化配置农业水权的路径分析——以个体农户和农村集体的比较分析为视角》,载《思想战线》2018年第4期。

生态价值之间的对抗,更多表现在水资源在不同领域的分配问题上。加利福尼亚州国家奥杜邦协会案件的审理历程表明,洛杉矶改道供水的行为,降低了莫诺河盆地的水流量,影响了当地的生态平衡。洛杉矶需水量随着城市发展和人口增长同步增长,通过引入莫诺河盆地的水资源,可以缓解城市发展的水资源需求压力。此时,不仅涉及水资源的经济价值,甚至关乎水资源的生存价值。法院判决洛杉矶要尽量恢复莫诺河盆地的水流量,认为水资源的生态价值高于水资源的经济价值。犹他州从水资源公共所有权出发,通过公共信托原则,认为如果不使用某条河流更符合公众的最佳利益,则禁止开发该河流。禁止开发河流就是对河流最大的保护。非经济价值成为联邦和各州是否开发某条河流的重要标准。

美国经历了20世纪70年代的环境问题后,联邦政府开始重视对于原始森林、国家自然景观等的保护和可持续利用。除了出台《荒野法》《清洁水法》外,在处理涉及州际水资源纠纷时,同样非常重视水环境保护问题,强调保护水资源的生态价值。"无论是水体的开发、管理、利用都遵循环保第一、合理开发的原则。一方面政府通过广播、电视等新闻媒体,以及印制散发各种宣传品、通俗读物,宣传水体环保的重要性;另一方面依据相关法令,对一切损害污染水资源的行为依法处罚,绝不手软;还通过筹集资金有计划地进行环保工程建设,切实改善水体环境。"[1]当然,对水资源环保和生态价值的认可,不代表美国国内只有一种声音。美国各州关于水资源的司法案件中,一直存在争论和斗争。这些争论和斗争聚焦在水资源是一种商品,还是承载了更多的综合价值和意义的公共资源。一旦水资源作为商品的论断占据了优势地位,相关研究就会呼吁水资源具有的综

---

〔1〕 贾大明:《美国水资源的利用与管理》,载《科技导报》1998年第5期。

合价值。通过梳理肯塔基州的水资源的开发利用历史,研究者指出,"如果仅仅将水视为一种商品,而不考虑其生态服务功能和价值,就低估了它为肯塔基州及其公民带来的利益"[1]。"应该用一种更充分全面的方式来评价自然界,包括其固有的内在的价值、美学的价值等。"[2]

经济合作与发展组织预测,2050年世界人口的40%将生活在水资源高度紧张的区域。伴随城市化、工业化的继续发展以及人口的增加,水资源供应危机的态势持续加剧。水资源危机表现在水资源短缺、洁净安全的饮用水供给不足、水资源分配不均以及水资源污染严重等四个方面。全球视野下,不管是水资源充足的区域,还是水资源相对短缺或者高度紧张的区域,都存在水资源危机的不同表现。具体在不同国家之间,由于经济发展水平,水资源保有量和经济地理环境差异,水资源危机的表现和应对举措并不一样。在各个国家内部由于区域差异以及水资源分布状况的区别,存在不同的水资源使用制度和规划。就中美两国而言,中国存在水资源的南北差异,美国存在水资源的东西差异。由于立法体制和国家政治结构不一样,中国全域范围内实行水资源国家所有,即使存在水资源的南北差异,也都同样服从水资源主管部门的统一安排和部署。联邦制的美国,除了联邦层面规定的联邦保留水权以及对于水资源的统一规划和宏观管理外(如《清洁水法》《荒野法》等),水权实践的具体分析,需要放在代表性州的差异比较上(后面几章的重点内容)。即使存在水权实践差异,但就水资源作为公共产品而言,仍然可以从中美两

[1] Randy Strobo, *Commodity of the Future*: *Environmental Ethics and the Value of Water*, Journal of Animal & Environmental Law, Vol. 8, p. 63(2017).

[2] John Grim and Mary Evelyn Tucker, *Ecology and Religion*, Island Press, 2014, p. 169.

国水资源所有权的制度规定出发，阐释其回应水资源危机的可能和方向。

水资源国家所有，保证了中国全域范围内水资源的统一安排和部署。除了统一的水量分配制度、水事纠纷协商制度外，跨区域的水资源调配工作同样必须以水资源国家所有作为法律规范基础。南水北调工程将长江流域的水资源输送到干旱的华北和中国西北地区，对于改善北方区域水资源严重短缺的局面大有裨益。南水北调工程的成功实践，既是以水资源国家所有为基础展开，同时，也是在水资源的诸多价值之间进行区域性的比较和排序。如果单纯从经济价值角度考虑，南水北调工程并不符合水资源经济效益最优化的选择。但是对于北方干旱地区而言，此时，水资源的生存价值排在第一位。通过对水资源的统一调度，确保北方地区的基本生活用水需求，缓解水资源短缺的危机。

美国联邦保留水权可以主张在联邦保留土地上享有充分的水权，州域范围内的水资源危机应对，必须依靠各州的水资源立法和司法实践。虽然各州对于公共信托原则的认可和适用范围的规定有差异，但“合理且有益地使用水资源”是各州都践行的基本理念。水资源州所有和州人民所有要求各州在行使水资源的管理权限时，必须从民众的福祉出发，“合理且有益地使用水资源”。水资源公共所有权是州为了人民利益和福祉而治理水资源的基础。与中国的南水北调工程不一样，加利福尼亚州通过北水南调工程解决加利福尼亚州南部水资源供给不足的问题。正是通过这一工程建设，解决了加利福尼亚州 2000 万人的基本用水困境。此时，水资源的经济价值同样让位于水资源的生存价值。水资源首先需要满足民众的基本生存需求。水资源属于州人民所有的所有权模式，支持州域范围内的水资源调配，在生存价值高于经济价值的导向下，通过北水南调可以缓解加利福尼亚州南部水资源短缺的困境。

从制度比较的角度看,水资源国家所有且在全国范围内统一调配的制度更有利于水资源的合理使用,减少区域之间的差异。水资源行政主管部门的统一领导有助于一体化管理,但同时,水资源行政主管部门也需要承担更多职责。此时如何对权力进行制约,在保障统一管理应对水资源危机的同时,防止权力被滥用是值得探讨的课题。美国水资源分配和管理,主要在各州州域范围之内展开,联邦层面不可能进行全国范围内的水资源统一调度。联邦可以通过制定统一的基本法规,防止水资源污染,以及对水质进行具体保护,但依然需要各州在能力范围之内进行具体的规范和实施。而各州基础条件不一样,也造成了一般性规范在各州实施的具体差异。

水资源所有权制度只是提供了水资源危机应对的宏观架构,不管是中国水资源国家所有模式下的南水北调工程,还是美国加利福尼亚州州域范围内的北水南调工程,所有权制度仅仅只是提供了一个协调水资源分配的基础和立足点。美国水资源的管理和分配,不同州的差异甚大,具体制度践行的效果也不一样。从水资源所有权制度出发,要对水权的具体实践过程及其危机应对的有效途径进行比较分析,还必须深入具体的水权实践过程。这就要求在水资源所有权的制度模式下,进一步分析水资源使用权的具体规定和司法实践过程。对于美国水权实践的了解,除了法律规范层面的理解外,还需要从典型案例出发。对于中国水资源危机应对的考察,同样需要具体分析水权的实践过程,这也是接下来几章的内容。

第三章　流域管理立法的发展和路径选择

第一节　全球视野下的流域立法发展历程

流域是一个以河流水资源为主体的地理区域概念，指由分水线所包围的河流集水区构成的封闭的地形单元，包括地表水和地下水的补给区域，一般称为地表水的集水区域。作为一个独立的地理范围，不同流域有清晰的边界和独立的水文系统。不同流域之间有分水岭，分水岭上最高点的连线即为分水线，分水线既是集水区的边界线，也是不同流域的边界线。分水岭和分水线的形成，受山川地形和水循环自然规律的制约。高原、山脊一般是天然的分水岭。大气降水以分水岭为界，在不同流域内，从地势高的地方逐步向地势低的地方汇聚形成地表径流和地下径流，最终汇集在各流域的主干河流出口，进入海洋、湖泊等，实现降水、蒸发、径流之间的水量动态循环平衡。每条河流都归属于不同的流域。一个流域可根据水系等级区分为不同水系。以长江流域为例，长江干流和支流流经的广大区域根据地势和水文特征，划分为长江源水系、金沙江水系、嘉陵江水系、洞庭湖水系、鄱阳湖水系、巢湖水系等。淮河流域分为淮河和沂沭泗河两大水系。

作为一个地理区域概念，流域内不仅有丰富的水资源，同样还有不同地貌上的土壤、植被、矿产、森林等其他自然资源。流域是各种资源聚合且资源间密切相关的整体，植被、森林的状况受到气候、土壤、水资源多寡的影响，其也反作用于自然生态环境。流域除了是一个相对独立的水文系统外，同时也是人类日常生产生活的重要社会场所。生活在流域中的个体和群体，为了生存和发展，必须要开发利用流域内的自然资源。不同的流域生态环境、经济发展模式、社会发展状况对流域经济的持续发展有重要影响。合理的经济发展模式、良好的人口资源配比和可持续的生态环境利用政策会对流域经济发展产生促进作用。反之，则会对流域生态造成不良影响，并进一步反作用于经济发展态势。

流域成为法律的调整对象，经历了一个漫长的历史过程。在资本主义发展以前，流域内人口稀少，丰富的自然资源和原生态的资源环境，基本满足社会的需求。随着社会的发展和资源短缺的发生，涉及流域的法律规范主要与土地相关。此时，包括水资源、森林资源等在内的自然资源都作为土地的附属物而存在。[1] 土地制度相关的法律规范是流域法律制度的主要组成部分，水权问题被掩盖在地权问题中。20 世纪初期，随着资本主义经济的发展和资源竞争的加剧，出现了流域管理的概念，以此为基础形成了现代流域单项立法的雏形。20 世纪中后期，随着流域环境问题的日趋严重以及生态保护的呼声日益高涨，流域立法保护呈现统一立法和综合治理的趋势。本章将主要结合美国和澳大利亚两国流域立法及其实践分析流域立法的发展阶段。具体来看，流域立法发展可以区分为四个阶段。

一、地权规则主导流域管理阶段

自然资源的保护过程中，土地最先成为法律的调整对象。在传

---

〔1〕 龚春霞：《乡村振兴背景下水权与地权关系的历史流变及反思》，载《山东大学学报（哲学社会科学版）》2018 年第 5 期。

统农业社会,土地是生存的根基所在,民众之间容易因土地之上的利益而产生纠纷。为了有效解决纠纷,逐渐形成了与土地权益相关的习惯做法、法律规范。不管是在日常观念还是法律制度上,河流、湖泊等附着在土地上的其他自然资源都被视为土地的附属物。土地的权属关系决定了附着于土地之上的水资源的权属关系。此时,并不存在独立的流域管理的理念和制度,附着于土地之上的水资源的管理和利用,构成了"流域管理"的主要内容。

发轫于罗马法的水法制度,首先确立了水资源的权属关系附属于土地的权属关系。古罗马法律制度体系中,并不存在独立的水资源法律规范。土地的权属关系决定了附着于土地之上的水资源的权属关系。以继承古罗马法发展起来的大陆法系和英美法系,[1]同样没有明确规定独立的水资源所有权,而是将水的所有权和使用权包含在土地的绝对所有权或者土地利用制度之中。[2] 美国东部的沿岸权制度,即是以保护岸边土地所有权人的权益为立足点,对水资源进行分配的一种制度。沿岸权制度表明,水资源附属于土地之上,水资源的权利主体与土地的权利主体高度重合,水资源权利主体不需要履行申请程序,仅基于土地所有权就可以获得不确定的水量。[3] 在传统的水资源调整模式下,水资源并不具备独立的法律属性,土地

---

〔1〕 [法]R. C. 范·卡内冈:《欧洲法:过去与未来——两千年来的统一性与多样性》,史大晓译,清华大学出版社2005年版,第30~32页。

〔2〕《法国民法典》第552条规定:"土地的所有权,即意味着包括地上所有权与地下所有权。"参见《法国民法典》,罗结珍译,中国法制出版社2002年版,第173页。《瑞士民法典》第704条规定:"水泉为土地的组成部分,水泉只能连同其发源的土地一并取得所有权。对他人土地上发源的水泉之权利,在不动产登记簿登记后,取得役权。地下水,视同水泉。"参见《瑞士民法典》,于海涌、赵希璇译,[瑞士]唐伟玲校,法律出版社2016年版,第249页。

〔3〕 魏衍亮、周艳霞:《美国水权理论基础、制度安排对中国水权制度建设的启示》,载《比较法研究》2002年第4期。

所有权人当然享有水资源的使用权。

与传统时期西方国家水权附属于地权的权属实践有一定差异，传统中国对水资源的分配和利用虽然与地权安排有密切关系，但传统时期中国的水权配置首先受制于中央政府的统一规定。秦汉以后，灌溉用水资源归国家所有的性质一直没有改变。以关中地区为例，关中农村灌溉用水资源权属关系的最基本特点是所有权与使用权的分离，农民只享有使用权，而包含于水粮之中的水资源使用权费是国家所有权借以实现的经济方式。[1] 在水资源国家所有的制度安排下，水资源使用权的实践过程更多受制于土地占有方式和土地使用方式。“以地定水”“水随地走”等习惯用语诠释了水权分配受制于土地使用的习惯做法。从农村地区传统的用水习俗中也可以看出水权被土地使用权所吸收，土地使用权人凭借所拥有的地权而独享或优先享有相应的水权。[2]

这一阶段并没有产生真正意义上的流域立法，即使是关于水资源的保护和管理也附着于地权之中。发轫于古罗马法的沿岸权原则认可土地所有权人对水资源的使用权利，这种使用不仅包括农业灌溉意义上的使用，也包括防洪、运输、排水等方面的使用。水资源利用的多重性、综合性以及水资源日趋稀缺的发展趋势，奠定了水资源独立开发、利用、保护的基础。水权独立于地权，成为流域立法的关键一步。

二、以水资源利用开发为主的流域立法

20 世纪初期以来，世界各国立法开始以流域为单位规划和管理

---

〔1〕 萧正洪：《历史时期关中地区农田灌溉中的水权问题》，载《中国经济史研究》1999 年第 1 期。

〔2〕 曾玉珊、张玉洁：《中国水权与土地使用权关系探微》，载《中国土地科学》2015 年第 4 期。

河流、湖泊和相关地下水的利用。[1] 随着水资源用途的日益广泛，修建水坝水库、跨流域调水等改变水资源自然流向以及深度开发水资源的工程越来越多，以利用水资源为主导的流域经济得到发展。不仅流域经济的发展要求水资源脱离土地，成为独立的法律调整对象，而且水资源利用的不同面向，也迫切需要以流域为单位的普遍性立法。流域在法律上成为独立的水资源管理单位，标志着现代流域立法的产生。[2]

20 世纪初期，水资源的利用开发着眼于经济发展，极具功利性。不管是修建大坝还是跨流域调水，都是为了满足某一个方面的功效，比如航运、灌溉、发电、防洪等。水资源的利用和开发通过一个个具体的工程项目展开。例如，美国采用分散的项目治理模式进行水资源的利用开发，联邦政府和地方不同的机构共同参与大型水项目来治理流域。1917 年，美国国会通过了第一个防洪法案，授权美国陆军工程兵团在密西西比河和萨克拉门托河上修建防洪工程。[3] 包括陆军工程兵团、垦务局等机构在内的联邦水利管理机构在与州政府合作进行项目规划的过程中，以最大限度开发利用河流水资源为使命，立法也明确了这一点。1902 年《开垦法案》（The Reclamation Act）主张最大限度地开发利用流域水资源，没有提及生态资源保护。1920 年实施的《联邦电力法案》（The Federal Power Act），授权联邦电力委员会对航运类水项目及以水力发电或航运为目的的联邦土地

---

〔1〕 See Teclaff L. A., *Evolution of the River Basin Concept in National and International Water Law*, Natural Resources Journal, Vol. 36: 1, p. 359 – 375 (1996).

〔2〕 邱秋：《域外流域立法的发展变迁及其对长江保护立法的启示》，载《中国人口·资源与环境》2019 年第 10 期。

〔3〕 随着陆军工程兵团参与的工程项目越来越多，其逐渐成为主要负责大型综合性水库工程修建、管理和维护的机构。

开发进行审批许可,同样强调对水资源的开发利用。1933 年《田纳西河流域管理法》(The Tennessee Valley Authority Act)通过立法授权成立了流域管理机构,设立了田纳西河流域管理局(Tennessee Valley Authority,TVA)。田纳西河流域管理局成为美国历史上早期流域自治的实体机构,这也是美国在区域范围内进行流域综合规划和经济开发的试点项目。[1] 而 1936 年的《防洪法案》(The Flood Control Act of 1936)接受了综合性流域规划方案,逐步关注流域综合发展问题。

澳大利亚墨累－达令河流域(Murray－Darling Basin)的治理同样反映了流域立法初期的状况。墨累－达令河流域流经昆士兰州、新南威尔士州、维多利亚州、南澳大利亚州以及首都直辖区,为澳大利亚 12% 的居民供应水资源,75% 的农业、家庭以及工业用水发生在该流域。由于流域水资源有限,各州之间以及上下游之间因为水资源的开发利用经常发生争议。上游的新南威尔士州和维多利亚州需要水资源用于灌溉,而下游的南澳大利亚州需要水资源用于航运。上游和下游之间因为水资源利用问题,纠纷不断。为了缓解纠纷,1914 年,澳大利亚联邦政府以及墨累－达令河流域的沿途各州共同签署了《墨累河水协定》(River Murray Waters Agreement),并根据该协定成立了墨累河委员会(River Murray Commission)。为了有效解决各州之间的纷争,委员会必须从流域综合治理的角度出发,合理分配水资源,既需要保证基本的农业灌溉用水,也需要供应下游最低限度的水流,综合实现水资源的航运、灌溉、日常使用等功能。

《田纳西河流域管理法》和《墨累河水协定》都是为了实现流域内水资源的多重功能,协调不同主体之间的水资源利益而产生的。

---

〔1〕［美］戴维·艾伦·佩兹:《黄河之水——蜿蜒中的现代中国》,姜智芹译,中国政法大学出版社 2017 年版, 第 84 ~ 85 页。

以流域为单位进行水资源治理和立法规范，是自然经济社会发展的必然要求。《田纳西河流域管理法》的通过，是国会拒绝了在全国范围内进行流域综合治理的诉求后，在区域范围内进行的试验工作。这一阶段虽然开启了以流域为单位独立治理的过程，但如何开展流域综合治理并未形成清晰的思路，更多表现为一种探索性的举措。

三、兼顾环境保护的流域立法

20 世纪中期以后，随着经济的持续推进，因工农业发展引发的环境问题日益严重，民众的环境保护意识觉醒。减缓水污染状况、优化水资源开发利用，成为发达资本主义国家亟待解决的重要问题。流域治理进入环境保护综合立法阶段，确立了环境保护与经济发展齐头并进的双重目标。

美国流域立法开始强调流域水生态环境保护、水安全和可持续发展，流域治理目标不再只关注水资源的开发利用，强调水资源开发利用与生态保护并重。1965 年，美国历史上第一部综合性全国流域立法诞生，《水资源规划法案》(The Water Resources Planning Act)开始实施。该法案要求对全美范围内的流域进行综合规划，改变流域治理的地方模式，强调联邦与州之间的合作。作为联邦制国家，美国流域管理最初是以各州行使属地管辖权为主。法案虽然确立了以联邦为中心的流域综合规划，但法案的实际效果并不尽如人意。法案虽然要求各州与联邦合作进行流域综合治理，但缺乏具体的操作方案。州政府在让渡水资源管理权限上也不配合。为了防止水资源污染的状况，美国国会随后颁布了《清洁水法》[1]《安全饮用水法》等

〔1〕 该法最早在 1948 年通过，当时称为《联邦水污染控制法》(The Federal Water Pollution Control Act)，是主要的水污染控制法律。该法在 1965 年、1972 年、1977 年、1981 年、1985 年、2015 年等年份进行多次修改，1972 年修改时，改名为《清洁水法》。

法律，主张从流域综合治理的视角出发，恢复和维护国家水体化学、物理和生物的完整性，控制污染水源，保证洁净用水。

采取联邦制的澳大利亚也存在类似的问题，水管理体制分为联邦、州和地方三级，以州为主。各州都有自己的水法及与水资源管理相关的机构，负责州内与水有关的工程建设，负责水资源的开发、利用、维护、管理等工作。各州和地方承担水资源管理的主要责任，州际合作有限。以南墨累河地区为例，该地区有 183 种灌溉水权，每一类水权都有不同的名称、权利内容和时效性，不仅使得州内的交易行为受阻，也影响了跨洲水资源管理的效率。[1]《墨累河水协定》实施后，流域水资源分配和管理态势向好，水资源的开发利用支撑了流域内经济社会持续半个世纪的大发展。但由于水资源粗放使用以及环境污染问题逐渐暴露，澳大利亚流域治理面临新的挑战。1993 年，各方参与谈判，通过了《墨累 - 达令河流域法案》(Murray - Darling Basin Act)，希望通过法案的实施，实现流域内水资源、土地资源和其他自然资源可持续利用的目标。

以美国和澳大利亚为代表的发达资本主义国家，在这一阶段开始关注因单纯追求经济发展所带来的水资源污染以及环境问题。为了实现洁净用水以及水资源可持续利用目标，流域立法综合治理的视角凸显出来。不管是美国还是澳大利亚，立法层面都强调综合治理对于治理环境污染的重要意义。受制于多方博弈的治理主体、联邦制的国家结构、尊重水资源私权的法律传统，以及法律规范宣誓性居多实效性欠佳的现状，《水资源规划法案》《清洁水法》等出台 20 余年后，流域综合治理一直未从立法层面落到实践层面。最近 10 多

---

〔1〕 See Mckay J., Marsden S. Australia, *the Problem of Sustainability in Water*, in Dellapenna J, Guptat J. The Evolution of the Law and Politics of Water, Springer, 2009, p. 175 - 188.

年来,相关法律才在具体案件中被援引利用。由此看来,流域综合治理要从立法层面落到实处,并不是一蹴而就的事情。

四、以生态经济为基础的流域综合立法

美国和澳大利亚的流域治理虽然在立法层面回应了环境问题,但在具体实践层面,国家级流域综合治理的举措有限,依然是以地方为主的流域项目在发挥作用。随着地方流域治理项目的不断推进,流域综合治理引起学术界的讨论和研究,也进一步推动了立法和实践层面的发展。

有效的流域管理必须保护自然资源。自然资源的地理分布并不以行政区划为转移,而是依托不同流域的水文环境和地理位置,这就提出了如何保护跨行政区域的自然资源问题。"以可持续发展理念为指导思想建立的流域管理体制,重污染治理,重预警机制,重合理开发利用,较之以往的流域治理理念上升了一个层级,更加优化。"[1] Huffman 通过对比分析欧美澳流域治理案例指出,要实现流域综合治理的目标,联邦政府应该通过制定共同目标统一行动,发挥凝聚协调的作用,积极参与到治理模式、治理目标等具体的工作中。为尊重流域作为独立的治理单元的属性,不同的治理主体应该加强协作,既要发挥联邦的协调沟通作用,也需要地方有效参与。[2] 学者们主张制定凸显流域特色及综合治理的法律制度。Worster 提出,应该实行一个流域一个治理机构,流域治理机构不仅要进行水资源

〔1〕 罗志高、刘勇、蒲莹晖等:《国外流域管理典型案例研究》,西南财经大学出版社2015年版,第5页。

〔2〕 James L. Huffman, *Comprehensive River Basin Management: The Limits of Collaborative, Stakeholder - Based, Water Governance*, Natural Resources Journal, Vol. 49(2009).

的治理,同时要利用和保护水、土、植被等所有自然资源。[1] 研究者的努力,也获得了具体的效果。以美国环境保护署(Environmental Protection Agency,EPA)为代表的联邦机构从 1995 年起陆续出版了《流域综合治理指南》。例如,2013 年美国环境保护署发布了《发展流域保护计划 修复和保护水源》(A Quick Guide to Developing Watershed Plans to Restore and Protect Our Waters)的行动指南。除此之外,环境保护署还总结了《流域治理十大经验》,强调流域综合治理的益处。流域有效治理不仅有利于保护自然生态环境,也能够通过各州的友好合作关系促进区域经济发展。

五大湖区是世界上最大的淡水湖区,位于加拿大和美国交界处,途经美国八个州和加拿大两个州,也称作北美大湖,包括苏必利尔、密歇根、休伦、伊利和安大略五个彼此相连的湖泊。湖区的管理不仅包括美加这两个国家,具体还与沿途所经的地方政府对水资源的管理密切相关,客观上形成了治理主体繁多的特征。早在 1909 年,为了帮助和解决与边界水使用和质量有关的争端,美国和加拿大政府成立了湖区管理国际联合委员会这样一个双边组织,就水资源的相关问题向美国和加拿大提供咨询意见。[2] 在流域综合治理的背景下,1972 年,美国和加拿大首次签署了《大湖水质协定》(The Great Lakes Water Quality Agreement,分别于 1983 年、1987 年、2012 年修订)。来自加拿大安大略省和魁北克省以及美国伊利诺伊州、印第安纳州、密歇根州、明尼苏达州、纽约、俄亥俄州、宾夕法尼亚州和威斯康星州的政府和行政首长设立了大湖区的圣劳伦斯州长和总理会议

---

〔1〕 Donald Worster, *Watershed Democracy: Recovering the Lost Vision of John Wesley Powell*, Journal of Land, Resources, & Environmental Law, Vol. 23(2003).

〔2〕 朱永杰:《北美大湖区的管理借鉴》,载国家林业和草原局政府网 2018 年 9 月 13 日,http://www.forestry.gov.cn/main/5462/20180913/173020820377496.html。

机制。该会议机构代表大湖区的地方行政部门,行使湖区管理权。这种集体管理模式表明,任何一个州都不能单独从事五大湖用水的经营开发项目,与五大湖区相关的项目开发,都必须经过会议的讨论和认可。开发项目要想获得批准,必须建立在有利于地区经济发展和有利于保护大湖水质的基础上。在此基础上,1985 年,圣劳伦斯州长和总理会议签署了《大湖宪章》(The Great Lakes Charter),成为大湖地区水资源管理的官方协议;1989 年成立了大湖保护基金,基金的收入用于支持大湖保护的优先事项和改善大湖地区健康状况;2008 年,《大湖协定》(The Great Lakes Compact)成为具有约束力的区域框架协议。

19 世纪末期 20 世纪初期,五大湖区的部分物种濒临灭绝。虽然五大湖区水资源相连,但管理模式上依然是美国和加拿大两国地方政府各自进行立法管理。两国地方政府制定的保护性立法方案要落到实处,需要另一方的配合。在缺乏统一的管理机构和制度安排时,湖区的管理困难重重。湖区国际联合委员会(International Joint Commission)的成立,改善了这一局面。全球最大淡水湖区流域管理的发展历程表明,流域管理经历了由分散管理逐步走向集中管理,由水域保护为主走向水、土、大气及其他自然资源结合的整体管理,由多重权力决策转向综合决策和监管的过程。作为双方政府共同成立的双边组织,委员会根据处理事务的不同,设立了不同的常设机构,包括水质委员会、森林管理委员会、保健专业人员咨询委员会等,委员会定期讨论大湖环境问题。国际湖区联合委员会虽然能提供咨询和建议,但这些咨询和建议并不具有强制约束力。随着经济发展与环境问题之间的张力日益增加,大湖管理要求设立具有明确管理权限的组织和机构,并签署具有约束力的框架性协议,当然也需要大量的资金。州长和总理会议以及《大湖协定》、大湖保护基金会的设立都回应了生态经济背景下大湖发展的诉求,客观上实现了集中管理、整体管理和综合决策的流域治理转向。

第二节　我国流域管理立法的发展

不同国家的流域发展阶段、流域管理模式、流域立法理念存在较大差异。流域所处的自然地理环境和经济社会发展状况影响了国家展开流域治理的制度安排。美国、澳大利亚等国的流域管理发展历程表明,流域管理问题是随着经济发展的持续推进而逐步产生的。只有当经济持续发展带来了严重的环境问题或者即将带来严重的环境问题时,流域治理中的环境保护问题才能获得足够的关注和研究。而实务界和理论界之间的互动也进一步深化了流域管理、经济发展、资源可持续利用、生态环境保护等问题的讨论。经济发展阶段的差异带来流域管理阶段及流域立法发展的差异。从发展阶段来看,我国的流域管理立法发展相对较晚。随着改革开放的进一步深化,面对后发现代化国家发展的机遇和挑战,我国流域管理立法虽然基础薄弱、立法相对较晚,但整体发展方向值得肯定,发展前景值得期待。我国流域管理立法的发展大致可以分为四个阶段。

一、创设流域管理机构

中华人民共和国成立后,我国结合水资源的自然地理属性,根据流域的不同自然形态,设立了相应的流域管理机构。水利部先后在长江、黄河、淮河等七大流域成立了流域管理机构。以淮河水利委员会和长江水利委员会为例,介绍流域管理机构的创设情况。1949 年 10 月,淮河水利工程总局成立,该机构也是水利部淮河水利委员会的前身。淮河是中华人民共和国成立后第一条有计划地进行全面治理的大河。在“蓄泄兼筹”的指导方针下,淮河全流域完成了包括水库、河道堤防、行蓄洪区、灌区工程、调水工程、水土保持工程等在内的比较完整的防洪、除涝、灌溉、供水等工程体系。1950 年 2 月,长江水利委员会(长江委)成立,根据水利部的授权和相关规定,长江委在长江流域和澜沧江以西(含澜沧江)区域内行使水行政管理职责,管理内容涵盖了全流域的水文、水质、水生态、水土保持综合站网体系、涉水工程建设、地理信息、地质勘查等领域。

虽然中华人民共和国成立后,设立了相应的流域管理机构,但这些流域管理机构在法律上的地位和职能并未明确。此时,流域管理依然是以区域管理为主,形成了以行政区域为基础的“分级、分部门”的管理体制。1984 年生效的《水污染防治法》(已被修改)是中华人民共和国成立后的第一部水事法律。根据该法第 3 ~4 条的规定,各级人民政府负责水环境保护和采取水污染防治的对策和措施,各级人民政府的水利管理部门、卫生行政部门、地质矿产部门、市政管理部门、重要江河的水源保护机构等协同环保部门对水污染防治实施监督管理。与水环境保护和水污染防治相关的问题,由所属区域的人民政府负责管理,具体管理工作则由包括环保部门在内的六部门共同完成,形成了“六龙治水”的地方行政分割体制。根据 1988 年颁布的《水法》第 9 条的规定:“国家对水资源实行统一管理与分级,分部门管理相结合的制度。国务院水行政主管部门负责全国水资源的统一管理工作。国务院其他有关部门按照国务院规定的职责分工,协同国务院水行政主管部门,负责有关的水资源管理工作……”这一规定同样肯定了“分级、分部门”的管理体制,以行政区域为基础,除了水行政主管部门外,其他相关部门具有协同管理的权力。1988 年实施的《水法》第 11 条,对于如何开发利用水资源,主张“按流域或者区域进行统一规划”,虽然在行政区域的管辖之外,提到了流域统一规划的可能,但是并未规定流域管理机构的法律地位和职责。

根据《水法》和《水污染防治法》关于水资源统一管理和分级分部门管理相结合的规定，国务院水行政主管部门统一负责全国水资源开发利用、水土保持、防洪等工作，但包括环境保护部门、交通部门、市政管理部门、卫生行政部门等在内的涉水部门，同样可以根据法律和水行政主管部门的授权，进行相应的自然资源保护、水运、水能等管理工作。这一阶段虽然设立了流域管理机构，但并未确立具体的流域管理制度。流域管理与我国的行政管理体制高度契合，行政管理体制的运作逻辑主导了流域内水资源的开发利用和环境保护问题。行政管理体制运行的逻辑是以人和事为中心展开的，不同的部门管理不同的事项。流域管理的逻辑应该从水资源的流动性、依附性、循环性等自然属性出发，从生态系统整体发展的格局出发处理流域内的各种社会关系。当用行政管理体制运行的逻辑代替流域管理的逻辑时，必然会出现将水资源开发利用、水土保持、水污染防治、水利工程建设、航运管理等事务割裂开来的现象。一旦各部门之间职权不清，分工协调不畅，将会影响水资源开发利用的整体效果以及环境保护的实际效果。很长时间以来，作为水利部的派出机构，七大流域管理机构主要承担了水利建设和防洪的技术工作，对于流域的规划和管理不具有任何实际的管理和控制职能。[1]

二、流域专项立法阶段

1988 年实施的《水法》没有关于流域管理的相关规定，但在同年生效的、我国第一部流域水管理的行政法规——《河道管理条例》中，规定了江河流域实施统一规划管理。该法第 5 条第 2 款规定，长江、黄河、淮河、海河、珠江、松花江、辽河等大江大河的主要河段，跨省、自治区、直辖市的重要河段，省、自治区、直辖市之间的边界河道以及

〔1〕 沈大军：《论流域管理》，载《自然资源学报》2009 年第 10 期。

国境边界河道，由国家授权的江河流域管理机构实施管理，或者由上述江河所在省、自治区、直辖市的河道主管机关根据流域统一规划实施管理。《河道管理条例》虽然授权流域管理机构实施管理职能，但是这一授权属于原则性的规定，并没有明确流域管理机构具备哪些具体的职能，也没有明确流域管理如何和行政管理合作开展工作。

1988 年国务院批准了《开发建设晋陕蒙接壤地区水土保持规定》（现已失效）。该规定是我国颁布的第一个区域性水土保持法规，主要是为了应对当地水土流失的严重问题，减少入黄泥沙，持续发展矿产资源。该规定的出台，对于加强陕西、山西、内蒙古接壤地区开发建设中的水土保持工作，促进该地区经济建设的发展，保护生态环境具有重要意义。为了加强黄河下游引黄灌溉管理，合理利用黄河水沙资源，1994 年水利部发布了《黄河下游引黄灌溉管理规定》（现已失效），在引黄灌区设立专业管理机构，负责灌区建设、工程管理、灌区用水管理等工作。黄河下游引黄灌区包括河南、山东等农业主产区，黄河水资源的开发利用直接影响了农业的产出，灌溉比不灌溉要增产 3 ~ 7 倍。该规定希冀通过灌区专业机构的管理，充分发挥黄河水资源的经济效益和社会效益。除了以上两个规定外，为了加强淮河流域水污染防治工作，改善水质，保障群众基本生活用水和生产用水，1995 年国务院发布了《淮河流域水污染防治暂行条例》。

根据《河道管理条例》第 1 条的规定，为了加强河道管理，保障防洪安全，发挥江河湖泊的综合效益，制定本条例。该条例是对河道（包括湖泊、人工水道、行洪区、蓄洪区、滞洪区）整治和保护的规定，并不是关于流域管理的综合规定，也谈不上是流域管理的专门规定。但其意义在于，在 1988 年的《水法》对流域管理没有具体规定的情况下，条例明确提到了主要河道的管理要根据流域统一规划来实施。至少在行政法规层面，该条例肯定了流域统一管理的地位。

与《河道管理条例》的调整对象不同,《开发建设晋陕蒙接壤地区水土保持规定》《黄河下游引黄灌溉管理规定》《淮河流域水污染防治暂行条例》具有专门的流域立法意涵。流域专项立法针对流域的某一个具体问题展开,设立相应的管理机构、确立管理内容和管理职责,以及具体的责任承担方式。《黄河下游引黄灌溉管理规定》第3条明确了水利部黄河水利委员会(以下简称黄委会)负责灌区的宏观指导和协调管理工作,负责黄河水资源分配和黄河大堤上引黄涵闸的具体管理工作。黄委会从流域统一管理的角度对黄河下游引黄灌区的工作进行宏观指导和具体管理。《淮河流域水污染防治暂行条例》第4条规定,淮河流域水资源保护领导小组负责协调、解决有关淮河流域水资源保护和水污染防治的重大问题,监督、检查淮河流域水污染防治工作,并行使国务院授予的其他职权。这种安排已经打破了水资源的行政区域管理模式,属于流域专项立法。

20世纪80年代中后期到20世纪90年代中期是流域专项立法阶段,这一阶段的立法主要是为了应对流域管理危机。前述的河道管理规定、黄河下游引黄灌区的安排以及淮河流域水污染防治工作,都是针对已经产生了严重不良后果的现状所采取的应急性立法举措。1992年、1994年、1995年淮河连续发生了特大水污染事件,国务院制定了《淮河流域水污染防治暂行条例》。[1] 这一阶段流域管理的问题,以不同流域存在的突出问题为表现,比如黄河流域的引黄灌区水资源利用问题、晋陕蒙接壤地区水土保持问题、淮河流域水污染问题。针对突出问题进行专项立法涉及的问题比较集中,不需要综合其他相关问题进行统筹考量,所以立法程序、立法论证相对容易,可以让亟待解决的问题迅速得到回应。国务院和水利部针对上述各

〔1〕 徐军:《我国流域管理立法现状及反思》,载《河海大学学报(哲学社会科学版)》2004年第4期。

流域的具体问题,进行了专项立法,还没来得及统筹综合治理。社会重大事件的发展可以成为立法的契机,但对于重点领域的问题,既要在发生严重后果后采取补救举措,也应该在相关领域实现科学立法、前瞻性立法。

三、流域管理分散式立法阶段

20 世纪 90 年代中后期到 21 世纪初期,流域管理进入分散式立法阶段。当各流域的不同问题逐步呈现出来时,“头痛医头,脚痛医脚”,哪里有问题就对哪个具体问题进行治理的思路受到质疑,流域管理整体规划的理念慢慢成为共识。各流域管理机构从流域统一开发利用的角度出发,主动介入流域管理的前期立法规划阶段。1997 年,在水利部主持下,长江水利委员会牵头,各流域管理机构共同成立了联合课题组开展流域管理立法前期研究工作。课题组形成的研究成果被当时正在制定的防洪法吸收。[1] 1998 年 1 月 1 日实施的《防洪法》第 5 条和第 8 条规定,防洪工作统一规划、分级实施,流域管理与行政区域管理相结合;重要江河湖泊设立流域管理机构,流域管理机构行使防洪协调和监督管理职责。这是在基本法层面第一次确立了流域管理机构的法律地位,明确了国务院水行政主管部门应该在重要江河湖泊设立流域管理机构,行使相应的管理职责。

2002 年修订的《水法》第 12 条规定,国家对水资源实行流域管理与行政区域管理相结合的管理体制,重要江河湖泊设立的流域管理机构在相应的流域范围内行使规定的和授予的水资源管理和监督职责。2008 年修订的《水污染防治法》第 15 条规定,水污染防治应当按照流域或者区域进行统一规划。2010 年修订的《水土保持法》第 5 条规定,重要江河湖泊设立的流域管理机构依法承担所辖范围

---

〔1〕 刘文、王建平等:《关于推进流域立法的思考》,载《水利发展研究》2010 年第 1 期。

内的水土保持监督管理职责。《水法》《水污染防治法》《水土保持法》都是水事综合立法,涉及水资源的合理开发利用、水污染防治、水生态保护、合理利用水土资源等与水资源可持续利用和生态环境保护相关的问题。在水事综合性立法阶段,除了上述条文涉及流域管理的规定外,其他条文并未涉及流域管理问题,而是针对水土保持、水污染防治的工作进行总体安排和规划。

水事综合管理立法阶段也是流域管理分散式立法阶段。水事综合管理立法,以水资源的综合管理为立法目的,当然不可能全面兼顾流域管理问题。结合上述条文可以发现,水事综合性立法,主要是从原则上规定了重要江河湖泊的水资源管理工作、水污染防治工作、水土保持工作应该服从流域管理机构的监督和管理。随着《水法》《水土保持法》的实施及修订,包括山东省、陕西省、黑龙江省、上海市等在内的30多个省、自治区、直辖市结合本地实际情况,制定了相应的地方性法规,并随着上位法的修订而修订。例如,《陕西省实施〈中华人民共和国水法〉办法》、《黑龙江省实施〈中华人民共和国水土保持法〉办法》(现已失效)等都进行了相应的修订工作。

水事综合立法阶段,以《宪法》和水事基本法律为基础,形成了包括基本法律、行政法规、地方性法规在内的多位阶多层次水事综合立法格局。这一阶段,水资源立法属于社会重点领域的立法问题,结合社会经济发展对环境提出的新的要求,与水资源相关的综合性法律被修订。法律修订的过程中,确立了流域管理的理念,同时赋予了流域管理机构相应的法律地位,这也为下一步开展流域综合立法提供了依据。

四、流域综合立法阶段

在流域分散立法阶段,虽然水事综合立法是立法的主要任务,但针对各流域突出的问题,也展开了相应的专门立法工作。例如,2001年,国务院颁布了《长江河道采砂管理条例》,治理长江河道无序采砂、破坏性采砂问题，加强长江河道采砂管理，维护长江河势稳定，保障防洪和通航安全。2006 年，国务院公布并实施了《黄河水量调度条例》，对青海省、四川省、宁夏回族自治区等 11 个省区市的黄河水量调度和管理进行了规定，具体包括水量分配、水量调度、应急调度、监督管理、法律责任等内容，在各项具体的制度中，明确了水资源行政管理部门、流域管理机构、水库主管部门等主体的权力、义务和责任。《长江河道采砂管理条例》是对长江河道采砂问题的管理规定，《黄河水量调度条例》主要是对黄河流域 11 省区市水量分配和水量调度的管理规定，同样不涉及流域内的其他问题。这种立法模式延续了流域专项立法阶段的举措，是对某流域突出问题的专门解决方案，并未就流域整体问题进行立法。

21 世纪初期至今，在延续前面几个阶段立法举措的同时，流域立法进入综合立法阶段。在制定基本法律的条件不充分的情况下，国务院和水利部相继制定了相关行政法规、部门规章。2011 年国务院颁布了《太湖流域管理条例》，以加强太湖流域水资源保护和水污染防治工作，保障太湖流域的生产、生活、生态用水安全，改善太湖流域生态环境。该条例是第一部流域综合立法，既是对以往太湖流域水环境治理工作的总结，是经验成果的总结，也是为了进一步规划后续的水资源开发利用而作出的努力，具有一定的前瞻性。从立法意义来看，该条例通过调整经济结构、优化产业布局，严格限制高耗水、高污染的项目，从整体上布局太湖流域的经济社会发展，推动太湖流域良性可持续发展。该条例从具体操作层面对流域管理和行政管理如何衔接的问题进行了规定，具有一定的开创性。

流域管理和行政管理相结合的流域管理体制要落到实处，发挥作用，必须充分调动流域和区域两方面的积极性，并就流域水资源配置、工程项目建设、防汛抗旱等工作达成相互配合的协助机制。根据

《水法》《水土保持法》《水污染防治法》等水事基本法律的宏观指导和原则性要求，流域管理条例将流域内水资源开发利用、水土保持、水污染防治等工作具体化，细化管理制度，落实监督措施，保障流域管理的法律制度能有效实施。例如，《太湖流域管理条例》第7～14条明确了太湖流域市县人民政府对所在市县范围内饮用水安全的职责，只有在跨流域或者跨省、直辖市行政区域水资源应急调度的情况下，太湖流域管理机构才下达调度指令。这一规定表明，太湖流域的饮用水安全保障制度中，地方人民政府是责任主体。水资源保护方面、水污染防治以及监测与监督方面，条例第16条、第25条都明确了太湖流域管理机构是制订具体方案的主体，制订具体方案时，应当与两省一市人民政府水行政主管部门协商。《太湖流域管理条例》对流域范围内哪些事项属于流域管理机构的主要职责，哪些事项属于地方行政机关的职责进行了具体区分，对于如何践行流域管理和行政区域管理相结合的流域管理体制进行了有效尝试。

2021年3月1日起施行的《长江保护法》是这一立法阶段的典型代表。这是我国第一次专门为一条江立法，也是我国第一部流域基本法律。长江作为重要的战略水源地、黄金水道和生态宝库，在维护流域生态安全乃至国家生态安全中的地位举足轻重。早在2016年3月，中共中央政治局审议通过了《长江经济带发展规划纲要》，确立了要将长江经济带建成黄金经济带的目标，这一黄金经济带具有生态优美、交通顺畅、经济协调、市场统一、机制科学等特征。[1] 研究制

---

〔1〕 2016年以来，习近平总书记先后到长江上游、中游、下游沿线视察调研，分别于2016年1月、2018年4月、2020年8月召开座谈会，为长江经济带发展谋篇布局、把脉定向。例如，2016年1月5日，在推动长江经济带发展座谈会上，习近平总书记指出："长江拥有独特的生态系统，是我国重要的生态宝库。当前和今后相当长一个时期，要把修复长江生态环境摆在压倒性位置，共抓大保护，不搞大开发。"

定《长江保护法》是实现黄金经济带的重要举措。在水利部指导下，长江水利委员会从20世纪90年代，就已经开始着手《长江保护法》的前期立法调研工作，并最终启动了立法程序。2017年12月，全国人大常委会将《长江保护法》列入第十三届全国人大常委会立法规划；2019年12月23日，《长江保护法（草案）》提请全国人大常委会会议审议；2020年12月26日，第十三届全国人民代表大会常务委员会第二十四次会议通过了《长江保护法》。

进入21世纪后，制定流域法解决我国各大流域经济发展过程中的不合理利用问题，实现流域生态保护和可持续发展，已经成为基本共识。[1] 流域立法虽然已经达成基本共识，但由于其涉及行政区域较广、调整对象较多，需要综合考量各种因素和平衡各种利益，制定过程必然复杂。从管理体制来看，流域立法涉及流域内的各种关系，包括中央与地方之间、流域管理机构与地方政府之间的关系，地方政府相互之间以及政府部门之间和政府与社会之间的多重关系；在资源开发利用层面，流域立法涉及经济发展与生态环境保护之间的张力、短期发展与可持续发展之间的张力等问题。从20世纪90年代到2021年实施，《长江保护法》的制定经过了30多年。正是因为有充分的前期工作，才能制定《长江保护法》。《长江保护法》希冀实现统筹长江流域上中下游之间、中央与地方之间、不同行业之间的关系，通过建立长江流域协调机制，统一指导、统筹协调长江保护带工作，同时保护和修复长江流域生态环境，加强山水林田湖草整体保护、系统修复等目的。《长江保护法》的立法过程表明，即使进入了流域立法阶段，流域立法依然不是一蹴而就的事情。

通过梳理我国流域立法的发展历程，区分了流域立法的四个发

---

〔1〕 古小东：《基于生态系统的流域立法：我国水资源环境保护困境之制度纾解》，载《青海社会科学》2018年第5期。

展阶段。不同立法阶段的划分,是一个类型化的理想状态,不代表每个阶段不具有其他阶段的立法模式。从立法发展过程来看,虽然每个阶段都有鲜明的特征,但每个阶段的立法模式并不是单一的。正如流域分散式立法阶段,同样存在应急式流域专项立法;而在流域综合立法阶段,同样存在流域分散式立法或者说水事综合法的修订工作。之所以区分不同的立法阶段,是为了通过分析不同的立法阶段,呈现流域立法的特征和发展趋势,从而为流域立法提供有效反思和建议。

第三节　我国流域立法的特征

所谓特征,是指事物区别于其他事物的特点。通过比较,可以发现我国流域立法具有起步较晚、管理体制复杂、立法主体众多、综合立法不足等特征。

一、流域立法起步较晚、发展较快

中华人民共和国成立后,虽然长江流域、淮河流域、黄河流域等流域管理机构已经成立,但对这些机构在流域管理中的法律地位和执法权限并没有进行相应的规定。1984 年,我国实施了第一部水事法律《水污染防治法》,第一次从法律上承认了流域管理机构的地位。从四个立法阶段来看,流域管理机构成立阶段、流域专项立法阶段以及流域分散式立法阶段,虽然逐步成立了流域管理机构,制定了涉及流域问题的水事法律,以及出现了专门针对流域管理问题的应急式立法举措,但并没有出现以流域整体为调整对象的立法模式。流域综合立法从理念到实践,经过了 30 多年的历程。《长江保护法》被称为第一部流域立法,是第一次从长江流域整体出发进行综合性立法。除《长江保护法》这部基本法律以外,以流域为调整对象的其他法律法规包括,国务院制定的《太湖流域管理条例》,以及青海、陕西、山西、海南、贵州、广西、湖南等7个省(自治区)出台的10部与流域管理相关的地方性法规和地方政府规章。其中,有7部法规是在2010年之后制定的。[1] 这表明我国流域立法虽然起步晚,但发展较快。

比较来看,澳大利亚的墨累－达令河流域,在经济发展导致上下游之间水资源开发利用的激烈竞争后,1914年澳大利亚联邦政府与上游的维多利亚州、南澳大利亚州和下游的新南威尔士州共同签署了《墨累河水协定》,用流域管理理念指导立法,肯定了流域管理机构的法律地位和作用。1933年,为了解决田纳西河流域面临的水土流失、水灾危害以及滥伐等严重问题,《田纳西河流域管理法》授权成立了田纳西河流域管理局。作为流域管理机构,田纳西河流域管理局从河谷的地理导向出发,负责规划整体水土保持、水运发展、水库发电、粮食生产等工作。作为一种地区性综合治理和全面发展规划,田纳西河流域管理被认为是美国历史上第一次巧妙地安排整个流域及其居民命运的有组织尝试。

虽然不同国家的流域管理与国家治理体制、经济发展形态、自然地理环境等因素相关,不同的国家政治体制会产生不同的流域管理体制,经济发展的不同阶段对以水资源为主体的流域资源的供给需求也有差异,进而会产生不同的流域管理理念和制度,但是从流域的主要资源——水资源的自然属性出发,不同国家的流域发展依然具有共性。例如,经济发展到一定阶段后,都尊崇从流域整体出发进行综合立法,实现流域经济可持续发展和绿色发展的理念。如何实现

[1] 李政等:《国内流域立法实践及其对制定长江保护法的启示》,载《水利发展研究》2020年第8期。2019年后,各级地方人大持续发布地方性法规,包括四川省人大常委会2019年5月审议通过的《四川省沱江流域水环境保护条例》。田倩、白成全:《这部流域立法有何地方特色》,载《中国环境报》2019年7月19日,第6版。

这一理念，不同国家进行了不同的制度探索和实践。由于澳大利亚、美国等发达资本主义国家流域立法起步早于我国，其对如何实现可持续发展或者说如何应对治理危机和环境困境问题的研究走在前面。作为后发现代化国家，立法起步较晚的客观现实，要求我们通过比较分析，在肯定我国流域立法发展取得巨大成效的前提下，借鉴其他国家有益的立法成果和制度实践经验。当然，这种借鉴必须符合我国流域发展的具体情况。

二、流域管理体制复杂

我国流域管理经历了从行政区域管理体制为主到行政区域管理与流域管理并行，发展到流域协调机制发挥作用的历程。由于流域跨越不同省份，涉及众多行政区划主体，各级人民政府、相关管理部门、流域管理机构、社会组织以及社会公众等各方主体都在流域管理、保护和使用水资源和其他自然生态资源过程中承担着相应的职责，各方主体之间的关系也比较复杂。我国除了在七大水系设立流域管理机构外，辽宁省内的辽河干河流域、云南省昆明市的滇池流域、新疆的塔里木河流域、甘肃的石羊河流域等也设立了流域管理机构，由这些流域管理机构行使相应的管理权限。[1] 除了流域管理机构外，我国河流管理存在“九龙戏水”的混杂状况，河道、水资源、湿地、森林等自然资源由水利、环保、农业、林业等职能部门管理，谁都在治理，但是却没有一个部门能负责。行政划界、部门林立、职能分割、多头管理是常态。

从流域管理主体的角度来看，不管是中国、美国还是澳大利亚的流域管理，都存在相似的问题，即多个行政管理部门参与流域管理工

---

〔1〕 何艳梅：《我国流域水管理法律体制的演变与发展》，载《水利经济》2020 年第 6 期。

作,交通运输部门、环境保护部门、水利工程建设部门、自然资源保护部门等多个部门都承担流域管理的职责。以长江流域为例,根据《长江保护法》总则第2条、第9条、第12条的规定,长江流域涉及包括青海省等19个省区市在内的行政区域;为了实现流域管理目标,国务院有关部门和长江流域县级以上地方人民政府及其有关部门按照职责分工,组织完善生态环境风险报告和预警机制,国务院有关部门和长江流域省级人民政府及其有关部门组织开展流域建设项目、重要基础设施、产业布局相关规划等。2018年机构改革前,通过对长江流域水资源管理相关的三十多部法律的研究发现,长江流域涉水事务管理权,在中央分属15个部门的76项职能;地方政府层面,则是涉及19个省级政府的一百多项职能。[1] 澳大利亚墨累-达令河流域管理主体,包括流域管理局、流域部长级理事会、流域官方委员会、流域社区委员会、联邦水环境办公室、竞争与消费者委员会、气象局、经济社会和环境科学咨询委员会等;同时,流域管理局还会与各州和地区委员和机构联系,包括13个流域管理局、8个地方土地管理局和自然资源管理局。[2]

由于流域管理的主体众多,流域管理体制的复杂特性在各国流域管理实践中都存在,但不同国家流域管理复杂性的表现并不一样。墨累-达令河流域众多的管理主体中,州及州以下地方政府享有主要权力,流域管理体制的发展是从"分权"到"集权"的过程,经历了区域自治—区域协商—联邦统管的发展趋势。与澳大利亚联邦制的政治体制不同,我国实行的是中央集权的政治体制,流域管理实践

[1] 吕忠梅:《寻找长江流域立法的新法理——以方法论为视角》,载《政法论丛》2018年第6期。

[2] 和夏冰等:《墨累-达令河流域管理体制改革及其启示》,载《世界地理研究》2018年第5期。

中，在基本法律没有确立流域管理机构的法律地位前，流域各级地方政府及相关部门的管理行为统一受国务院和水利部的部署和安排。虽然中央政府享有统一的权力，但由于全国各流域自然地理环境差异甚大，水事综合立法只能对流域管理进行原则性规定和宏观统筹。不同流域的治理，需要尊重流域的地方实践，制定有地方自主性的流域协商机制，这实际上是一个中央集权之下如何发挥流域管理机构和地方行政管理机构的主动性以及如何协商合作的问题。中国和其他国家在流域管理体制复杂性上的差异，提醒我们在比较研究中，要注意制度实践的环境差异及可能后果。

三、立法主体众多、位阶不高

随着城市化、工业化的进一步发展，经济快速推进带来了一系列生态环境问题。流域是以江河湖泊为中心形成的“山水林田湖草”系统，是一个完整的生态区域，在环境保护和生态文明建设中具有重要作用。推进流域生态保护，需要符合流域的自然属性和生态的系统性，这就要求流域管理的宏观政策综合考量流域上下游、左右岸、工农副等产业之间的利益关系，作出符合可持续发展的规划。

目前，中央立法层面，与涉水管理和流域管理相关的基本法律共有五部：《水法》《水污染防治法》《水土保持法》《防洪法》《长江保护法》。《水法》（1988 年发布，分别于 2002 年修订、2009 年修正、2016 年修正）虽然不是关于流域管理的综合性立法，但是在流域综合立法缺乏的情况下，《水法》是从基本法层面最早肯定流域管理法律地位和对流域管理职责集中规定的一部法律，确定了水资源实行流域管理与行政区域管理相结合的管理体制。《水污染防治法》（1984 年发布，分别于 1996 年修正、2008 年修订、2017 年修正）对于水污染的治理体现了分散治理、末端治理向集中控制、全过程治理的转变，也体现了水污染区域管理向区域管理与流域管理结合的转变。《水土保持法》(1991 年发布,分别于 2009 年修正、2010 年修订)确立的是行政区域管理为主的治理理念。该法第 5 条规定,国务院水行政主管部门主管全国的水土保持工作,县级以上地方人民政府水行政主管部门主管本行政区域的水土保持工作,重要江河湖泊的流域管理机构承担所辖范围内水土保持监督管理职责。《防洪法》(1997 年发布,分别于 2009 年、2015 年、2016 年修正)是目前对流域管理规定条款最多的法律,该法确立了流域管理机构在防洪工程、河道管理、湖泊洪泛区、防洪安全等方面的职责,确定了流域管理机构在防洪工作中的执法主体地位。2021 年 3 月 1 日起实施的《长江保护法》是唯一一部以流域为治理对象的基本法律。

除了上述五部涉水基本法律外,国务院制定的涉水行政法规主要包括贯彻执行基本法律的《水土保持法实施细则》和《水污染防治法实施细则》,针对某流域的突出问题制定的行政法规,包括《太湖流域管理条例》(2011 年)、《黄河水量调度条例》(2006 年)、《长江河道采砂管理条例》(2001 年)、《淮河流域水污染防治暂行条例》(1995 年发布,2011 年修订),还包括《河道管理条例》(1988 年发布,2018 年修订)。部门行政规章和规范性文件主要包括七大流域管理机构根据水事基本法律、行政法规制定的规范性文件,如长江水利委员会制定的《长江流域大型开发建设项目水土保持监督检查办法》(2006 年)[1]、《长江河道省际边界重点河段可采区现场监管办法》(2003 年)等。

其他与江河湖泊综合治理保护有关的是地方性法规和地方政府规章,如 2009 年陕西省人民政府制定的《陕西省渭河流域生态环境

---

〔1〕《长江流域大型开发建设项目水土保持监督检查办法》现已失效,2020 年 12 月 31 日,《长江水利委员会部批生产建设项目水土保持监督检查办法》已正式实施。

保护办法》(2018 年修订);2017 年山西省人大常委会出台的《山西省汾河流域生态修复与保护条例》(2022 年 3 月 1 日,《山西省汾河保护条例》实施);2019 年 5 月四川省人大常委会审议通过的《四川省沱江流域水环境保护条例》(第一部四川省流域保护类法规)。

我国早期的流域相关立法显示,立法机关经常是在出现了具体的流域生态负面影响和不良后果后,才着手进行应急式立法。相对于全国立法,立法程序上,地方政府和地方人大可以迅速根据需要、针对具体问题和具体症状,制定改善水资源紧缺、防止水污染、水土保持、防洪抗旱等方面的地方性法规和地方性规章。陕西、山西、四川省人大常委会和政府制定的渭河流域、汾河流域、沱江流域生态保护和修复规范对于指导地方流域发展实践具有重要意义。除了以上关于流域的专门规范性文件外,地方政府和地方人大结合本地实际情况,根据基本法律、行政法规制定具体的实施办法。例如,近 30 个省、自治区、直辖市制定了“水法实施办法”。

我国已经形成了一套从中央到地方的流域管理法律体系。流域管理立法主体不仅包括中央人民政府,也包括中央水资源行政主管部门,还包括地方立法主体,主要有各大流域管理机构和地方人民政府及人大。虽然立法主体众多,但基本法律的数量有限,包括《长江保护法》在内,共有 5 部基本法律。国务院制定的行政法规的数量也有限,与流域管理相关的主要有 6 部。由于各流域自然地理属性和水文特质差别较大,以自然流域为单元制定流域基本法是流域立法的发展趋势。在缺乏流域基本法和行政法规的情况下,即使某流域管理中形成了有效的举措和制度,也难以得到法律的明确保障,难以在其他流域推广适用。地方立法虽然可以解决流域保护和管理中的突出问题和矛盾,但是对于跨部门、跨行政区域的问题,因地方规范性文件效力低导致不能直接适用的弊端就显现出来。

四、流域立法原则性规定多、可操作性不强

我国采用行政区域管理和流域管理相结合的流域管理体制，这一原则在水事基本法律、行政法规、部门规章及地方性法规中都有明确体现，是一个原则性的规定。《水法》第 12 条规定，我国实行流域管理与行政区域管理相结合的管理体制。这一流域管理体制在涉水管理的规范性文件中也有呈现，但具体如何进行行政管理权力的分配是一个复杂的工作，如何在层级管理、部门管理、区域管理、流域管理之间进行分权，如何安排需要统一协作的事项等问题，都需要进一步具体化。

在《长江保护法》实施前，基本没有关于这一原则性规定的具体操作条款。《长江保护法》第 4 条明确了“国家建立长江流域协调机制，统一指导、统筹协调长江保护工作”，这一条款通过长江流域协调机制将流域管理体制具体化。“流域环境管理是复杂公共事务的综合性管理，基于分工而产生的政府各部门均难以单独完成职能，需要与其他部门实现通力协作，但由于各个职能部门之间职权的界限、部门利益等原因，旨在提高效率的部门协作反而阻碍了整体目标的实现，从而形成协作悖论。”[1] 关于长江流域协调机制的组织机构、组织机制、运行模式、责任承担等问题还有待进一步细化。从流域统一管理的视角出发，除了流域协商机制的具体化问题外，还需要处理流域之间的合作机制，即不同流域之间如何践行流域管理和行政区域管理相结合的管理体制。

比较来看，美国田纳西河流域管理局（TVA）作为流域管理机构，通过田纳西河流域开发法的授权，获得了规划、开发、利用、保护流域

---

〔1〕 王清军等：《我国流域环境管理的法治路径：挑战与应对》，载《南京工业大学学报（社会科学版）》2020 年第 5 期。

内各种自然资源的权力，流域管理权力高度集中，包括独立的人事、土地征用、项目开发、流域经济发展及综合治理和管理、可向多领域投资开发等权力，这些权力随着流域经济社会发展的变化进行相应的变化。由于享有广泛且集中的权力，TVA 能够最大限度地调度多方力量，流域机构内各部门之间也能最大限度地加强合作。TVA 采用综合资源管理法，将具体问题放在整体框架内处理，充分考虑某一方面资源的变化可能对其他相关方的影响，降低处理问题的风险和损失。以水利和电力的配合为例，TVA 能有效处理水库综合利用、防洪灌溉和大电厂之间的矛盾。田纳西河流域采取流域管理和区域管理相结合的管理体制，针对不同的管理事项，流域管理机构和区域管理机构承担了不同的职责。以水资源保护为例，州政府负责发放用水许可证、监测水质等工作；TVA 则负责分析州政府提交的水资源评价报告，并根据分析结论调整具体举措。[1]

明确的法律地位、集中的权力内容、广泛的调度能力、综合解决问题的方法、内部有效的协助机制等因素的合力，为田纳西河流域管理机构有效解决流域发展问题和困境提供了具体的路径。除此之外，公众有效参与、政府企业合作经营、不断优化治理结构、风险管理控制、人力资源开发和科技运用等举措也为田纳西河流域的有效管理提供了动力。我国流域管理立法的实践中，虽然明确了流域管理和区域管理相结合的管理体制，但国家基本法律并没有对具体的流域管理机构作相应规定。流域管理机构并不属于行政管理序列，也不是某一级行政机关，流域管理机构的法律定位是模糊的，执法主体地位不明确，缺乏关于流域管理机构如何行使协商、监督和管理职能的具体规定。以《水污染防治法》为例，该法规定，流域水污染防治是

---

〔1〕 谢世清：《美国田纳西河流域开发与管理及其经验》，载《亚太经济》2013 年第 2 期。

流域水资源保护机构的职责，但如何发挥流域机构对水资源统一管理的作用，并没有任何具体规定。有研究者指出，我国流域管理的规定大多数是实体性立法，程序性立法较少。实体性的规定没有程序法相配合，导致实体法所规定的目标难以实现。[1]

第四节　我国流域管理立法的路径选择

流域管理立法的发展具有明显的阶段性特征，从水资源的无序开发利用到生态环境保护与经济发展同步进行、从针对突出问题应急式立法到流域综合立法、从行政区域管理为主到强调流域协调机制的综合管理模式，基本经历了流域立法从不成熟到成熟的发展阶段。我国流域立法模式的发展路径、墨累－达令河流域的管理模式以及美国田纳西河流域的治理经验都表明，流域综合管理立法模式是流域管理立法的有效路径。为了践行流域综合管理模式，在各流域统一制定流域基本法条件还不成熟的情况下，我国应结合七大流域的特征，实施“一流域一法”的发展路径，同时，制定包括公众参与、流域协商等在内的具体制度，确立流域立法的基本原则。结合我国流域立法的发展及其特征，我国流域管理立法的路径选择可以从以下几个方面展开。

一、发展流域综合管理立法模式

流域综合管理立法模式是指从全流域整体发展的角度，综合处理流域水资源问题的立法模式。流域综合管理立法模式应避免从部门角度或者职能角度出发，针对具体问题制定单项法律的立法活动。

[1] 徐军：《我国流域管理立法现状及反思》，载《河海大学学报（哲学社会科学版）》2004年第4期。

我国有七大流域,每个流域的水文地理环境都不一样,贸然制定统一的流域管理法不切实际,但也要防止地方流域立法过于活跃,只针对具体问题和突出问题立法的现象。

目前几百部流域立法中,除了水事综合立法涉及流域管理的相关规定以及《长江保护法》和部分流域立法采取综合的流域保护立法思路外,[1]其他主要都是关于流域某一问题的立法,且治理主要以水污染防治、水资源管理为主,如《淮河流域水污染防治暂行条例》《黄河水量调度条例》《长江河道采砂管理条例》等。多数省(区、市)内比较大的流域,如陕西渭河、山西汾河、湖北汉江、广西漓江等,也都进行了地方流域立法。一些地方为辖区内的七大流域立法,如《江苏省太湖水污染防治条例》《江苏省长江水污染防治条例》《黑龙江省松花江流域水污染防治条例》《吉林省松花江流域水污染防治条例》。[2] 以《长江保护法》的出台为契机,可以进一步加快包括黄河流域、淮河流域等其他流域在内的流域基本法的制定,尽快实现"一流域一法",改变地方流域立法活跃、分散立法的状况。

开展流域综合立法应从流域综合保护出发,规定水资源开发利用、水污染防治、生态环境保护与修复、绿色发展等内容,从整体出发治理流域。例如,《贵州省赤水河流域保护条例》(2011 年实施,2021 年修订)分别从"流域规划与产业发展""生态建设与环境保护""资源保护与开发利用""文化传承与保护""法律责任"五个方面对赤水河流域的保护进行了规定,对资源开发利用、流域整体规划、生态建设进行了统筹考量,并结合当地独特的文化因素,专列一章规定流域

[1] 地方流域综合立法如《贵州省赤水河流域保护条例》《云南省西双版纳傣族自治州澜沧江流域保护条例》。

[2] 王彬、冯相昭:《我国现行流域立法及实施效果评价》,载《环境保护》2019 年第 21 期。

开发和文化传承与保护的关系。域外流域立法也提供了值得借鉴的经验,澳大利亚的《墨累－达令河流域协议》和美国《田纳西河流域法案》都是从流域整体出发进行综合治理的立法模式。

流域综合管理立法模式要树立流域综合生态系统理念。从域外和我国流域立法的发展阶段来看,流域立法大体经历了从强调资源的开发利用到强调生态环境综合保护和流域可持续发展的转变。1884 年签署的《墨累河河水管理协议》只是一个分水协议;1982 年签署的《墨累－达令河河水管理协议》开始重视水质问题,并第一次将生态问题纳入协议中;1987 年缔结的《墨累－达令河流域协议》将流域的水、土地、环境资源的可持续发展作为新目的,通过部门协作、全民参与,实现流域内湿地、水环境、河漫滩等的综合恢复。[1] 田纳西河流域的开发和利用,将防洪、航运、灌溉、发电、旅游等统筹规划的举措,同样遵循了流域社会、经济、环境和谐发展的理念和思路。我国流域综合立法中,要树立流域发展的整体观,全方位考虑流域内的资源分配情况,实现资源开发利用、生态环境保护和经济可持续发展的统一。

流域综合管理立法模式还要理顺流域管理体制,厘清流域管理机构的法律定位。目前,虽然包括《水法》《水污染防治法》在内的基本法律明确了流域管理机构的地位,七大流域也设立了相应的流域管理机构,但如何确定流域管理机构与水行政主管部门的关系,以及如何处理流域管理机构与水行政主管部门因地位不明确、关系不确定而发生的推诿扯皮现象,还需要进一步研究。即使水事基本法律和相关行政法规,都强调行政区域与流域管理相结合的体制,但是由于缺乏具体的实施细则以及配套规定,难以充分发挥流域管理机构

---

〔1〕 张莹莹:《从墨累－达令流域看澳大利亚的流域治理》,载北极星水处理网,http://huanbao.bjx.com.cn/news/20170608/829747－2.shtml?security_verify_data=3336302c363430。

的具体作用。根据机构设置和权力划分，水资源行政管理部门具有合法合理地位，有相应的立法权、执法权，流域管理机构虽然具有法律地位，但在水资源开发、利用、管理、监督等方面，其与水资源行政管理部门的权力分配、责任分担并没有细化。厘清流域管理机构的法律定位，就是要确定流域管理机构与水资源行政管理部门的关系。

二、完善政府主导和市场规范管理

流域立法以流域为管理对象，水资源的使用和管理是流域管理的重要内容。水资源作为典型的准公共物品，具有有限的非竞争性、非排他性特征。流域立法中，既不能完全按照市场规则对流域进行治理，也不能仅仅依靠政府分配解决问题。流域管理立法，应该采取政府和市场共同承担责任的模式。结合流域管理的全球经验以及我国流域发展的特征，流域管理立法要发挥政府主导与市场规范管理的协作作用。

田纳西河流域管理局（TVA）是一个所有权国有的组织，美国联邦政府通过人事任免权和财政权实现对流域的宏观控制，每四年总统可以重新任命理事会的部分成员，而流域管理机构的正常经营也需要国会的拨款。一方面，TVA 接受总统和国会的监督，实现联邦政府对田纳西河流域的管理职能；另一方面，TVA 享有广泛且集中的权力，采取企业经营模式，充分参与市场竞争，积极追求经济效益。联邦政府虽然从宏观上对田纳西河流域管理局进行指导，但该机构在具体的经营过程中，享有很大的经营自主权。例如，TVA 以水资源开发电力为基础，逐步扩大经营范围，开展火电及核电项目。为了获得充足的运营成本，TVA 向社会公众公开发行债券募集资金，流域内的发电系统实行自负盈亏，接受市场检验。

作为所有权国有的组织，总统和国会通过 TVA 人事任免权和财政权对流域实行宏观管理，田纳西河流域管理局接受联邦政府的监督，服从联邦政府的整体安排和规划。结合我国流域管理的历史发展以及政府在流域管理中的地位,流域管理立法需要继续发挥政府的主导作用。"在自然资源和环境治理领域,市场可以发挥重要作用,但通常难以发挥基础性作用,政府应当扮演更为重要的角色。"[1]

流域治理全球经验表明,流域立法在强调政府宏观调控的同时,也逐步建立了流域资源开发和保护的市场竞争机制。引入市场竞争机制,发挥社会资本参与环境治理的积极作用,通过政府主导和市场竞争,以公私协作的方式有效治理流域生态环境和合理开发利用水资源。我国现有的流域立法主张行政区域管理和流域管理相结合的体制,强调公权力机关对流域开发和保护的管理职责。流域综合治理领域,当然需要发挥政府的主导作用,保障广大人民群众的基本生产生活用水需求和良好的生态环境诉求,但政府主导受科层制的制约,需要在外部力量推动和监督的情况下,更好地发挥作用。

目前,我国水市场规则和水市场监管体系尚不健全,市场主体资格、市场准入规则、市场监管制度等有待进一步完善。流域立法模式下,水资源市场的健康发展需要引入市场竞争机制,还需要给予有资质的市场主体进入决策层面,共同参与制定相关制度,对具体制度的践行和实施效果进行监督和评估的机会,提高水资源利用效率和促进流域环境、经济、社会的可持续发展。

三、完善流域协商管理机制

流域综合管理立法,还需要落实具体制度,通过具体制度的实施,推动流域综合管理的有序进行。我国流域法律制度在发展过程中,已经形成了一些制度创新,比如流域生态流量保障制度、流域生

---

〔1〕 王亚华、舒全峰、吴佳喆:《水权市场研究述评与中国特色水权市场研究展望》,载《中国人口·资源与环境》2017 年第 6 期。

态补偿制度、流域岸线管理制度、流域联防联控机制等。[1] 这些制度创新立足于流域自然环境和生态保护，对流域综合管理、生态环境保护与修复具有积极的指导作用。从流域治理主体的角度出发，流域管理立法还需要完善流域协商管理机制。流域辐射范围较广，关乎不同群体的实际利益。随着不同群体以及不同个体之间的利益分化越来越明显，流域治理需要利益表达、利益协商的长效机制，应协调与流域治理相关的各方主体的利益，扩大公众参与度，寻求保护大多数人的利益和重视少数人的利益表达，实现利益平衡。

墨累－达令河流域作为澳大利亚最大的跨行政区流域，多个行政区域之间就流域管理组建的流域管理机制，为流域利益相关者提供协商交流的制度保障。不同行政区域的利益代表在由各州组建的部长会议和墨累－达令河流域委员会上发表关于流域治理的具体意见和建议，通过协商不同意见和建议，形成得到各方认可的具体规范。在制订流域规划的过程中，流域管理局必须与流域内各州政府、流域官员委员会以及流域共同体委员会协商。而且，流域管理局还需要听取澳大利亚竞争和消费者委员会（Australia Competition and Consumer Commission）的建议。[2] 协商机制不仅让利益相关者有表达的机会，也提供了就不同意见和不同利益纷争进行交流和商榷的平台，成为流域管理中重要的利益平衡机制。

我国流域管理实践区别于澳大利亚的流域管理模式，地方政府接受国务院的统一领导和集中管理，流域内各行政区域之间虽然也进行沟通和协商，但这种沟通和协商更多服从于中央的统一管理。不同地方政府在中央统一领导下，经过充分协商和沟通，就流域内水

---

〔1〕 王彬：《我国现行流域立法及实施效果评价》，载《环境保护》2019 年第 21 期。
〔2〕 曾祥华：《我国流域管理立法模式探讨》，载《江南大学学报（人文社会科学版）》2012 年第 6 期。

资源分配方案、生态流量保障、生态补偿制度等形成一致意见。由于接受中央的统一领导和规划,不同地方政府容易就宏观层面的资源分配和制度规划形成一致意见。在具体制度的实践过程中,当涉及不同个体或群体的利益纷争时,就需要扩大流域协商管理机制的参与主体。扩大流域协商管理机制的参与主体就是要完善流域管理的公众参与机制。公众参与是指相关利益主体介入涉及公共利益事务的决策过程,表达意见和提出建议的行为。随着市场经济发展导致的利益多元化格局的形成,公众参与作为一种社会公共管理中可以有效监督政府管理的行为模式获得了普遍的认可。

流域管理的公众参与机制,主要可以从以下三个方面进行完善:第一,完善流域管理中的信息公开渠道和形式。在互联网技术普及的情况下,获取政府信息相对容易。政府既可以主动公开相关信息,也可以依据当事人申请公开相关信息。信息及时公开不代表公众能有效了解到相关信息。以流域立法的信息为例,当前流域地方立法信息公开存在的关键问题是信息公开不对称,即信息公开、信息知晓、意见表达逻辑链并未形成闭合生态链。具体表现为信息传播渠道错位,官方网站或官方报社的信息难以被运用移动互联网终端的公众获取;信息内容不充分不对称,如仅公开立法草案,不公布草案说明、起草依据等信息,公众不知其所以然,难以有效参与。[1]

第二,完善流域管理公众参与机制,鼓励公众积极参与。流域管理涉及面广,不仅包括流域环境整治、流域生态保护、流域资源管理等工作,还包括流域社会经济发展、水土开发利用、人文景观维护等任务,流域有效治理的使命仅仅依靠政府机构难以实现。公众的生

---

〔1〕 林孔亮:《公众参与地方立法机制构建探究——以闽江流域水资源保护为切入点》,载福建人大网 2020 年 7 月 23 日,http://www.fjrd.gov.cn/ct/1300-161292。

产生活都受到流域治理的影响，只有充分鼓励公众以主人翁意识参与到流域治理活动中，才能对包括经济可持续发展、生态环境保护、人文景观维护等在内的流域治理产生积极作用。已有法律规范授予了公众参与具体治理过程的权利，如《立法法》第 5 条规定："立法应当体现人民的意志，发扬社会主义民主，坚持立法公开，保障人民通过多种途径参与立法活动。"实践中，公众参与并未形成有效的协商机制，导致公众参与的积极性不高。

第三，建立公众意见反馈程序，确立流域立法管理和公众之间的长效沟通机制。流域立法管理中，公众通过听证会、座谈会、公开征求意见等多元渠道参与立法过程，提出对流域管理的具体建议和意见。从实践过程来看，公众虽然参与了流域管理的立法工作，但进一步研究发现，公众意见有时不会被回应，需要对公众参与机制进一步完善。

综上所述，完善信息公开渠道和方式、完善流域公众参与机制和建立信息反馈机制都致力于实现公众有效参与流域立法的管理工作的目标，使流域立法管理和决策能反映实际情况，符合民意，让公众了解到流域管理决策的依据、理由，减少公众与管理者之间的不信任和冲突。完善公众参与机制，一方面有助于流域管理机构了解实际情况，制定具有可执行性的规范和决策；另一方面也有助于激发公众参与流域经济发展、生态环境保护等工作的主动性和积极性，提高公众的权利意识和责任意识，形成全民参与流域治理的良好局面。

第四章　水权配置制度的内涵和实践经验

流域是各种资源聚合且资源间密切相关的整体，既具有独立的水文系统，也是重要的生产生活场所和生态环境载体，是由水循环系统、社会经济系统、生态环境系统等组成的具有整体功能的复合系统。流域立法的发展过程，体现了以流域为治理单位在水资源管理和水权制度建设中的重要意义。流域内的生态环境、水资源保有状况直接影响了流域内不同行政区域的经济发展模式、社会发展状况。流域水权配置是流域立法和流域有效治理的重要环节，流域水权配置应该符合流域综合立法和综合治理的具体要求。

水权配置制度是在流域立法框架和流域综合治理实践基础上展开的。在水资源日益紧张、各行各业用水需求日益增大而流域水资源总量相对稳定的情况下，流域水权分配的优劣成为促进或者制约流域经济整体发展的重要因素，也是解决水资源危机的重要衡量指标。分析流域立法发展阶段和流域立法特征，明确了流域立法和流域治理的历史背景、发展基础和存在的问题，为厘清流域水权分配的关键问题提供智识支持。

流域初始水权配置存在行政主导分配、协商分配、市场分配和自然势力分配等模式。[1] 我国水法的规范分析及实践过程表明，我国的水权配置属于行政主导分配模式。本章首先介绍我国水权配置制度的经验，再结合先占优先权的历史发展，比较两种水权制度的实践差异，最后尝试提出完善水资源许可使用制度的路径。

第一节　水权配置的中国经验

中国采取水权配置模式，实现水资源在不同行业、不同主体之间的分配，按照“流域—省市—市区—县级—乡镇”的层级结构逐步开展水量分配和水权配置工作。水权配置的具体客体是水资源量。水量分配是指将一定量的水资源作为分配对象，在综合考虑生产、生活、生态环境用水和经济发展需求等因素的基础上，向各行政区域逐渐分配水资源，实现“流域—省市—市区—县级—乡镇”逐级分配模式。

一、以流域和行政区划为单位的逐级分配水量模式

结合水资源的自然物理属性，以流域为单位，在流域范围内进行合理规划、分配水资源具有客观必然性。每个流域包括多个不同的行政区域和行政单位，还有一些行政区域横跨不同的流域，流域与行政区划之间存在重叠和交叉。根据《水量分配暂行办法》的规定，我国主要以流域为单位，将水资源在流域内的行政区域之间进行合理配置，对于部分横跨不同流域的行政区域，则分别从不同流域获得不同量的水资源。由于流域幅员辽阔，地势迥异，自然地理条件和气候差异甚大，各行政区域水资源保有量存在差别。以黄河流域为例，黄

---

[1] 王巧玲：《水权结构与可持续发展——以黄河为例透视中国的水资源治理模式》，中国出版集团、世界图书出版公司2014年版，第115～116页。

河流经 9 个省(自治区、直辖市),虽然总体上都是偏干旱地带,但流域内依然存在干旱、半干旱和半湿润地区差异。流域内的 9 个行政区域对水资源都有大量需求,但水资源总量有限,唯有进行总体规划,才能兼顾各方利益。黄河"八七分水"方案,以 1980 年实际用水量为基础,综合考虑沿黄各省区的既有经济社会发展状况和历史用水情况,直接对黄河水权进行划分。沿黄各省区的后续水资源使用分配都以该方案为基础。例如,2010 年,内蒙古申请跨盟市的水权转换,黄河水利委员会批准了两年的试点工作,但前提是,不超用黄河水。在南水北调工程生效前,"八七分水"成为沿黄地区水资源配置的主要依据。

以流域为单位对重点河流进行水量分配,尊重水资源的自然流向和既有状态,方便了流域水资源的预测和调度工作,以水定量,量水而行,有利于从流域水资源承载力控制指标出发,开展水资源监测工作。例如,2017 年 6 月国家发改委、水利部联合批复了《淮河水量分配方案》,淮河流域第一批跨省河流水量分配方案获批。分配意见确立了 2030 年为水平年,淮河河道外地表水正常来水年份(来水频率 50%)情况下,湖北省分配水量 1.49 亿立方米,河南省分配水量 63.1 亿立方米,安徽省分配水量 98.1 亿立方米,江苏省分配水量 68.1 亿立方米。2019 年年底,淮河水利委员会启动了第四批 5 条河流的水量分配工作,至此,淮河流域列入水利部名录的共 16 条重要跨省江河除洪泽湖外已全部开展水量分配工作。[1] 流域范围内各重点河流的水量分配,决定了不同行政区域内的用水总量,减少不同行政区域之间对水资源的竞争性开发利用而导致的矛盾和冲突。正

---

〔1〕 水资源处:《充分体现流域水资源刚性约束意志　扎实推进河流水量分配工作》,载淮河水利网 2020 年 1 月 20 日,http://www.hrc.gov.cn/main/jlfy2020hwgzhy/208541.jhtml。

是因为流域层面作出了不同省区的水量分配份额，才能从源头上进行总量控制。

流域确立了各省市的水量分配总体计划后，不同行政区域按照行政层级逐级分配水量，采取总量控制和定额用水相结合的原则。根据《水法》第46条的规定，县级以上地方人民政府水行政主管部门或者流域管理机构应当根据批准的水量分配方案和年度预测来水量，制订年度水量分配方案和调度计划，实施水量统一调度；有关地方人民政府必须服从。以流域为单位进行水量分配后，各省、自治区、直辖市根据分配的水量，指导省内各行政区域的水量分配安排。例如，2019年起，湖北省水利厅全面组织开展跨市(州)江河流域水量分配工作，全省共涉及长江、汉江、清江等20条重要河流。2020年，清江、府澴河等15条河流的水量分配方案先后经湖北省人民政府同意印发执行。在这个基础上，武汉市、宜昌市等市(州)启动了本行政区跨县(市、区)江河流域水量分配工作。[1] 2020年11月17日文昌市人民政府办公室主动公开的《文昌市农业水权分配办法(试行)》规定，为使分配办法既能达到“全市用水总量控制”的目的，又有一定的灵活性，采用四级分配方法。一级分配是在全市生活、农业、林牧渔等用水部门之间进行分配；二级分配则是将一级分配到农业的水量在各镇之间进行分配；三级分配则是将各镇二级分配的水量落实到管辖的各个村；四级分配则是各村将水量落实到各单位取水工程和各用水户。[2] 四级分配办法并不仅仅只是文昌市的分配方式，大多数县市级人民政府都通过四级分配方案将水资源逐级分配到各用水户。

---

〔1〕 湖北省水利厅水文水资源处:《我省批复15条跨市(州)江河流域水量分配方案》，载湖北省水利厅官网2020年12月14日，http://slt.hubei.gov.cn/fbjd/dtyw/202012/t20201214_3082832.shtml。

〔2〕 文昌市政府办:《文昌市人民政府关于印发文昌市农业水权分配办法(试行)的通知》。

行政区域逐级分配水量,明晰了各行政区域的用水总量,致力于监控水资源使用状况,加强水资源管理,减少水资源浪费、用水秩序混乱以及地下水超采等水资源不良使用行为。具体表现在以下两个方面:第一,在明晰各区域用水总量的情况下,缓解区域之间的用水纠纷;第二,在行政区域范围内,分配各行业用水,有利于节约集约用水,提高水资源使用效率。正是以流域分配为基础,依靠行政区域内的逐级分配模式,才完成了水量在不同行业之间的分配。一定数量的水资源是水权的物理表现形式,水权是附着在一定的水资源量上的权利和义务关系。水权所代表的具体的权利义务关系是以一定数量的水资源为载体来呈现的。通过水量分配,完成流域初始水权的配置。

二、水量分配以水资源可利用总量或可分配水量为对象

我国《水法》第 44 条规定,全国的和跨省、自治区、直辖市的水中长期供求规划,由国务院水行政主管部门会同有关部门制订,经国务院发展计划主管部门审查批准后执行。水中长期供求规划应当依据水的供求现状、国民经济和社会发展规划、流域规划、区域规划,按照水资源供需协调、综合平衡、保护生态、厉行节约、合理开源的原则制订。《水法》第 45 条规定,调蓄径流和分配水量,应当依据流域规划和水中长期供求规划,以流域为单元制定水量分配方案。这表明水中长期规划是水量分配的前提和基础,流域是水量分配的单元。例如,2021 年年末,湖北省人民政府以鄂政发〔2021〕36 号文印发了《湖北省水安全保障"十四五"规划》。该规划是省"十四五"规划体系的重要组成部分,提出了"十四五"水安全保障工作的总体思路、规划目标、主要任务和保障措施,是全省水安全保障工作的重要依据。[1]

〔1〕 湖北省水利厅:《一图读懂〈湖北省水安全保障"十四五"规划〉》,湖北省水利厅官网 2022 年 2 月 24 日,http://slt.hubei.gov.cn/fbjd/zcwj/zcjd/202202/t20220222_4008984.shtml。

与湖北省相关的水量分配,包括流域内跨省的水量分配方案以及省内水量分配方案都应该遵循与中长期规划相关的指导思想、规划目标。按照这一路径,水量分配方案需要遵循水安全规划要求。

《水量分配暂行办法》第2条规定,水量分配是对水资源可利用总量或者可分配的水量向行政区域进行逐级分配,确定行政区域生活、生产可消耗的水量份额或者取用水水量份额。除了遵循水安全规划外,这一条款表明,水量分配既包括对水资源可利用总量的分配,还包括对可分配水量进行分配。水资源可利用总量是指在可预见的时期内,在统筹考虑生活、生产和生态环境用水的基础上,通过经济合理、技术可行的措施在当地水资源量中可被一次性利用的最大水量,包括地表水资源可利用总量和地下水资源可利用总量。我国通过扣损法这一计算方法确立水资源可利用总量,即以水资源总量为基础,扣除不可利用的水资源量,如河道内生态水量、汛期难以控制利用的水量等,最终得到的就是水资源可利用总量。

由于不同流域自然地理环境差异大,同一流域内存在复杂多样的地势气候区别,特别是对难以通过扣损法获得水资源可利用总量的地方,需要确立其他补充的水量分配基准。可分配水量作为另外一种分配对象,为各流域和不同区域因地制宜制订水量分配方案提供了指导。可分配水量作为分配对象主要存在以下几种情况。第一,水资源开发利用程度很高的区域。这些区域由于水资源利用程度已经很高,水资源十分短缺,如果以水资源可利用总量为基准进行分配,可能导致实际上缺乏一定量的水资源,如果依然进行分配,造成水资源分配量与实际使用量不符合的状态。第二,水流复杂,难以有效监控耗水总量的河网地区。在不能有效预测和监控水资源量的情况下,以水资源可利用总量为基准进行分配,不仅不利于水量份额的管理,同样存在偏离实际发展的可能。第三,水资源丰富的区域。

与前两种情况不同，在水资源丰富的区域，水资源可利用总量可能远远大于实际用水状况，此时如果以水资源可利用总量为基准进行分配，可能降低水资源利用效率，不能有效规制水资源浪费行为。根据《水量分配暂行办法》的规定，除了以上三种情形外，如果出现了其他不适合以水资源可利用总量为基准进行水量分配的流域和行政区域，同样可以以可分配的水量为分配对象，开展具体的水资源分配工作。

甘肃省武威市凉州区在制订2019年水资源使用权分配方案时，以武威市人民政府下发的《关于印发武威市2019年水资源配置及用水总量控制方案的通知》为指导，制订了该区2019年的水量分配计划。以全区可分配水量为基准，对生活用水、工业用水、生态用水、农业用水等进行了具体的分配。《凉州区2019年度水资源使用权配置方案》显示，2019年全区可分配水量为10.05亿立方米，其中，生活用水0.527亿立方米，占5.25%；工业用水1.536亿立方米，占15.28%；生态用水0.661亿立方米，占6.58%；农业用水7.325亿立方米，占72.89%。水资源总量中地表水占6.69亿立方米，地下水占3.36亿立方米。分配方案对水权管理方式、水权保障措施等也进行了概括式的规定。[1] 以凉州区的具体规划为指导，该区中坝镇人民政府制定了《中坝镇2019年度水资源使用权配置方案》，将2019年中坝镇可分配水量948.31万立方米（地下水）在生态和农业领域进行了分配，生态用水为55.86万立方米，农业用水为892.45万立方米。

从水资源可利用总量出发进行逐级分配是水量分配的主要方

---

〔1〕《凉州区人民政府办公室关于印发凉州区2019年度水资源使用权配置方案的通知》，载武威市凉州区政府信息公开网，http://www.gsliangzhou.gov.cn/xxgk/gkml/zfwj/zffw/lzbf/190252.htm。

面,只有在水资源可利用总量大于实际使用水资源或者远低于实际使用水资源或者难以有效计算水资源总量的状况下,才以实际的可分配水量作为分配对象。区分这两种情况,是结合不同流域和行政区域水资源的实际状况作出的可行性安排。特别是在水资源短缺现象日益加剧(参见第一章的相关介绍)、水资源所承载的价值多样化的态势下,以可分配水量作为具体的分配对象,为开展切实有效的水量分配工作预留了发挥空间。

三、水量分配遵循的基本原则

流域初始水权分配原则是在尊重流域水文地理环境实际情况的基础上,综合考虑流域经济整体发展、产业结构布局、生态环境保护、地区利益协调等因素,形成的关于水量在流域内各区域间合理配置的原则。流域内各区域的人口数量、产业结构、气候条件等因素虽然是一个动态的发展状况,但流域水资源保有情况和整体经济形态与发展趋势都具有一定的历史基础和相对稳定的预期。因此,流域初始水权分配,应该从流域水资源利用的现状出发。

《水量分配暂行办法》第 5 条规定:水量分配应当遵循公平和公正的原则,充分考虑流域与行政区域水资源条件、供用水历史和现状、未来发展的供水能力和用水需求、节水型社会建设的要求,妥善处理上下游、左右岸的用水关系,协调地表水与地下水、河道内与河道外用水,统筹安排生活、生产、生态与环境用水。从水资源的自然物理属性出发,水量分配既存在上下游之间的关系,也存在左右岸之间的关系,还存在河道内与河道外用水之间的关系。从水资源发挥作用的领域和行业来看,不仅需要保证生产生活用水,实现水资源的生存价值和经济价值,同时也需要满足生态和环境用水,发挥水资源的生态价值。通过水量分配协调好各种关系,就是协调不同的利益诉求,形成一种利益共享的局面。想要做好利益分配工作,协调多方主体之间不同的利益诉求,至少要保证公平公正。当水资源管理部门开展水量分配工作时,不同水权主体的公平公正感更强烈。因为水资源管理部门代表政府机构在行使权力时,水资源条件、用水历史、用水需求、用水目标和发展能力等复杂状况影响了水资源管理部门分配水量的具体工作。水资源环境越复杂、利益主体越多,水量分配就越容易引起关注。不同水权主体在比较中更容易产生相对不公正感。确立公平公正原则不仅有利于指导水量分配实践,而且有利于发挥水资源的多重价值。

虽然确立了水量分配需要遵循公平和公正这一基本原则,但由于水资源利益主体众多、水资源条件复杂,如何实现公平公正是水量分配中需要解决的核心问题。如果缺乏具体的操作路径,难以做到公平公正,不仅不能实现水资源合理有效分配的目标,甚至还可能引发水事纠纷和冲突。结合水资源分配实践和立法规划,为了实现水量分配的公平公正原则,需要践行以下分配机制。首先,科学论证水资源的基本状况。水量分配的前提是要确定可利用的水资源总量或者可分配的水量,这不仅是一个技术问题,即依靠水量检测工具预测来水情况,还需要综合考虑自然天气情况、地理环境等因素对水资源的具体影响,论证水资源的可利用总量,进行水资源预测。其次,通过民主协商的方式制订水量分配方案。水量分配涉及不同主体的用水权益问题。在水资源情况复杂、主体繁多且利益相互关联的情况下,要想实现公平公正,必须充分吸纳不同主体的意见和建议,通过民主协商的方式制订合理的水量分配方案。不同主体既包括具有水资源相关专业知识的专家群体,同时由于水量分配是一个逐级分配的过程,还需要听取不同流域和行政区域主管部门以及利益相关者的意见,通过充分对话和讨论,确立多方主体可接受的方案。最后,通过行政决策保障方案顺利实施。经过科学论证和民主协商充分讨论之后的水量分配方案，只有在顺利实施后才能实现水量分配的目标，减少水资源浪费，缓解水环境恶化、用水秩序混乱等乱象。此时，要加强行政决策的执行力，流域管理机构和各行政区域内的水资源行政主管部门应以可分配的水量为基准，开展逐级分配工作，发挥管理和监督职责，将最严格的水资源管理制度落到实处。

在水量分配的具体实践过程中，各流域机构和行政区域水资源行政主管部门应根据水资源环境、行业发展状况、产业结构等用水需求差异，从公平公正原则出发，有针对性地将这一原则具体化。南北水资源差异较大的区域，水量分配在生活用水、工业用水、生态用水、农业用水等方面的分配比例存在差异。公平公正原则在不同区域的实践样态和具体表现并不一致。

虽然《水量分配暂行办法》仅明确规定了公平和公正原则，但在初始水权分配实践中，除了以公平公正原则为指导外，考虑到水资源日益短缺的发展态势以及生态环境保护和绿色发展的诉求，结合《水污染防治法》《国务院关于实行最严格水资源管理制度的意见》等规定，水权分配中还应该坚持保护水环境和可持续发展利用原则。

我国的水环境状况不容乐观，水环境的保护要求减少水污染。区域经济在追求经济效率时，容易忽视对环境污染问题的治理。保护河湖水域岸线的生态功能，保护水生态生物多样性可持续发展要考虑水环境对经济总量的承载力。根据 2017 年修正的《水污染防治法》第 5 条、第 6 条的规定，确立河长制作为水污染防治的基本制度，同时实行水环境保护目标责任制和考核评价制度，严格责任主体和考核方式，切实推进水环境治理工作。水量分配要综合考虑水环境治理的具体举措，通过水环境治理实现生态环境保护和水资源可持续利用。可持续发展是指水权初始分配中，应该以流域经济的长远发展为考量，结合不同行政区域工业、农业、生态环境用水等未来发展用水需求和重大发展战略用水需求，合理分配水资源，并预留一定的水量份额，为未来发展提供水资源利用空间。水资源具有流动性、跨区域性和不确定性等自然属性，上下游之间、左右岸之间、河道内外之间的用水关系复杂，用水条件差异甚大，用水需求不一，水量分配中要充分考量不同来水条件进行合理规划，保证河道内基本用水量，加强南水北调工程重要水域的保护，严禁上游对水资源的过度使用和破坏。应打破水利工程建设的部门利益和地区利益，水利工程项目的使用要协调上下游、水库群之间的关系，发挥整体综合效益。[1] 同时，在综合行业定额的基础上，水量分配要统筹安排生活、生产、生态与环境用水，形成生活用水、生产用水、生态用水协调发展态势。

保护水环境和可持续发展原则主要立足于水资源未来需求和生态环境保护需求，主张在保持生态系统平衡发展的同时，合理分配水资源，缓解水资源过度开发与利用带来的环境副作用和水资源污染问题。保护水环境和可持续发展原则是在寻求解决经济发展与环境保护之间的矛盾时提出来的。流域初始水权分配强调保护水环境和可持续发展原则，就是要通过实现水资源在各行各业可持续供应满足经济社会可持续发展的要求，也为生态环境保护提供足够的水资源，通过鼓励节水行为、调整排污标准、提高湿地保护率和森林覆盖率等举措，实现经济社会和水资源的可持续发展。

美国、澳大利亚流域水权配置的发展过程中，即使有市场因素的介入，强调水资源的利用效率，但随着生态环境保护问题日益重要，

---

〔1〕 根据2015年中国民主促进会中央委员会的两会提案《实施长江流域水资源统一调度管理》的分析，由于缺乏统筹规划，长江上游地区，随着水利水电工程的陆续建成，各工程多以实现发电效益最大化为目标，导致蓄泄矛盾日益尖锐；中游地区出现了两湖水系水文情势变化，遭遇前所未有的生态危机。

水权配置的可持续发展要求也日益突出。在市场和行政管理相结合的背景下，这些国家和地区的水权配置，同样呈现了公平公正原则，坚持保护水环境和可持续利用水资源。我国流域初始水权配置，应该以公平公正原则为首要原则，在充分尊重流域和各行政区域现状的基础上，兼顾各方利益分配水权。水权分配中涉及多方利益相关者，水权分配的权衡也是协调不同利益相关者权益的过程。

四、流域初始水权分配的利益相关者分析

初始水权分配中的利益相关者是指在初始水权分配过程中，水资源使用权益可能受到影响的个人或者组织。具体而言，流域初始水权分配中的利益相关者包括地方政府、工业用水主体、农业用水主体、生活用水和生态环境用水主体等。由于利益不同和立场差异，流域初始水权分配中的不同利益相关者之间存在利益冲突。不同利益相关者由于利益诉求不同，产生了不同的行动策略和行为逻辑。要兼顾各方利益，合理分配水资源，就需要理解利益相关者的决策和行为，分析可能存在的冲突，寻求利益平衡。

流域初始水权分配中，省、自治区、直辖市或者地级市行政区域层层向下进行水量分配工作。水量分配的具体方案由流域管理机构与省、自治区、直辖市人民政府商议制订；省、自治区、直辖市以下其他跨行政区域的水量分配方案由共同的上一级人民政府水行政主管部门与有关地方人民政府协商后制订。流域初始水权分配中，流域管理机构和各省市地方人民政府主要从地方经济发展规划、水环境承载能力、产业结构布局、水资源保护等方面综合考量、逐级逐层分配水量。《太湖流域水量分配方案》要求，江苏、浙江、上海和安徽四省（直辖市）的人民政府实行水资源管理行政首长负责制，严格用水总量控制、全面推进节水型社会建设、优化产业布局，满足居民生活用水、兼顾生产生态用水以及航运需要，加强水资源调度和管理、提

高水资源管理能力。该方案表明,在流域初始水权分配过程中,地方政府不仅需要承担地方经济发展的任务,还需要严格执行节水举措、保障生活生产和生态用水;既需要落实中央关于水资源治理的基本政策,完成中央和上级交代的政治任务和行政考核要求,也要结合本地经济地理水文条件在行政区域范围内协调好各方利益。

在制造、加工、冷却、洗涤等生产过程中,工厂或者企业主需要使用大量的水资源。工业用水不仅会消耗大量水资源,还会带来工业水污染问题。一旦工业用水主体的生产项目不符合产业政策和水环境综合治理的要求,地方政府和水资源行政主管部门则会依法关闭该生产项目。对某个企业或者工厂而言,生产项目被关停意味着企业面临破产风险。在环保政策执行越来越严格的情况下,地方政府不再只注重工业产值和经济效益,同样开始排查"散乱污"企业。从源头上控制,就要求在水权初始分配阶段,控制污染排放物总量,加快工业水污染防治工作。《太湖流域水量分配方案》明确提出"全面推行重点污染物排放总量控制,加快流域工业水污染防治,依法关闭不符合国家产业政策和水环境综合治理要求的生产项目"。因加工性质的要求,工业设施在运行过程中,不仅需要使用一定量的水资源,而且难以避免产生大量的工业污染水。这些工业污染水一旦被随意排放后,将污染水体,破坏水质。为了减少工业水资源污染的不良后果,工业用水主体需要增加成本购买环保设备、环保耗材,降低工业污水的排放。

水利部发布的《2019 年中国水资源公报》显示,2019 年,全国水资源总量为 29041.0 亿立方米,全国用水总量和供水总量均为 6021.2 亿立方米。在 2019 年全国用水总量比 2018 年略有增加的情况下,农业用水减少了 10.9 亿立方米,农业用水量为 3682.3 亿立方米,占总水用量的 61.2%。作为传统农业大国,农业用水主体一直是用水大户。农作物的产出既与自然天气有关，也直接与水资源是否充足供应相关。干旱天气会降低大多数农作物的产量，甚至造成绝收的严重危害。农业用水主体不仅要求有充足的灌溉水资源，他们还对水资源供应的具体时间有要求，这也与农作物的生长周期相关。例如，在夏季日照较长，农作物受到高温照射严重缺水的情况下，需要供应充足的水资源。干旱将影响农作物的正常生长和收成。夏季水资源供应短缺，会带来夏旱的灾难。6 月上旬到 7 月上旬，如果缺乏足够的雨水，则需要依靠组织和合作的力量解决农业灌溉用水问题。

2019 年全国用水总量中，生活用水为 871.7 亿立方米，占用水总量的 14.5%；人工生态环境补水为 249.6 亿立方米，占用水总量的 4.1%。与 2018 年相比，生活用水和人工生态环境补水分别增加了 11.9 亿立方米和 48.8 亿立方米。城乡民众的生活用水需求排在水资源供应的首位，只有在满足生活用水基本需求的前提下，才进一步分配农业用水、工业用水的水量。2021 年春节期间，水利部安排部署城乡供水保障工作时，明确提出"优先保障城乡群众生活用水""严格控制工业生产和农业灌溉用水量，适时暂停高耗水行业用水，生活用水要优先于水力发电用水，留足城乡群众生活用水"[1]。无论是春节期间还是普通日子，满足生活用水主体的基本要求就是满足个体生存的基本要求。就城乡生活用水主体而言，不仅要求有满足基本生活用水的水资源量，还要求洁净的水资源。人工生态环境补水的主体包括居住在中国境内的所有居民，他们都是生态环境的受益者，也是生态环境的"破坏者"。随着绿色发展理念的逐步推广，结合第一章的内容，可以发现水资源的生态价值日益突出，生态环境用水

---

〔1〕《全力保障春节期间群众生活用水安全，留足城乡群众生活用水》，载水利部网，http://www.mwr.gov.cn/xw/mtzs/qtmt/202102/t20210205_1498040.html。

的需求也在逐步增加。

流域初始水权中的利益相关者有各自不同的利益诉求,不同的利益诉求之间既相互冲突也有重叠。地方政府全面负责所辖行政区域的经济社会工作,既需要通过工农业产值提升经济效益,也需要秉持绿色发展理念,维护生态环境,而满足城乡居民的生活用水诉求更是首要工作。工业用水主体虽然追求水资源的经济效益,但同样其也是生活用水主体,希望获得洁净的水资源。农业用水主体对水资源供应的时间段和水资源量有要求,同样其也是生活用水主体,也生活在整个生态环境之中。由于不同用水主体之间存在错综复杂的关系,仅仅从某一个用水利益相关者的角度出发,并不能协调好各方利益。在这个意义上,如果仅仅依靠市场,可能导致市场上的弱势群体处于“被剥削”地位。流域初始水权分配作为水资源的初次分配模式,需要兼顾各方利益。

第二节 先占优先权的历史发展

区别于中国水权配置制度,美国东西各州采用不同的水权制度。传统的沿岸权制度在水资源丰富的美国东部各州适用,而美国西部由于天气干旱,水资源稀缺,逐步形成了先占优先权制度。水资源供应压力更大的美国西部地区的先占优先权制度的发展更能回应水资源稀缺态势下,水权制度如何解决水资源危机的现实困境问题。接下来两节的内容,主要通过阐释美国先占优先权制度理解美国水权分配问题。

先占优先权制度(prior appropriation)是主要适用在美国西部缺水区域的一种水资源使用权制度。先占优先权可以简洁表述为“时间优先,权利优先”(prior in time, prior in right),这也被认为是美国西部水法的核心内涵。[1] 州水资源行政部门通过授予先占人“先占优先许可证”,授予先占人优先使用水资源的权利。“时间在前”是指先占权人最初使用水资源的具体日期在前。当主张水资源使用权的主体之间发生水资源使用纠纷时,州水资源行政主管部门通过比较优先使用的时间顺序确立合法的水资源使用权人。最初使用时间在前的,享有水资源优先使用权。“权利优先”,则是确定了最初使用时间后,赋予最初使用权人使用水资源的合法权利。此时,先占权人的使用行为必须是一种“有益利用”(beneficial use)。既然是为了协调水资源稀缺时的水资源使用纠纷,那么即使赋予了先占权人优先使用的权利,也同样有必要限制权利人滥用权利的用水行为,至少要从理论层面确立“有益利用”原则。

该制度可以追溯至加利福尼亚州和科罗拉多州早期的采矿行为以及科罗拉多州早期的定居灌溉行为。最初先占优先权制度主要是通过采矿和灌溉的时间来确立最初的使用时间,这与西部各州确立该制度的历史有关。通过简单的司法强制执行方式,在采矿、灌溉和放牧三个不同领域之间划分水资源使用权,将公共领域的水资源转变成为具有排他性的使用权,同时通过有益利用原则实现最低限度的共享。[2] 虽然这是先占优先权在美国发展的最初历史,但该制度可以溯源到古罗马法时代。古罗马法是先占优先权制度产生的源头,这一制度实践的历史基础和制度后果,也影响了美国先占优先权制度的具体发展过程和前景,因此有必要在历史发展部分,阐释其古罗马法的历史基础。

---

〔1〕 See A. Dan Tarlock, *Prior Appropriation: Rule, Principle, or Rhetoric*, North Dakota Law Review, Vol. 76, p. 881 (2000).

〔2〕 See A. Dan Tarlock, *The future of Prior Appropriation in the New West*, Natural Resources Journal, Vol. 41, p. 770 (2001).

一、作为源头的古罗马法先占制度

古罗马法认为"先占是自然法方式的典型代表"[1]。先占制度为存在于自然界的无主物确立了所有权人。民法上将先占解释为一种原始取得方式，是权利人以为自己取得所有权的意思占有无主物的单方事实行为。[2] 作为一种确立私人所有权的制度，先占制度适用的客体是无主物。既然是无主物，就不存在既有的主人或者权利人，此时通过先占确立权利人就不会对任何其他人造成伤害，还能充分发挥无主财产的价值，客观上刺激行为人挖掘开发财产的积极性。"先占"是蓄意占有在当时无主的财产，目的在于取得财产作为己有。[3] 通过一项"占有"行为，确立了使用某一客体的原始权利，这成为私人财产权制度的源头，每个人都可经由类似的行为获得私人占有物。[4]

对无主物实施物理性的先占行为是一种宣告所有权的行为，但是否非无主物被排除在先占之外呢？根据古罗马法的记载，先占制度除了适用于野生动物及其他无主物外（如无人开发的海岛），敌人的物品也同样适用。敌人的物品，表明该物品的所有权属于敌人，并不是真正意义上的无主物，是典型的有主物。敌人的物品适用先占制度，表明先占制度所指代的无主物，还包括拟制的无主状态。敌对行动的开始表明社会恢复到了一种自然状态，在这种人为的自然状态中，就两个交战国而论，私有财产制度处于停滞状态。因此，敌人

---

〔1〕［意］彼德罗·彭梵得：《罗马法教科书》，黄风译，中国政法大学出版社 1992 年版，第 199 页。

〔2〕史尚宽：《物权法论》，中国政法大学出版社 2000 年版，第 123 页。

〔3〕［英］梅因：《古代法》，沈景一译，商务印书馆 1959 年版，第 139 页。

〔4〕［澳］斯蒂芬·巴克勒：《自然法与财产权理论：从格劳秀斯到休谟》，周清林译，法律出版社 2014 年版，第 12 页。

的各种财产就交战的对方而论是无主物。[1] 自然法学者在阐释先占制度时,并未强调先占的客体是否属于无主物,而是表明先占制度的出现,在某种程度上宣告了原始部落共有状态的解体。此时,被宣告为私人所有的物品,并不是无主物,而是属于原始部落集体共同所有的财产。在自然法对私有财产起源的正当性的论证中,先占是被作为前私有社会向私有制社会移交支配权的默示商谈机制对待的。[2]

作为默示商谈机制的后果,先占制度要获得正当性,必须满足一个条件,即先占人在行使权利时,应该为后人保留足够多和同样好的机会。当然,如果资源丰富,能够按需分配,就不存在留给其他人机会的问题,因为其他人同样可以根据需要获得想要的物品。先占权人需要给其他人足够的机会,主要是针对有限资源而言。此时,主体之间就资源的利用权限存在竞争关系。在不可能协商确定的情况下,赋予先占人相应的权利,同时为了物尽其用,提高资源的利用效率,要求先占人合理利用,为其他人保留相应的机会。

先占被界定为“系狩猎游牧社会取得所有权的主要手段,但在现代社会已丧失重要性”[3]。先占制度虽然丧失了重要性,并被认为具有正当性缺陷,这种缺陷体现在先占取得人与其他人之间的公平分配机会缺乏规制效力。[4] 近现代各国在继受古罗马法的过程中,物权领域吸收了先占制度,同时结合历史发展实践,将先占制度的客体限制在无主物。德国《民法典》第958条规定:“(1)自主占有无主动产的人取得此物的所有权。(2)先占为法律禁止或因实施占有而

〔1〕［英］梅因:《古代法》,沈景一译,商务印书馆1959年版,第140页。
〔2〕张力:《先占取得的正当性缺陷及其法律规制》,载《中外法学》2018年第4期。
〔3〕王泽鉴:《民法物权》(第1册),中国政法大学出版社2001年版,第278页。
〔4〕张力:《先占取得的正当性缺陷及其法律规制》,载《中外法学》2018年第4期。

损害他人的先占权者，不取得所有权。”这一条文确立了对于无主动产的先占自由主义原则（德国规定无主不动产属于国家所有，采取的是国家先占主义）。瑞士《民法典》规定了无论动产还是不动产，个人均可依先占取得所有权。[1] 即使在有些国家的正式法典中，先占优先权制度没有获得规范性表达，但各国在财产分配的制度安排中也不同程度地适用了该制度。这表明先占制度具有相应的价值和制度意义。从其产生过程及发展实践来看，先占制度具有以下制度功能。

第一，通过承认私有制，促进了人类社会的历史转型。先占制度赋予先占权人对资源的排他性权利，解释了所有权的来源，确立了私有财产起源的一种理论假设。先占制度打破了原始社会资源共有的状态，成为原始社会解体的制度渊源之一。从此以后，原始社会开始向私有制社会转型。虽然先占获得了合法性，但先占制度是否能赋予私有财产起源的正当性却依然存在争论。马克思认为：“私有财产的真正基础，即占有是一个事实，是不可解释的事实，而不是权利。只是由于社会赋予实际占有以法律的规定，实际占有才具有合法占有的性质，才具有私有财产的性质。”[2] 这一争论和对先占的反思，并不能改变其具有的制度意义。

第二，通过确认所有权，稳定社会关系。通过承认先占合法性，赋予先占权人优先于他人的对财产的支配权；同时，作为一种财产初始分配的方式，先占制度的正当性约束兼顾了其他人的利益，有利于稳定社会关系。“先占取得制度之功能即在于稳定现实之占有关系，从而双向稳定占有人对占有物之有效支配关系以及占有人与其他任何人之间之权利归属及权利流转关系，有效实现占有物之交易价值

〔1〕 参见《瑞士民法典》第718～719条以及第658条。
〔2〕 《马克思恩格斯全集》（第1卷），人民出版社1956年版，第382页。

与使用价值。"[1]一方面,先占制度不仅确立了先占人与占有物之间的有效支配关系,同时这种支配关系还具有排他性,客观上建构了先占人和其他任何人之间的法律关系。另一方面,先占制度要求,先占人对占有物的支配应"对他人无害"。"对他人无害"表达的是先占人对占有物的支配不得影响其他人对其他资源的占有和使用,这也构成了先占制度具有正当性的前提条件。

第三,鼓励开发新资源,促进商品社会发展。先占制度通过确立私有产权,保护先占人对资源的有效利用。当需要通过某一制度确定资源的归属时,表明这一资源具有稀缺性,在不同行为人之间造成了某种竞争关系。确认稀缺资源的归属权,在稳定社会关系、维持社会秩序的同时,还能保障先占人对资源的利用和开发,从而物尽其用。这一举措不仅能实现资源的价值,满足先占人对利益和资源价值的追求,也能增加社会财富,促进商品社会发展。这一过程客观上鼓励其他行为人积极探索开发自然,有效利用资源,促进经济社会可持续发展。

二、先占优先权制度的美国起源

1848 年 1 月 24 日,来自新泽西州的木匠詹姆斯·威尔逊·马歇尔(James Wilson Marshall)为约翰·萨特(John Sutter)[2][萨特是德国出生的瑞士公民,是新瑞士(Nueva Helvetia)殖民地的创始人]建造水力磨坊时,在靠近加利福尼亚州的内华达山脉(Nevada Mountains)附近发现了金子。这一消息慢慢在当地传播,并进一步在北美各地扩散。1849 年,消息传开后,大约有 30 万人从美国各州

---

〔1〕 刘云生:《民法典设立先占取得制度之必要性与可能性透视》,载《河北法学》2005 年第 3 期。

〔2〕 此时有数百名美洲原住民为萨特工作。马歇尔发现金矿后几天,瓜达卢佩 - 伊达尔戈条约(Guadalupe Hidalgo)结束了美墨战争,加利福尼亚州被交给美国。

和世界各地（包括拉丁美洲、欧洲、澳洲和亚洲的数万人）来到加利福尼亚州开始淘金，形成了加利福尼亚淘金潮。美国西部淘金潮从加利福尼亚州开始，延续到科罗拉多州、内华达州、俄勒冈州、蒙大拿州等地区，从 1848 年持续到 1865 年。

加利福尼亚州淘金热在许多方面对加利福尼亚州产生了有利影响，但对加利福尼亚州的环境造成较大的破坏。水力开采，挖掘金矿，不仅会消耗大量水资源，也容易堵塞河床和湖泊，直接影响农业灌溉。通过建造水坝，改变水流方向，为矿井供水，则进一步对环境造成毁灭性破坏。采矿业和农业灌溉之间的矛盾日益突出。1884 年的《索耶决定》（Sawyer Decision），通过立法禁止水力采矿业的发展，暂时缓解了这一冲突。

淘金热与加利福尼亚州水法的起源密切相关，淘金热直接形塑了加利福尼亚州水法中关于水权的基本规定。[1] 加利福尼亚州关于水资源利用和管理的经验，反过来又影响了美国西部水法的发展。随着淘金人员的增加，需要从远离水源的地方获取水源，水资源的价值不断提高，同时交易成本也在上升。因为水资源使用发生的纠纷越来越多，比如上下游之间因为水质水量产生的纠纷，水权的复杂性越来越高。用什么样的规则解决水资源使用纠纷成为急需解决的问题。

加利福尼亚州淘金热之前，包括加利福尼亚州在内的美国西部地区，并不存在用水纠纷。虽然水资源相对短缺，但人口稀少，发展缓慢的状态不足以引发水资源纷争。淘金热期间，因为短期内水资源的大量消耗和负外部性问题，导致纠纷猛增。此时，沿岸权制度对于美国而言，也是新鲜事物。1820 年，肯特法官和约瑟夫法官将沿岸

---

〔1〕 See Mark Kanazawa, *Golden Rules: The Origins of California Water Law in the Gold Rush*, University of Chicago Press, 2015, p. xv – xvi.

权制度引入美国法律中,但并未在司法实践中援引。直到 1849 年后,英国法官确认了沿岸权制度后,美国东部各州才开始逐步在司法中确立其法律地位。

根据沿岸权制度,在不损害下游人利用水资源的情况下,沿岸土地所有人可以根据需要合理用水。在自然降雨充足的情况下,沿岸权人使用水资源的状况并不会影响其他人的使用。充足的降雨可以解决水资源不足的压力。与东部各州水资源较为丰富的状况不同,加利福尼亚州即使在最潮湿的年份,自然降雨也不足以支撑开矿的基本用水需求。此时,沿岸权制度不仅不能解决加利福尼亚州的水资源使用纠纷,还会损害采矿业的发展和农业的发展。正因如此,需要寻求其他的解决办法促进非沿岸土地的开发利用,这个过程中矿主发挥了重要作用。

美国西部的水文条件多样且复杂,从非常潮湿的广袤的西北太平洋地区到干旱的西南地区,潮湿和干旱同时存在。与美国东部地区相比,西部地区整体上更加干旱,地表水的来源比较分散。冬季降雪和春季径流是西部水资源的主要来源,西部水资源主要靠自然降雪和降雨。每年气候不一样、季节不一样,水流量就不一样,需要依靠人工蓄水,保证稳定的水量。另外,西部巨大的物理屏障提高了获取水资源的难度,比如科罗拉多的峡谷和山脉对有效使用水资源形成了障碍。美国西部的水文、气象和地理条件以及土地所有权和管理方式都与美国东部截然不同,需要一个不一样的水权使用规则。

加利福尼亚州通过解决矿主之间的纠纷,以司法判决的方式,首次在美国西部确立了先占优先权。矿主欧文(Matthew Irwin)和菲利普斯(Robert Phillips)之间因采矿用水发生纠纷。当年欧文在穷人溪的南部(the south fork of Poor Man's Creek)建立了一个采矿点,并且使用该溪流的水源。1852 年,菲利普斯也来到附近挖掘金矿。很快菲利普斯发现他需要更多的水资源才能正常开采，但是欧文已经事实上取得了对该溪流的使用权。两人之间的纠纷一直上诉到加利福尼亚州最高法院。法官们非常清楚加利福尼亚州淘金热和水资源对于当时的加利福尼亚州经济社会发展和城市扩张的重要性。后期的研究显示淘金热对水资源和环境造成了破坏，但也正是通过淘金热，才使加利福尼亚州的人口短时间内迅猛增加，四年内加利福尼亚州人口从 1.5 万人增加到了 20 万人。城市扩张、人口增加的同时，当地经济也在迅速发展，也给包括旧金山在内的其他城市带来了活力。采矿技术需要大量的水资源，采矿、经济和社会发展都与水资源密切相关。[1]

1855 年，加利福尼亚州最高法院充分考虑了当时加利福尼亚州的政治和社会状况，对欧文诉菲利普斯案（Irwin v. Phillips）作出判决，确认了欧文对溪流水资源的优先使用权。加利福尼亚州领土的大部分都是由矿产土地组成，并且土地几乎全部都是公共财产（the property of the public）。政府并未对土地如何使用作出具体的规定，而是默许民众对矿产地区的土地实施自由和不受限制的占有（free and unrestrained occupation of the mineral region）。从这一实际情况出发，法院认为最重要的是保护矿主的权利，包括通过先占原则从自然河床获得水资源的权利，以及依靠大量人工将水资源运送到远离群山和沟壑的地方，从而为挖掘金矿提供必要的水资源的权利。概言之，根据加利福尼亚州的政策，在赋予矿主可以开矿的工作权利的同时，也应该赋予他们从自然河床获得水资源的权利。这两项权利处于平等的地位。当权利之间发生冲突时，应该通过优先权的事实

[1] See Charles Wilkinson, *Introduction to the Culture of Water Symposium*, Wyoming Law Review, Vol. 6, p. 288 (2006).

(the fact of priority)来确定应该保护哪一种权利。[1] 加利福尼亚州最高法院作出这一判决是对当时在矿主之间流行的既有原则的确认。淘金过程中,矿主们形成了“时间优先,权利优先”的水资源使用规则。加利福尼亚州最高法院充分尊重了当时的社会状况,将法律与社会的实际需要紧密联系在一起,作出了有利于原告的判决。先占优先权的确立,有利于保障早期开拓者的财产和利益,得到了社会的认可和支持。随后,西部其他各州也像加利福尼亚州一样,将这一原则运用到农业和矿业领域。

1882 年,科罗拉多州最高法院在科芬诉左手沟有限公司案(Coffin v. Left Hand Ditch Co.)的判决中,首次确认了先占优先权原则在该州的效力。原告在其享有产权的土地旁修建了水坝和沟渠系统,被告拥有原告大坝下游一条小溪旁的土地产权,并使用了该溪流。1879 年,水量减少导致原告的正常用水无法得到满足。在大坝拆除后,被告的用水行为严重影响了原告的使用。原告提起诉讼,要求被告赔偿因侵权造成的损失,并且请求法院颁发禁止令(injunction)防止再次发生侵权行为。初审法院支持了原告的请求。被告不服,提出上诉,科罗拉多州最高法院作出了终审判决。

科罗拉多州最高法院在判决中指出,在气候如此干燥的情况下,缺乏降水滋润的土地既贫瘠也没有生产力。此时,农业的人工灌溉必不可少。水资源对土壤有重要影响,提高了其独特的使用价值。因此,州政府一直鼓励水资源的有效利用和分配,鼓励和支持对土地以及与土地相关的所有投资,包括修建房屋、垦殖和施肥等。想要提高土地的利用效力,必须保证水资源的有效供应。一旦否认了先占优先权,则所有付出的财产的价值就会被摧毁。针对上诉方(被告)

---

[1] See Irwin v. Phillips, 5 Cal. 140(1855).

在辩论中提出的科罗拉多州应该继续使用沿岸权原则支持上诉人(被告)请求的抗辩,法院认为赋予河岸所有者在其土地上使用水资源的权利并不适用于科罗拉多州。沿岸权产生的地方与科罗拉多州情况差异甚大,不一样的水文地理自然条件,要求另外一种不一样的水权规则。最终法院裁决,在没有相反的明文规定的情况下,从自然溪流中首次取得水资源的有益使用的权利具有优先权,应该受到保护。[1]

这两个案例的判决分别在加利福尼亚州和科罗拉多州确立了先占优先权制度,奠定了美国西部有别于东部的水权使用规则。美国西部之所以不能沿用当时盛行于美国东部其他地方的水权规则,主要原因是水文环境的差异导致保有水资源和使用水资源存在巨大的不同。在美国西部,水资源使用权人为了获得充足的水资源,不仅需要提前进行投资,比如修筑水坝、建筑房屋等,还需要增加人工投入的成本。如果否认了先占人的用水权利,则同样否定了先占人前期的投入和开垦土地付出的成本。一旦发生这样的结果,美国鼓励民众开拓西部的计划就难以实现。无论是寻求淘金的矿主还是致力于农业生产和开发的农场主,都不会加入西部大开发的队伍。正如法院所强调的,此时的用水规则与经济、社会发展具有直接相关性。法院需要通过保护先占人的权利,鼓励大家积极开拓西部广袤的市场,推动美国西部经济的发展。

三、先占优先权的制度变迁

19 世纪末,先占优先权制度在美国西部已经根深蒂固。随着司法实践和行政权力的介入,先占优先权制度发展成为一种行政分配制度。政府在分配水资源使用权时,不再仅仅是基于权利人使用的

---

〔1〕 See Coffin v. Left Hand Ditch Co. ,6 Colo. 443(1882).

时间和意愿决定水权的配置。[1] 到了20世纪末期,该制度发展为一个成熟的混合行政财产制度。[2] 先占优先权制度从一项简单的司法规则发展到法定行政许可分配制度的过程,也是美国西部各州从采矿业、畜牧业和旱作农业向日益扩大的灌溉社会过渡的历史。截至1940年,有91637家灌溉企业,在先占优先权制度的保护下,通过从溪流引水进行有益利用,灌溉了美国西部两千万英亩以上的土地。[3] 大量修建的水坝不仅可以存储水资源,降低西部各州受干旱和半干旱的不利影响,还具有水力发电等多种功能。简言之,19世纪中后期到20世纪初期,先占优先权制度经历了蓬勃的发展时期。

先占优先权在美国西部的蓬勃发展,得益于该制度产生初期所蕴含的与西部地区经济发展相契合的制度功能。西部各州通过确立先占优先权制度,将溪流分别在采矿、放牧和灌溉领域进行分配。公共资源私人化这一方式强调对水资源的有益使用,并保证最低限度的共享规则。首先,该制度有利于保护水资源投资人的利益,从而可以鼓励其他投资者采取开发和利用水资源的行为。由于西部地区的水资源有限,且受到自然环境的阻隔,远离水源地的开发和利用项目一直受到限制。先占优先权认可前期投资人的成本投入,通过确认优先使用顺序,保障投资人的利益。其次,先占优先权制度具有一定的灵活性,可以根据经济社会发展的变化进行一定程度的调整。先占权人通过向州水资源主管部门提出申请,可以根据需要改变水资源的实际用途。既然水资源的用途可以根据实际需要作出改变,那

---

〔1〕 See Moses Lasky, *From Prior Appropriation to Economic Distribution of Water by The State – Via Irrigation Administration*, Rocky Mountain Law Review, Vol. 1, p. 269 –270(1929).

〔2〕 See A. Dan Tarlock, *The Future of Prior Appropriation in the New West*, Natural Resources Journal, Vol. 41, p. 771(Fall, 2001).

〔3〕 See Census of Irrigation – United States Summary ,Table 5 and Table 6.

么从农业用途转变到商业用途或者转变到工业用途就是合法的，方便了水权交易行为的发生。最后，先占优先权在保护先占人的水资源使用权的同时，也保护了第三人的利益。先占优先权强调权利人对水资源的有益使用。即先占权人使用水资源的行为必须符合有益使用的界定，否则也会被认为是违法使用行为。虽然有益使用的界定比较复杂（本章接下来会专门讨论），各州对有益使用的内涵有不一样的表达，但一般意义上的有益使用都至少包含真实、合理、节约的用水行为。

随着客观环境的变化，一个制度的发展因素也可能导致这一制度的没落。先占优先权制度的发展经历了这样一个过程。垦殖时代（Reclamation Era，1890～1970 年），联邦政府鼓励出售公共土地获得收入，预留专门的垦殖基金（reclamation fund），用于兴建灌溉工程，开发利用水资源。联邦政府的最初目标是鼓励西部家庭农场的发展，最终演变为一项支持灌溉农业发展的国家级项目。在垦殖政策的支持下，西部各州建筑了大量的蓄水大坝。蓄水大坝不仅改变了水资源的自然流向，同时也影响了水权的分配规则。先占优先权产生是针对自然水流的直接分配，大量的大坝建成之后，自然水流转变为存储水流。此时，最核心的目标是获得用水的权利，是否有益使用根本难以控制。先占优先权日益成为一个影子原则（a shadow doctrine）。联邦政府成为科罗拉多、密西西比和哥伦比亚等大河流域的水资源支配者；而联邦和州之间的合约确定了水量分配的真正规则，先占优先权人发现他们的水权难以获得有效保障。[1]

与此同时，美国西部的发展也逐步完成了从原始的地方经济到以城市发展为主的全球经济的转变。美国西部的发展表现出了明显

〔1〕 See A. Dan Tarlock, *The Future of Prior Appropriation in the New West*, Natural Resources Journal, Vol. 41, p. 769 (Fall 2001).

的新旧差异，两者在经济社会形态上都截然不同。新旧西部之间的差异，要求有别于美国西部前期的水资源使用规则，先占优先权受到越来越多的挑战。“旧西部”依靠原始的商品生产，以采矿、畜牧和灌溉农业为主，人口稀少；“新西部”不再以灌溉农业为主，其他经济形态比如工业、商业、娱乐业得到了长足发展，人口聚集，城市化大幅提高。[1] 此时，主要服务于灌溉农业的先占优先权并不能适应经济发展对于水资源的多重诉求，先占优先权受到越来越多的挑战。

与此伴随而生的是风起云涌的环境保护运动。大坝建设和改变自然河道的做法，不断受到环保支持者的反对和指责。先占优先权发展中的重要一环——大坝建设成为争议的焦点。如果说 19 世纪初期，美国西部的经济社会发展，要求水资源脱离水源地，支持采矿业、畜牧业和灌溉农业的发展，那么到了 20 世纪末期，西部地区经济社会发展则要求水资源“留在原地”（leaving water in place）。美国西部的水资源政策显示，恢复水生态系统是未来的主要挑战。想要恢复水生态系统，就需要制止水资源的改道行为，保持水资源的自然生态系统。经济社会的多元发展，不支持通过修筑大坝、建设水库等行为改变水资源的自然流向，这就直接导致先占优先权缺失了进一步发展的外部客观条件。

概言之，虽然目前西部各州在法律形式上保留了先占优先权，但是在司法实践中，出现了理论与现实之间的割裂。作为一种纠纷解决方式，先占优先权在西部各州并没有被严格遵守，使其形式意义大于实质意义。

---

〔1〕 See A. Dan Tarlock, *The Future of Prior Appropriation in the New West*, Natural Resources Journal, Vol. 41, p. 772 – 774 (Fall 2001).

第三节　先占优先权的内涵和构成要素

一、先占优先权的内涵

古罗马法意义上的先占制度通过鼓励个体对财产的开发行为和对财产权的保护，促进了商品经济的发展，形成了原初意义上的“先占先得”理念，并被后世的民事法律所吸收，形成了所有权意义上的先占制度。美国西部虽然也援引了“先占先得”理念，但是并不是从所有权意义上进行的援引，而是从水资源使用权的角度进行了发展。美国西部水法的发展显示，先占优先权制度包括以下三个基本内涵：水权与地权无关；使用时间在前则权利在前（first in time, first in right）；不使用则丧失权利（use it or lose it）。

1. 先占优先权中水资源的使用与地权占有状况无关。盛行于美国东部的沿岸权制度与土地制度的状态有关，赋予土地所有权人使用水资源的法律资格。此时，是否能获得水资源使用权，与水资源流经的土地所有权状态相关，不享有土地财产权的主体不能享有水资源使用权。先占优先权中水资源使用权人的确立与土地的占有状况没有关系，沿岸土地所有权并不是赋予水资源使用权的必要条件。美国西部的自然地理环境表明，一旦将水资源的使用权利与土地的占有状况联系在一起，不仅可能造成水资源使用的垄断状况，而且会限制土地开发和经济发展的前景。由此，西部各州通过司法实践和行政干预确立了先占优先权制度，获得水资源的权利与土地占有状况无关，而与是否优先使用水资源有关。

既然使用水资源的权利与土地占有状况无关，那么水资源的使用与用水地点也就没有任何关系，这一点也与沿岸权制度区别开来。沿岸权制度将水资源的使用限制在一定的范围之内，对用水地点进行了限制。先占优先权制度既然是脱离了土地占有状况的水资源使用体系,则是否在某一土地附近或者某一片区进行水资源利用就不构成使用的条件之一。当然,由于自然地理环境的原因,用水人会尽量选择相对较近的水源地,通过修建水渠将水资源向非河岸地区转移。客观上形成了对最近水源地进行有益使用的状况,虽然水源地并不构成使用的条件。

2. 先占优先权的核心内涵是"时间优先,权利优先"的水资源使用规则。"时间优先、权利优先"是指通过"回溯"的方法,确认谁首先占有了水资源,来确立受法律保护的水权人。在水资源并不充分的情况下,先占优先权制度保护先占权人的水资源使用权。由于美国西部水源地一般都远离需要开发的矿产、畜牧业或者是农业,水资源基础设施的建设是使用水资源的第一步。因此,在证明谁享有优先权的过程中,并不是通过确立实际的水资源占有状况来确定优先权人,而是通过证明已经对可能使用的水资源进行了投资来确定,也就是说通过水资源工程建设的日期来确定水资源使用日期。加利福尼亚州和科罗拉多州的第一个案例都是通过鼓励水资源的前期投资和对前期投资的财产的确认和保护,来论证"时间优先、权利优先"在美国西部经济社会发展中的重要作用。

先占优先权在保护先占权人利益的同时,可能带来不利后果。正如前面介绍该制度的历史发展过程显示的那样,先占优先权制度目前在美国西部并没有得到严格遵守的原因也与此有关。一方面,由于强调对先占权人水资源使用权的保护,这种使用可以是对水资源的全部使用。这导致先占权人在使用水资源的过程中,可能使溪流和河水枯竭,对鱼类和其他水生生物造成不利影响,进一步影响水体的生态安全。另一方面,由于先占权人对水资源的利用最初主要在采矿业、畜牧业和农业领域,随着经济的发展和水资源用途和价值的多样化,先占优先权中水资源使用的效益问题也成为影响该制度有效执行的原因之一。

3. 先占优先权制度包括了不使用则丧失权利的原则。在水资源紧缺的情况下,既要保护水权投资人的利益,同样也需要提高水资源的使用效率,所以先占优先权制度在发展过程中,确立了不使用则丧失权利原则。该原则通过督促水权投资人积极使用水权,来实现水资源的有效利用。一旦水权人在一定时间段内停止使用,则会被剥夺水资源使用权。[1] 停止使用是指在实际可以使用的情况下,长时间放弃使用,既需要有放弃的意图,同时也需要有放弃使用的行为。只有在满足以上两个条件的情况下,才能剥夺原权利主体的水权。如果是干旱原因或其他无法利用的情况,导致客观上无法使用水资源,则不能因不使用行为丧失未来的水资源使用权。虽然确立了不使用则丧失权利原则,但是该原则在使用中受到一定的制约。例如,如何证明水权人长时间未使用水资源的行为,特别是对于实际使用情况并不受严格约束的地方,行为人是否使用水资源或者使用水资源的频率并不好监测。

二、先占优先权的构成要素

虽然美国西部各州关于先占优先权的具体构成要素的规定有差异,但从学理上分析,要成立先占优先权必须包含以下四个基本要素:权利客体要件;在后的权利客体不得妨碍在先的权利客体;具有证明可使用的文件或形式;有益使用。

(一)权利客体要件

作为先占优先权的第一个构成要素,权利客体要符合先占优先

---

〔1〕 See Robin Kundis Craig, Robert W. Adler, Noah D. Hall, *Water Law*, Foundation Press, 2017, p. 136.

权的要求是指哪一些水资源可以成为先占优先权的客体。一般意义上流经小溪、河流、湖泊等地的地表水可以作为先占优先权的客体，地下水资源是否可以成为权利客体则比较复杂。理解先占优先权的权利客体需要厘清三个问题：

1. 先占优先权的权利客体包括哪些地表水。先占优先权产生之初，就存在通过修建水利基础设施，进行人工储水并使用的需求。在确立先占优先权的过程中，地表水不仅包括自然水体，同样包括人工水体，比如大型储水设备中的水资源。此时，水资源依然是国家财产，由州政府或者州人民享有所有权，但是获得先占优先权的权利人享有的是水资源的财产权益。地表积水是由于降雨或者降雪而形成的附着在土地之上的水资源，土地所有权人可以全权处理。地表积水（diffuse surface runoff）是属于土地所有权人的利益，排除在先占优先权客体之外。

2. 地下水是否可以成为权利客体。按照普通法理论，地下水被认为是土地的组成部分，由土地所有权人行使相应的权利。但在先占优先权的发展过程中，部分州已经通过案例确认了地下水可以作为先占优先权的客体。比如在马蒂尼诉威尔斯案（Martiny v. Wells）中，法院认定支流性泉水可以适用先占优先权制度。[1] 从理论上看，泉水属于地下水，但是支流性泉水是可以汇集到河流和其他水体中的泉水，从而可以适用地表水的使用规则。

3. 从水文循环系统层面理解地表水和地下水。正如第一章所介绍的那样，水资源的各种形态和转换是在一个统一的水文循环系统里，地下水和地表水之间同样存在转换关系。比如就地表积水而言，虽然地表积水被认为是附着于土地之上属于土地所有权人享有的权

---

〔1〕 See Martiny v. Wells, 419 P. 2d 470 (1966).

益，但是一旦地表积水汇集到河流，成为河流的一部分，则应该使用先占优先权原则。从水循环的角度看，自然界中的水资源都存在一定程度的相互联系，地表积水流入河流成为地表水，抽取地下水则会减少地表水的水量，泉水通过流入河流也可以由地下水转变为地表水。不同形态的水资源之间的转换，使理解先占优先权客体的具体实践变得比较复杂。

（二）在后的权利客体不得妨碍在先的权利客体

在满足第一个构成要素的情况下，并不是所有流经溪流的地表水以及符合权利客体要求的地下水都能成为先占优先权的客体。申请获得先占优先权的水资源还需要满足第二个构成要素，即该水资源应该排除在已获取先占优先权的客体范围之外。第二个构成要素涉及不同先占优先权主体之间的权益分配问题。概言之，第一个获得先占优先权的权利主体，不可能在任何情况下都能消耗所有的水资源；在其后申请先占优先权的主体在符合相应条件的情况下依然可以使用部分水资源，而不是仅仅享有书面的权利（a paper right）。具体而言，区分以下三种情况理解这一构成要素。

1. 已获取先占优先权的权利人并未完全使用既有份额，那么后申请的权利主体可以使用部分水资源。在先的先占优先权人并不是在任何情况下都会消耗掉既有的水资源，这就给后申请人提供了分享水资源的可能和机会。在先的权利人既可能因为种植结构的变化，减少水资源的使用量，也可能因为气候原因，降水量较多，或者因为温度较低，水分蒸发减少等原因降低水资源的使用量。这些因素都有利于后申请者获得剩余出来的水资源的先占优先权。从法理上看，这部分剩余出来的水资源属于未被先占权所确认的权利客体，从而可以成为后申请者的先占优先权客体。

2. 在因气候原因导致水资源总量增加的情况下，多余出来的水资源可以再次成为先占优先权的客体。自然溪流里水资源的总量与地理气候因素的变化密切相关。降雨降雪较多、气候湿润的年份,可供优先占有的地表水和地下水总量也会增加。与往年相比,“多余”出来的水资源依然可以成为先占优先权的客体,使享有水资源“书面权利”的权利人获得真实的水资源(wet water)。虽然水资源的“多余”状态并不具有常态性,但从最大化利用稀缺资源的角度来看,许可潜在的先占权人分享可能“多余”的水资源权益,符合先占优先权制度设计的初衷。

3. 还有一部分“回流”的水资源可供支配。除了“剩余”和“多余”出来的水资源这两种状况外,可以成为先占优先权客体的还包括部分回流(return flows)的水资源。在大多数情况下,不同的先占权人可以共同使用同一实际水体里的水资源。此时,回流水资源成为不同先占权人共享水资源的一个重要原因。不管是灌溉过程中还是因气候原因形成的水资源使用减少,在满足其他条件的情况下,比如没有被农作物完全吸收而蒸发掉或者流入地下,最终发生回流现象,“回流”的水资源,可以用于再次分配,确立新的先占优先权人。

通过分析在以上三种情况下可以成为先占优先权客体的水资源,发现后申请的先占权人(或者说潜在的先占优先权人)是否能获得水资源的使用权,并不是一个确定的事实。而是需要综合考量气候、种植结构以及已有先占权人的使用情况,通过分析水文地理的历史数据,甚至需要结合水资源数量的模型进行具体分析和预测,经过多方权衡之后,才能作出比较恰当的决定。既然是否享有一定流量的水资源使用权并不确定,在美国西部水权的发展中,就存在仅享有书面意义上的水权,而不享有可供实际支配使用的水资源的情况。即使如此,并不能否认这部分权利主体是先占优先权人。

(三)具备优先使用的行为或者相关证明文件

从淘金时代开始,判定当事人是否享有先占优先权的核心依据是当事人是否进行了前期投入，并且实施了在先使用水资源的行为。此时，水资源的物理转移行为是判断具有优先权的重要条件。正如加利福尼亚州最高法院首次确认先占优先权的案例所显示的那样，虽然菲利普斯同样获得了水资源的使用权，但从使用水资源的时间顺序来判断，根据先占原则，欧文在菲利普斯之前已经获得了所涉溪流的水资源使用权，并且进行了相应的投资和不动产建设。为了鼓励投资人的投资行为，首先取得水资源的使用权人一旦通过前期开发获得先占优先权，那么后使用行为人想要获得部分水资源的使用权，必须是在水资源已经满足了先占权人水资源需求的前提下才可能实现。结合前面两个要素来看，菲利普斯要想依据先占优先权获得同一溪流水资源使用权还必须满足的另一个条件是，即在欧文完成了使用或者在满足了有益使用之后，依然还有剩余或者回流的水资源，此时菲利普斯享有优先于其他人的水资源使用权。

随着先占优先权逐渐发展成为一项水资源使用的行政审批制度，确立时间是否在先的判断标准，由使用水资源的时间先后顺序，演变为申请水资源使用权的申请批准日。如果说加利福尼亚州最高法院首次确立先占优先权的案例，所依据的仅仅只是矿主们之间形成的不成文的习俗做法，那么经过长时间的发展，确立先占优先权已经演变为行政机关认可的行政审批程序。一旦成为一种行政审批程序，那么是否具备使用在前的水资源行为，就不再是一个判断标准。当事人经过申请，一旦获得了水资源行政管理部门的许可，就表明已经获得了先占优先权。即通过行政机关的审批日期，来确认争议双方的权利归属。在没有获得行政审批之前，当事人并不享有对某一水资源的使用权，也就不存在物理转移行为。不过，这里需要注意的一种情况是，如果行政申请人申请使用的水源地上，已经存在一个依据习俗获得的先占优先权，那么此时，还需要对在先使用水资源的时间进行确认。

除了行政审批制度的发展以外，先占优先权优先使用行为的确定还受到自然环境保护运动发展的影响。确认在先权利人的水资源使用权时，也要保护鱼类和野生动植物的生存和发展，为其预留足够的水资源，保证生态平衡。如果从鱼类和野生动植物需求的角度出发，一旦确认它们应该获取一定量的水资源，那么此时的优先利用，就不需要进行物理转移，只需要保存溪流的水不被分流，即让水留在原地，就可以满足相应的权利诉求。本书第二章所提到的国家奥杜邦协会诉高级法院案就确认了对当地鱼类和野生动植物保护的权利。类似的案例还包括圣华金河案（the San Joaquin River case）和瓦胡岛案（the island of Oahu）。[1]

（四）有益使用

有益使用被认为是先占优先权的基础和标准。加利福尼亚州最高法院首次确认先占优先权的案例表明，任何人都可以使用水资源，只有在使用人之间发生争议时，才需要确认谁享有在先的权利。这表明在确认先占优先权之前，水资源是一种公共财产，任何人都可以使用。要将任何人都可以使用的公共财产，赋予某一个特定的个体且排除其他人的使用，则必须至少满足以下条件：这一使用行为不仅有利于经济发展，鼓励投资人积极开发利用水资源；还必须能实现水资源应有的价值，满足远离水资源区域的用水需求；并且水资源不应该被浪费，从而满足不同的用水需求。此时，将其赋予某一个在先的权利人才具有正当性和说服力。

虽然有益使用成为先占优先权具有正当性的因素之一，但是在

---

〔1〕 See Joseph L. Sax, *Reflections on Western Water Law*, 34 Ecology Law Quarterly, Vol. 34, p. 301 - 302 (2007).

社会发展过程中,如何界定有益使用则是不断变化的。一般意义上的有益使用,至少要满足生活用水的基本需求。在满足生活用水基本需求的前提下,工业化发展阶段,水资源被大量用于工商业领域,这种使用也被认为是一种有益使用。随着服务业和娱乐业的发展,水资源在这些领域的使用,也被认为是一种有益使用。如果说不存在水资源短缺的危机,那么任何需要水资源的领域的使用都可以被认为是有益使用。但是,当水资源短缺危机日益严重,并不是所有领域都可以获取足够的水资源时,哪一种情况下的使用才是有益使用,不同州有不同的地方实践。

虽然各州有不同的规定,但社会经济发展的整体状况决定了某种大体上一致的发展趋势。在先占优先权的发展早期,有益使用主要是指基本生活保障用水,主要是指家庭生活用水,还包括传统的经济活动,比如采矿业、灌溉农业和畜牧业发展。进入城市化和工业化发展阶段后,有益使用的范围被扩大了,水资源被大量用于工商业活动和娱乐活动,这也被认为是一种有益使用。城市化基本完成后,当环境问题和气候问题日益成为人类社会发展的制约因素时,开始强调水资源的生态价值,不仅需要保证人类的基本生存用水,还需要保证鱼类和野生动植物的基本用水。圣华金河的发展很好地说明了这一变化趋势,这也是对国家奥杜邦协会案的回应。20 世纪以来,圣华金河主要支流上修建了堤防和水坝,导致河流水量大大减少,影响了三文鱼和候鸟的栖息,并造成了严重的环境污染问题。进入 21 世纪后,司法实践开始采取措施恢复该河流悠久的三文鱼繁殖历史,包括建立鱼类孵化场以及进行河流修复计划。这一阶段,鱼类和野生动植物对水资源的需求也是一种有益使用,甚至是比工商业发展更需要受到保护的使用方式。

第四节　水权配置制度与先占优先权制度的比较分析

美国西部的先占优先权制度从矿主之间的习惯性做法发展到行政审批制度,完成了美国西部水权配置的制度化转变,先占优先权成为美国西部水资源配置的重要制度。正是通过比较当事人获得水资源使用权审批时间的先后顺序,确认当事人是否获得了在先有益使用一定量水资源的权利,美国西部主要各州完成了水资源使用权的配置工作。中国通过水权配置制度确定了用水主体的水资源使用量,美国西部实行的先占优先权制度,同样确立了申请用水主体可使用的水资源量。两种制度具有同样的制度效果,即确立了相关用水主体的水资源使用量,赋予其享有合法使用水资源的权利。无论是水权配置还是通过确立先占优先权,都产生了使用水资源的行为,行为人享有水资源使用权。行为人经授权获得水资源使用权是两种制度的共同实践后果。在中国展开逐级水权配置的行为中,以凉州区公布的水资源分配要求为例,工业产值决定了工业配水量,工业万元产值配水定额为每万元125立方米。工业产值越高,水资源使用量就越高。水权配置的制度安排和具体举措决定了用水主体享有的水资源量,进一步影响了其水资源使用权。先占优先权的制度实践中,水资源行政部门是否批准相应的权限,决定了行为人是否享有相应的水资源使用权和实际可使用水量。

虽然从制度后果的角度看,中国的水权配置制度与美国西部实施的先占优先权制度存在类似的制度效果,赋予行为人使用一定量水资源的合法权利,但从制度实践的过程分析,两者之间存在三个方面的差异。在比较差异的基础上本书提出了完善我国水资源使用许可制度的构想。

一、启动程序上的差异

美国西部的先占优先权制度，经习惯做法成为司法实践，并进一步发展为行政审批制度后，界定用水主体是否属于合法使用的标准发生了改变。西部大开发初期，矿主们在采矿区自行按照谁先投入、谁先获得水资源的方式确立事实上的水资源使用权。当水资源使用发生纠纷的时候，各地通过司法判决解决水权使用的冲突和矛盾，逐步确立了先占优先权的司法制度安排。美国加利福尼亚州和科罗拉多州都通过代表性案例，否定沿岸权在美国西部地区实施的可能性，指出了法律应该如何回应经济社会的发展，合理界定当事人之间的权利义务关系，通过判决规范并指引行为人的行为。随着先占优先权制度在西部各州的实践，为了降低纠纷发生的概率，以及进一步在复杂社会环境中确定先占权人，通过行政许可确立先占权人的书面申请制度逐渐发展起来。先占优先权的行政许可证不仅清楚界定了用水主体的水权是什么，同时也就该水权与其他用水户之间的权利关系进行了界定。水权行政许可系统，创建了一个公开的记录，显示用水主体享有水权的具体情形。这些公开记录最初是纸质文件的形式，随着信息化的发展，慢慢向电子文件演变。正是通过这些公开记录，州水资源管理人员可以跟踪水资源的具体使用情况，同时也告知未来的用水主体已存在的水权的具体内容，从而指导其申请水权的行为。[1]

中国水权分配制度在水权分配环节，是一个主动的行政行为，是直接的行政分配过程。通过该过程完成水资源在不同行政区域之间

〔1〕 See Robin Kundis Craig, Robert W. Adler, Noah D. Hall, *Water Law*, Foundation Press, 2017, p. 82.

的分配，进一步完成其在各行政层级之间的分配。比如武威市的水资源可利用总量源于甘肃省所获得的水资源总量，凉州区根据武威市的水资源可利用总量进一步在区内各行政单位之间进行逐级分配，最后基层政府中坝镇根据凉州区的用水计划，将水资源分别在生活用水、农业用水、工业用水等领域进行分配。水资源层层分配的过程表明，通过各流域机构和水资源行政主管部门从上至下的水资源总量分配行为，明晰了不同行政区域以及行政区域内的用水总量，通过用水总量控制和管理不同行政区域的用水行为。用水总量控制是水资源使用的倒逼机制，结合水资源定额管理制度，这一主动行政行为有利于督促各行业和用水主体合理合法有效使用水资源。

概言之，中国的水权配置是用水主体取水许可的前置程序，美国西部先占优先权制度中并没有这一前置程序。这里的前置程序并不是指这一程序是取水许可行为的前置程序，而是指其是在取水许可之前已经完成的程序，并且取水许可是以这一程序所分配的水量为基准展开的。根据我国《取水许可管理办法》第 4 条的规定：流域内批准取水的总耗水量不得超过国家批准的本流域水资源可利用量。行政区域内批准取水的总水量，不得超过流域管理机构或者上一级水行政主管部门下达的可供本行政区域取用的水量。在本行政区域可取用水量的范围之内，直接从江河、湖泊或者地下取用水资源的单位和个人可以根据使用需要，向水资源行政主管部门或者流域管理机构提出取水申请。取水主体提出取水申请后，由水资源相关部门进行审查和决定，对于符合取水条件的申请行为进行批准，不予批准没有达到要求的取水行为。《取水许可管理办法》列举了六类不予批准的情形，涉及水质标准、排污口位置、退水要求等方面。符合取水许可要求的申请在获得批准后，可以进一步申请核发取水许可证，获得建设取水工程项目的资格。取水许可的具体情形同样会对社会公众公开。根据我国《取水许可管理办法》第30条的规定：取水审批机关应当于每年的1月31日前向社会公告其上一年度新发放取水许可证以及注销和吊销取水许可证的情况。随着信息化的发展，2019年11月，中国首张取水许可电子证落地。这是水利系统首个实现电子证照管理改革的行政许可事项。电子取水许可证的落地，对于提升水资源使用监管能力，加强行业监管和取用水管理具有重要意义，也方便国家掌握和监督各级水资源行政主管部门的审批行为。[1]

二、审批条件上的差异

想要通过先占优先权获得水资源使用权，申请人除了需要按照水权许可程序的要求向水资源管理机构提出申请外，还需要在申请的具体细节上符合要求。就一般的水权许可条件而言，主要从以下程序要求呈现出来：第一，申请人需要描述申请使用水资源的基本概况，清楚表明需要使用的具体水量、水源来源地、取水点、水资源的具体用途，以及该取水行为对其他用户或者公共利益可能造成的影响。第二，接到申请人的取水许可申请后，水资源管理机构将结合现有的水资源使用状况，判断是否可以对申请人的取用水行为进行批准。这里存在两种可能的情况：如果既有水资源不能满足申请需要，则水资源管理机构会直接拒绝申请人的申请行为；一旦申请符合基本要求，且还存在一定量的水资源，则水资源管理机构会批准取水主体的申请。第三，水资源管理部门批准取水主体的申请后，必须向社会公众公开，社会公众可以提出异议。社会公众既包括有利害关系的第三人，也包括普通民众，还包括州政府和其他政府机构。这些异议既包括新批准的水权可能损害已有水权的情形，也包括新批准的取水

---

〔1〕 李姗：《水利部：全国首张取水许可电子证照亮相》，载中央人民政府网，http://www.gov.cn/xinwen/2019-11/07/content_5449825.htm。

行为可能危及公共利益或者不利于水资源有效利用等情形。第四，结合公众的异议，水资源管理部门进一步对可能赋予水权的申请进行审核或者要求申请人进行修改，解决公众提出的异议和提供相应的对策。例如，密歇根州环境质量部在审批取水许可时，要求申请人提供相应的预防措施，防止取用水行为对鱼类和整体溪流的不良影响。第五，结合以上情形，水资源管理部门作出批准或者不批准的决定，并同时接收申请人的申诉。申请人的申诉同样需要符合相关程序要件，必须在一定期间、通过特定的方式提出申诉。第六，水资源管理部门批准取水主体的申请后，取水申请人获得取水许可证，同时可以根据申请的要求和方式使用水资源。〔1〕

根据我国《取水许可管理办法》的规定，取用水申请人需要根据以下程序获得取水许可证：第一，取水申请人在取水工程开工前，提出取水申请。第二，取水申请人应该根据取水和使用水资源的需要，满足不同类型的申报要求。比如需要设置入河排污口的申请，应该一并提出入河排污口设置申请。申请取水量较大的建设项目，应该提供建设项目水资源论证报告书。在提交水资源行政管理部门审批前，水资源论证报告书还需获得有关专家的书面审查意见。第三，水资源行政管理部门对申请材料进行审核，并作出处理决定。这里列举了两种临时应急取水的例外情况，包括施工安全以及生产安全的临时应急取水情形和农业抗旱以及维护生态环境安全的临时应急取水情形。第四，取水审批机关作出批准或者不批准的决定。批准取

---

〔1〕 See Robin Kundis Craig, Robert W. Adler, Noah D. Hall, *Water Law*, Foundation Press, 2017, p. 100 – 101. 作者根据该书中的具体行文对申请条件和过程进行了小结整理。文中所列举的6个方面的程序是美国大多数西部各州的水权申请要求，但并不是所有西部各州的标准申请程序。由于各州具有较大的自主权，结合各州的用水实践和历史做法，存在采取不一样程序的州，比如科罗拉多州根本没有采用行政审批制度，而是通过法院确立水权。

水申请的，应该签发取水申请批准文件，包括取水用途、退水相关问题等内容。第五，取水申请人申请核发取水许可证。第六，水资源管理部门对取水行为进行监督管理。

美国西部取水许可的基本程序，除了关于取水的基本概况外，比较关注社会公众对新设立取水行为的异议，通过具体的程序设计，吸纳包括有利害关系的第三人以及政府机构在内的社会公众和公权力机构的评价和反馈。中国取水审批制度，更注重专家学者在水资源使用论证中的地位和作用。两者之间的具体差异表现在以下几点：第一，先占优先权制度在申请中对于与水资源相关的基本概况进行了列举，包括水量、取水地点、可能的影响等。中国的取水许可突出了水资源可行性论证报告，一般报告内容包括项目建设的主体、取水地点、水源名称、取水方式和用途等。从列举的情况来看，两者最大的差异在于对可能产生影响的论证。另外，根据申请条件的规定，并不是所有取水项目都需要水资源可行性论证报告书，对于取水量少的建设项目，只需要填写水资源论证表，不需要提交具体的论证依据。第二，与论证可能的影响相关，先占优先权申请过程中，水资源管理部门虽然行使的是审批权限，但是社会公众的异议是一个重要参考依据。所以审批过程中，有社会公众提出异议的专门安排，公众异议成为审批机关是否审批的考量因素之一。中国取水审批过程中，虽然也有公开程序，但主要是一种告知功能，而不是援引公众的异议开展审批行为的方式。第三，综合以上两点来看，美国西部取水许可行为，是行政审批与公众异议相结合的结果；而中国的取水审批行为是政府主导行为，专家论证作为补充。在先占权的确立过程中，虽然政府是审批的主导者，但是社会公众在审批异议上有话语权，不仅专门安排了公众异议的时间，也对公众异议进行了反馈；对比中国取水许可，虽然有公开的程序，但政府主导了审批行为，公开程序主要承担了告知的功能。

三、审批原则差异

水资源管理部门在审批过程中，需要对所申请的水资源是否属于有益使用进行判断，即有益使用是先占优先权审批的条件之一。有益使用是指为社会所公认的有益目的而实际进行使用的行为。虽然市政、家庭、农业和工业用水都属于有益使用的范围，但仅仅属于以上范围的用水，并不意味着在任何条件下或任何时候，都被视为"有益"用水。家庭用水既包括家庭日常消费所需，比如饮水、洗涤、给花园浇水，还包括农村地区饲养小规模牲畜用水。市政用水既包括居民日常用水，还包括维护公共日常服务用水，比如灌溉城市花园。是否属于有益使用，是一个动态的发展过程。[1] 当需要大量的水资源支撑农业、工业的发展时，将水资源留在溪流，被认为是一种浪费；当水资源利用的生态环境价值日益显著时，将水资源留在溪流被认为是一种有益使用。就娱乐用水来讲，也经历了类似的发展过程，最初的有益使用范围并不包括娱乐用水，现在大多数州通过案例或者成文法规确立了娱乐用水是一种有益使用行为。[2] 结合审批条件分析，水资源管理部门在公开申请材料并接受公众异议阶段，会根据社会公众对所申请的水权的意见，来判断水资源使用行为是否会侵害公共利益。如果水资源使用行为被界定是一种有益使用，就不会被认为侵犯公共利益。

《水量分配暂行办法》第5条规定了水量分配应遵循公平和公正的原则。在水量分配过程中，涉及多方主体之间的复杂关系，比如上

---

〔1〕 See Robin Kundis Craig, Robert W. Adler, Noah D. Hall, *Water Law*, Foundation Press, 2017, p. 90 – 91.

〔2〕 See RCW 90. 54. 020 (The Revised Code of Washington, Title 90, Chapter54, Section020), https://app.leg.wa.gov/rcw/default.aspx? cite = 90.54.020.

下游之间的关系、流域之间的关系、流域内不同行政区域之间的关系等。作为一种主动行政行为，从流域管理部门到各级行政机关，在水资源分配过程中，都需要以公平公正为原则。各地根据分配所得的水资源可利用总量在辖区范围内进行分配，但是对于用水主体而言，则需要通过申请获得取水许可证。《取水许可管理办法》并没有规定取水许可的原则要求。作为审批核心条件之一的水资源论证报告书，主要是对取水的相关概括的介绍，包括取水点、水源地、水资源用途等。审批的初审意见，主要是关于水质、水量等内容。也就是说，我国取水许可并没有确立审批的原则要求，更多的是从具体内容来判断。结合《水量分配暂行办法》的规定，在没有其他原则性规定的情况下，是否可以将公平公正原则视为取水许可的原则要求呢？从水量分配涉及多方利益主体的角度来看，公平公正原则作为指导原则有利于兼顾各方利益，是一个底线原则。结合取水申请的具体内容和相关主体，此时，只存在不特定的第三方主体，而不存在利益相互冲突或者对立的多方主体。如果仅将公平公正原则作为指导原则，则难以有效指导许可审批行为。

美国西部先占优先权行政许可过程中，申请用水户要想获得使用水资源的资格和权限，既需要符合先占优先权构成要素中的有益使用要求，还需要接受利害关系人、第三人和其他机构组织的异议。这种异议主要是对水资源使用行为可能造成的公共利益损害的担忧。例如，申请用水户的行为是否会影响所在河流的鱼类休养生息，是否会影响所在河流的整体生态环境。如果社会公众提出异议，那么申请用水户需要就异议内容进行解释或者修改申请内容。此时，有益使用成为判断申请用水户是否可以获得水资源使用权的指导依据和原则。中国关于水量分配的规定中，确立了公平公正原则，但是在取水许可管理规定中，并未确立审批的原则，只是对水质、水量、退水点等具体内容进行了规定,同时强调专家意见和水资源使用论证过程。缺乏具体原则的指导,不仅不利于公众有效判断水资源使用行为是否会侵犯公共利益,同样也不利于公众对具体行政行为进行有效监督。当然,从行政审批的角度看,缺乏具体原则的指导,既可能因自由裁量权过大,带来审批结果的恣意性,也可能因审批过严,影响正常的取用水工程建设和使用行为。

四、完善水资源使用许可制度的路径

水资源使用权配置中,行政主导水量分配和取水许可是中国特色。中国在取水许可审批前设置了前置程序,取水许可审批必须在满足水资源可利用总量的前提下展开的。流域管理机构和各级水资源行政主管部门享有分配水量的权力。以《凉州区 2019 年度水资源使用权配置方案》为例,凉州区人民政府依据武威市的通知和相关精神,分别对区内各灌区的水量进行了分配,同时对各行业用水进行了配置。该方案显示,在具体配置过程中,凉州区人民政府遵循总量控制与定额用水相结合的原则、坚持公平与效率兼顾的原则、坚持政府主导市场引导群众参与的原则、坚持加强用水管理与强化供水服务的原则。从全国层面和地方层面看,为了协调各区域用水情况,减少行政区域之间以及区域内不同行政主体之间对水资源的竞争性开发利用,水量分配有其必然性。通过确立水资源可利用总量和可分配水资源量,明确用水总量和指标,建立了水资源使用的刚性约束机制,严格控制用水总量,从而缓解用水秩序混乱、水环境恶化等问题。当然,在行政主导水量分配模式下,要取得预期的良好效果,不仅有赖于流域管理机构和各级行政机关在水量分配中确立的指导思想、配置原则等理论层面的要求,更重要的是需要将相关要求落到实处。

为了有效发挥行政主导水资源使用权制度的预期效果,中国水资源使用许可制度可以从以下三个方面优化具体的制度安排:

1. 从取水审批的指导思想出发，在强调水资源可利用总量控制和行业定额控制的情况下，结合绿色经济生态发展的要求，从审批程序上，审核水资源使用可能对第三人或者社会公共利益带来的影响。在中国进入改革开放攻坚阶段的发展道路上，随着水资源日益紧缺以及其生态价值越发明显，国家层面强调水资源的合理有效利用和生态价值，无论是水资源主管部门，还是用水大户以及社会公众都逐渐重视水资源所具有的生态价值和可持续利用问题。从取水许可审批的角度来看，同样应该顺应社会发展需要，强调取水审批过程中，申请用水主体的取用水行为，包括取水工程建设、取水点的选择、水资源用途、退水等情况是否会影响或者损害第三人及社会公众利益。也就是说，应该论证取用水的基本情况是否会对他人或者社会造成不良影响，水资源使用论证中应该分别对这些情况进行说明和论证。这样既可以让水资源行政主管部门较全面了解取用水可能涉及的各方利益和社会影响，同时也兼顾了水资源所具有的多重价值，而不仅仅只是关注取用水人的单一价值诉求。

2. 确立水资源许可使用的有益使用原则。如果说审批条件上要求取用水申请人在水资源使用论证上增加关于对第三人或者社会公众影响的说明和论证，是启动水资源使用的自我合理论证模式，那么确立水资源有益使用原则，则是水资源行政主管部门或者流域管理机构对这种水资源使用自我合理论证的审核依据和标准。通过确立有益使用原则，审查取用水人的水资源使用申请是否应该被批准或者否决。当然，有益使用的具体内涵是在不断变化中的，根据经济社会发展对于水资源使用的差异化要求，不同时期不同发展区域水资源有益使用所涉及的行业、使用方式等都不一样。结合中国南北水资源状况的差异，在强调水资源生态价值和环保意义的大背景下，关于地下水开发、娱乐用水、生态用水是否属于有益使用范围，各地可以根据实际情况作出差别化规定。各地差别化规定要符合不同水资源使用的基本要求。例如,根据2021年12月1日施行的《地下水管理条例》的规定,地下水管理坚持统筹规划、节水优先、高效利用、系统治理的原则。这就要求各流域各区域的地下水使用都必须遵循以上原则,对于列入淘汰落后的、耗水量高的工艺、设备和产品名录等应当在规定的期限内停止生产、销售、进口或者使用。在取水许可的规范性文件中,应该确立基本的审批原则,同时确立最低限度的有益使用范围,比如界定基本生活用水、市政用水等属于一般意义上的有益使用,从而指导水资源行政主管部门的审批行为,以及对取用水人的自我论证行为展开有效分析。

3. 保障社会公众提出取用水异议的权利。根据我国《取水许可管理办法》第30条的规定:取水审批机关应当于每年的1月31日前向社会公告其上一年度新发放取水许可证以及注销和吊销取水许可证的情况。这一条文虽然规定了向社会公开,但并未就公开之后公众可以做什么以及如何做进行规定。另外,这一规定并未鼓励公众对取用水审批行为发表意见。这一规定只是向社会公开已经获得取水许可证的情况或者注销和吊销许可证的情况,只是一种告知功能,并不具备鼓励公众提出异议或者影响审批结果的功能。有益使用原则的确立,不仅要求水资源行政主管部门以此为标准对取用水人的申请行为进行审批,同时强调社会公众提出异议的权利。公众的异议会促使取用水人修改自己的申请建议,从而实质上影响审批的结果。此时,除了取用水人对水资源合理使用的自我论证外,也有水资源行政主管部门的审批,还纳入了社会公众的监督,三位一体结合不同主体和立场,对水资源的使用情况进行综合审核,降低水资源滥用和不合理使用的风险。

第五章　水权交易制度的建设实践和启示

水权交易，是指水权主体在水权市场上展开的交易行为，主要包括买卖和租赁两种交易形式。在人类使用水资源的漫长历史过程中，水资源充沛时，并没有水权交易行为。随着水资源体现出生存价值、生态价值、经济价值等多重价值属性，不同行业的发展、不同主体的诉求、绿色发展的目标，都要求水资源得到合理有效的配置。中国实施以行政主导为主的水权分配制度和取水许可制度，同时结合市场经济发展的要求，从 2001 年东阳 - 义乌水权交易第一案开始水权交易实践，各省市初步建立了水权交易的基本程序和制度体系，为水权交易的有序进行提供了区域经验和制度基础。中国水权交易的实践发展，既产生了具有一定价值的经验，也有一些需要解决的问题。国际水权交易发展的历史显示，水权市场在 20 世纪 80 年代初兴起于澳大利亚、美国和智利，后来发展到日本、西班牙、墨西哥、俄罗斯、南非等国家。[1] 美国西部地区水资源紧缺，产生了形式多样的水权交易类型。本章主要通过介绍美国水权交易制度，对水权交易制度展开比较分析。美国水权交易市场的建设，从最初的反对水权转让

---

〔1〕 金海、伊璇等：《从水权交易国际经验看我国水权市场未来发展》，载《中国水利》2021 年第 14 期。

行为，到水银行及水权交易规则的建立，同样表现为一个持续发展的过程。虽然整体上美国水资源相对丰富，但美国西部水法是从水资源相对紧缺的自然环境中生发出来的。正如第四章关于先占优先权的阐释和对中国取水许可制度的比较分析一样，美国西部水权交易的发展，对于理解水资源紧缺态势下，中国水权交易的完善具有一定的参考意义。

第一节　水权交易的中国实践

一、东阳 - 义乌水权交易分析

2000 年 11 月 24 日，浙江省东阳市和义乌市签订了有偿转让水权协议。东阳 - 义乌的水权转让行为，被称为“中国水权交易第一案”，受到实务界和学术界的广泛关注。东阳 - 义乌水权交易行为发生以来，学术界和政策界开始对中国水权交易行为进行研讨和实践探索。理解中国水权交易的实践形态，需要对“中国水权交易第一案”展开分析。

2000 年 11 月，浙江省东阳市和义乌市双方政府领导代表政府签订了用水权转让协议。根据协议的约定，义乌市一次性出资 2 亿元，购买东阳市横锦水库每年 4999.9 万立方米水资源的使用权。东阳市依然享有横锦水库的所有权，同时负责水库工程维护、管道设施建设等管理事务。义乌市根据当年的供水量支付水资源使用费和水资源管理费用，0.1 元/立方米。同时，义乌市承担从水库到义乌的引水管道工程费用。水权转让协议签订后，经过 4 年多的管网建设，2005 年 1 月 6 日，横锦水库正式开始向义乌供水，缓解了义乌市严重缺水的困境。而东阳市也将 80% 的水资源转让费投入到横锦水库除险加固、梓溪水库建设和城市防洪工程中。媒体的报道显示，早在 1995

年左右，义乌曾两次向东阳共购买200多万立方米的水资源救急，双方合作顺畅。前期的交易行为，构成了本次大规模交易的基础。[1]

东阳－义乌的水权交易既要保证义乌的供水量，同时必须以不影响东阳的水资源供应状况为条件。为了缓解水资源的供应压力，东阳通过水库除险加固、灌区改造、节水农业等举措，稳定东阳的水资源供应压力，提高了渠系水利用系数。渠系水利用系数由0.5提高到了0.65。水库蓄水量显著增加，横锦水库供应义乌用水后，蓄水量比原来增加了1873万立方米。另外，义乌市政府及水资源主管部门启动了水资源开发、利用、节约等一系列策略，义乌市居民的节水紧迫感明显增加。除开展除险加固工程外，东阳还建设了小型水库，实施阶梯水价，用水计划管理，发展节水产业以及进行污水、洪水资源化等工作。[2]

虽然东阳－义乌的水权交易被媒体称为“中国水权交易第一案”，但相关学术研究表明，这一水权交易形式并不是真正意义上的水权交易，而属于商品水交易模式。双方政府所签订的协议是以水库里的水为交易客体，属于供应商品水。“按照国际通行的理论和操作实践，水权可以拿到银行作抵押，也可以流转拍卖，而东阳与义乌水权交易协议只是协商供水的额度与费用。”[3]更多的学者指出，东阳－义乌的水权交易虽然在形式上具备市场特征，但并不是真正意

---

〔1〕 对东阳－义乌水权交易行为的归纳，参考了媒体的报道。慎海雄、王磊：《我国首笔用水权交易成交——义乌出资两亿元 买来上游东阳水》，载人民日报2001年2月16日，第2版；袁亚平：《浙江义乌花4.79亿元向东阳买水“喝”——首例城市水权交易兑现》，载《人民日报》2005年1月7日，第6版。

〔2〕 王磊：《浙江义乌2亿元水权交易　提升水的价值与尊严》，载《华东新闻》2005年2月21日，第3版。

〔3〕 曾玉珊、陆素艮：《我国水权交易模式探析》，载《徐州工程学院学报（社会科学版）》2015年第4期。

义上的市场交易行为，而是政府之间水资源行政权力的重新配置。[1] 关于这一水权交易结果和影响的正面评价和负面评价都不少见。正面评价主要认为东阳－义乌的水权交易行为实现了节约集约用水、水资源效益最大化，发挥了市场的调节作用；负面评价主要集中在水权交易对第三方的不利影响、对生态环境的破坏以及对农业灌溉的限制等方面。[2]

审视东阳－义乌的水权交易实践及其后续的多种影响，结合已有研究成果，可以发现本次水权交易具有如下几个特征：

第一，东阳－义乌水权交易不是单纯的市场行为，而是由政府协助完成的交易行为。义乌市工业发展的用水需求和水资源短缺之间的矛盾，要求水务部门长远解决供水问题。面对交易可能存在的阻力和障碍，地方政府做了大量工作。为了消除东阳人民对自身水资源不足的忧虑，东阳市政府派出了宣传小组进行宣传解释。为了协调东阳市与下游嵊州市之间的水资源冲突，浙江省政府专门主持召开了由东阳市与嵊州市参加的梓溪流域水资源协调会，省政府通过给予资金支持，同时要求东阳市政府承担嵊州市的相关损失并帮助其兴建水库和引水工程，最终解决了东阳市与嵊州市之间关于引水

〔1〕 郑玲：《对“东阳－义乌水权交易”的再认识》，载《水利发展研究》2005 年第 2 期；赵连阁、胡从枢：《东阳－义乌水权交易的经济影响分析》，载《农业经济问题》2007 年第 4 期。

〔2〕 胡鞍钢、王亚华：《转型期水资源配置的公共政策：准市场和政治民主协商》，载《中国软科学》2000 年第 5 期；汪恕诚：《水权和水市场——谈实现水资源优化配置的经济手段》，载《中国水利》2000 年第 11 期；吴钊谦等：《东阳“卖水”，急了嵊州》，载《杭州日报》2001 年 5 月 8 日；董碧水：《嵊州不满东阳卖水》，载《中国青年报》2001 年 4 月 19 日；伏绍宏、张义佼：《对我国水权交易机制的思考》，载《社会科学研究》2017 年第 5 期。

的纠纷。[1] 实际上，水权转让协议的主体也是东阳市政府和义乌市政府。

第二，东阳－义乌水权交易的交易客体是横锦水库一定量的水资源，实现了水资源使用权的转移。水权的界定，学界存在不同的观点。由于《水法》规定了水资源国家所有权，那么表述为"水权交易"时，"水权"当然不是指水资源所有权，而是指由水资源所有权派生而来的、独立于水资源所有权之外的权利。如果说域外的水权交易行为，呈现了交易客体的金融属性，可以进行抵押、拍卖，那么，被誉为"中国水权交易第一案"的东阳－义乌水权交易所呈现的仅仅只是水资源使用权的转移，而没有表现出融资属性，但并不能因此否认该行为是水权交易行为。水权交易行为表现为不同的形态，既可以是水资源使用权的转移，也包括水票交易形式，以及取水许可证交易模式。[2] 水权交易具有不同的交易形态（交易模式），但不能仅以一种交易模式为标准而否认其他交易模式的合理性。从现有水权交易的形态来看，不仅存在全国水权交易形态的差异，同样存在国际上不同国家水权交易模式的差异。正是这种差异，构成了比较分析和经验借鉴的基础。

第三，东阳－义乌水权交易产生了负外部性，这并不构成反对交易的充分原因。学界对于东阳－义乌水权交易的正面效果和负面影响都进行了充分的分析和阐释。截至目前，东阳－义乌双方依然按

---

〔1〕 东阳市和嵊州市都属于梓溪流域，嵊州市位于下游。梓溪流域水资源总量有限，一旦东阳市与义乌市之间达成水权转让协议，必然影响嵊州市的水资源使用量，同时还会影响嵊州市电站的效益及相关引水工程的使用。具体纠纷过程参见沈满洪：《水权交易与政府创新——以东阳义乌水权交易案为例》，载《管理世界》2005年第6期。

〔2〕 曾玉珊将我国现有水权交易模式区分为三类：商品水交易模式、水票交易模式和取水许可交易模式。曾玉珊、陆素艮：《我国水权交易模式探析》，载《徐州工程学院学报（社会科学版）》2015年第4期。

照协议内容,行使权利和履行义务。交易行为重新界定了权利义务关系。根据科斯第二定律,当交易成本不为零时,权利的不同界定,会带来资源配置的不同效率。结合东阳和义乌的水资源保有量及水资源使用需求,完成水资源使用权转移行为,能提高水资源使用效率。不管是企业还是政府主导的交易行为,都不可避免存在负外部性问题。东阳－义乌的交易行为对嵊州市产生了负面影响。如果市场要求进行水权交易,但交易的负外部性不可避免,此时需要解决的是如何在保证交易可行的同时,降低交易产生的负外部性问题。

二、水权交易的地方探索

东阳－义乌水权交易之后,在水利部的指导下,内蒙古、宁夏、甘肃等地开展了水权交易行为。2014 年 7 月,水利部明确在宁夏、江西、湖北、内蒙古、河南、甘肃、广东等 7 个省区分别开展水权确权和交易试点。各省区结合本地实际情况,陆续完成了试点工作,并逐步通过验收检查。2016 年 2 月,中国水权交易所正式开业运营,水权交易发展态势良好。目前,指导我国水权交易实践的规范性文件为《水权交易管理暂行办法》。水利部以水政法〔2016〕156 号文件印发《水权交易管理暂行办法》,确定了区域水权交易、取水权交易、灌溉用水户水权交易三种类型,并对交易主体、交易平台、交易价格形成机制等做了规定。我国的水权交易实践先于规范性文件的出台,水权交易的实践推动了规范性文件的制定。

甘肃张掖市首创“水票转让”模式,在农业领域用水票制分配水资源。通过逐级分解用水指标,将农业用水分配到户,核发水权证,标明每一用水户的水量、地亩、用水定额等,建立水权和水价双调节制度。用水户向水行政主管部门缴纳水费,购买水票,水行政主管部门凭票放水。如果水票不足以获得足够的水资源,则可以向其他人(同一渠系)购买水票。水权交易双方根据市场因素,协议定价,实践中一般不得超过正常水价的 3 倍。“水票转让”模式以水票为载体，将水资源折算为一定价格。水票的转让，就是水资源使用权的转让。水票制控制了各用水户的年度用水总量，再通过允许水票转让行为，鼓励用水户节约用水。如果超出个人用水总量，则需要以比正常水价更高的价格购买水票。

发生在同一渠系之间的水票转让行为，不需要重新修建输水管道等水利基础设施，大大降低了交易成本，有利于缓解同一渠系之间的用水困境。通过多年的制度实践，“水票转让”模式不断完善制度措施，逐步解决了灌溉中的水费收取难、乱放尾水等问题。2017 年张掖高台县水务局局长杨国辉表示，水票制的运行，提高了农民的节水意识，也缩短了灌溉时间。[1] 从规划及实践来看，交易行为只能发生在同一渠系之间，这限制了交易的范围和交易的影响力。从交易范围来看，水票制主要发生在农业生产领域，不涉及农业用水的转换问题；从交易主体来看，主要是个体农户之间的交易行为，不涉及小组之间、村庄之间的用水交易；从交易方式来看，主要是自发的交易行为，不存在有组织的大规模的交易。个体农民之间、自发的、小范围的农业生产用水交易，交易便捷，但效益并不明显。

2014 年 7 月，根据水利部指导，宁夏、江西、湖北、内蒙古等 7 个省区开始水权试点工作，水权交易流转是试点的重要内容之一。经过 3 年左右的时间，各试点区域基本完成任务，进入验收阶段。宁夏是最先通过验收的试点省区。除了 7 个省区的水权试点外，其他省区如河北、陕西、浙江等地也积极开展水权改革的探索。2014 年，被确立为全国水权试点单位后，宁夏政府制定了《宁夏水权试点方案》，

---

〔1〕 许大凯：《高台全面实行冬灌“水票制”》，载《甘肃经济日报》2017 年 11 月 15 日，第 3 版，甘肃经济日报数字版，http://szb.gansudaily.com.cn/gsjjrb/201711/15/c23078.html。

并于2016年颁布了《宁夏回族自治区水资源管理条例》,随后《宁夏回族自治区水资源使用权用途管制管理办法(试行)》《宁夏回族自治区水权收储管理办法(试行)》《宁夏回族自治区水权交易管理办法(试行)》等相继印发,确立了水权试点改革的指导思想和政策依据,探索出农业综合节水—水权有偿转换—工业高效用水的水权转换模式。[1] 2017年11月24日,宁夏水权试点成为全国首个通过验收的试点。水权交易方面,宁夏水权试点的经验主要在于,探索出了农业节水,支持工业发展的水权交易方式。比如,新增农业用水项目必须实行高效节水灌溉并通过交易有偿获得水权。在形成自治区、市、县三级初始水权控制体系的前提下,宁夏水权工作强化了用水户的水权意识,改变了他们向政府"要水"的思路,形成了通过市场"找水"的做法。

水权交易方面,宁夏水权改革试点重点探索了多种形式的水权交易流转方式和水权交易平台建设,成立了水权收储交易中心,开展农业用水户之间、农业与工业用水户之间多种形式的水权交易。水权确权数据库以统计图、列表、地图分布等形式展现具体的权利类型、权利边界,为水权交易奠定了权利基础。宁夏水权改革试点的经验主要在于:首先,通过确权确立了水资源兼具公共资源属性与个人权益属性,调动了民众节约保护水资源的主动性和积极性。其次,高位推动的工作模式,提高了行政效率。水权改革过程中,突出了各市、县(区)人民政府的主体责任和部门职责,水资源使用权确权工作和水权交易试点完成情况纳入政府责任考核范围,形成了行政高压的态势。最后,监控计量为水资源精细化管理提供了技术支持。通

[1] 裴云云:《拧紧水龙头,3年省水7亿方!宁夏水权试点在全国率先通过验收》,载宁夏新闻网2017年11月26日,http://baijiahao.baidu.com/s?id=1585144298275020551&wfr=spider&for=pc。

过投入大量资金(累计投入2.44亿元),完成了国家水资源监控能力建设一、二期项目建设,监测比例高达98%。取用水计量设施和水资源监测技术有利于开展有效的水权确权和水权交易工作。[1]

宁夏水权交易试点工作同样存在需要进一步完善的地方。在农业水权交易方面,农民参与水权交易的积极性和动力不足,同时,农业内部水权指标交易容易损害农民的利益。鉴于此,需要探索农民参与水权交易的动力机制。也有研究者主张尽快出台专门的"水权交易农民利益补偿"制度。[2] 同样需要警惕的是,在强调水资源使用效益的同时,如何避免工业用水的增量可能导致的农业用水下降而出现的农业减产及损害农民利益的问题。其他国家和地区关于水权交易的反对声中,这一反思最为突出。在美国,反对水权交易的研究者主要的论点就是工业及消费用水对农业用水的"侵占",而澳大利亚也存在同样的反思。

三、水权交易平台的实践

2016年6月,经国务院同意,水利部联合北京市政府共同设立了国家级水权交易平台——中国水权交易所股份有限公司(以下简称中国水权交易所)。作为股份有限公司,中国水权交易所的出资方包括北京国泰新华实业有限公司、北京水务投资中心、长江水利水电开发集团(湖北)有限公司、上海太湖水利水电开发有限公司等12家公司,注册资本为6亿元人民币。中国水权交易所旨在充分发挥市场在水资源配置中的决定性作用和更好地发挥政府作用,推动水权交易规范有序开展,全面提升水资源利用效率和效益,为水资源可持续

---

〔1〕 韦凤年:《宁夏:水资源使用权确权改革与实践》,载《中国水利》2018年第19期。

〔2〕 王景山、苏立宁等:《农业内部水权指标交易关键技术研究——以宁夏吴忠市红寺堡区水权交易试点为例》,载《人民长江》2016年第18期。

利用、经济社会可持续发展提供有力支撑。[1] 以中国水权交易所为核心，中国形成了"正三角形"的水权交易平台体系。其中，国家级平台体系1家：中国水权交易所；省级平台体系5家：分别为内蒙古自治区、河南省、广东省、山东省、宁夏回族自治区等5家省级交易平台；省级以下交易平台不少于10家：包括石羊河流域水权交易中心、河北成安县水权交易平台等。

体系化的水权交易平台建设，为买卖双方提供了交易便利。国家级水权交易平台——中国水权交易所，通过发布交易信息，包括提供挂牌方、买卖方向、水权类型、所在地区、挂牌水量、挂牌价格、交易期限、挂牌时间等，提供信息交流的平台和技术支撑等服务，有效推动交易落地。[2] 统计显示，中国水权交易所自正式运营（2017年10月）以来，已完成31单交易，总交易水量11.8亿立方米，交易金额为7.43亿元。[3] 水行政主管部门能有效规范公开化的平台交易行为，同时发挥政府在市场经济中的监督管理作用。由于基本完成了从国家级、省级到地方的平台体系建设，交易平台的业务范围多元化，不仅包括提供交易的基本信息，还包括水权收储转让等经营性业务。比如，内蒙古自治区水权收储转让中心能够对行业、企业节余水权和

---

〔1〕 乔金亮：《我国水权改革取得重要进展　多模式水权交易格局初步形成》，载中国经济网2017年12月7日，http://bgimg.ce.cn/xwzx/gnsz/gdxw/201712/07/t20171207_27155920.shtml。

〔2〕 2016年6月28日，河南省平顶山市与新密市签订了跨流域水权交易合同，这是中国水权交易所开业的首单交易。新密市人均水资源占有量180立方米，不到全国平均值的1/10。根据合同约定，新密市出资2088万元，购买平顶山市2400万立方米水资源。《我国水权改革取得重要进展 多模式水权交易格局初步形成》，载《经济日报》2017年12月22日，第4版。

〔3〕 王俊杰、李淼、高磊：《关于当前水权交易平台发展的总结与建议》，载《水利发展研究》2017年第11期。

节水改造节余水权,新开发水源(包括再生水)等进行收储转让。[1]

内蒙古自治区水权收储转让中心有限公司(以下简称内蒙古水权中心)是经内蒙古自治区人民政府同意设立的自治区级水权交易平台。该交易平台业务范围主要涉及自治区内盟市间水权收储转让;行业、企业节余水权和节水改造节余水权收储转让;投资实施节水项目以及节约水权收储转让等。结合内蒙古自治区的地理位置及水资源保有状况,自治区开展水权交易的基础是节余水交易,特别是农业节余水交易。以内蒙古沿黄地区为例,该地区是黄河流域传统的农业灌溉区域。农业社会时期,农业灌溉区域农业用水比重大,采用粗放型灌溉模式,大水漫灌,造成水资源的严重浪费,内蒙古沿黄地区节水潜力大。根据《2017 内蒙古自治区水资源公报》的数据,2017 年全区农田灌溉亩均毛用水量 308 立方米,农田灌溉水有效利用系数 0.538,低于发达国家 0.7 ~ 0.8 的水平。此时,节水技术创新成为关键。自治区开展的水权交易可行性分析中,也主要针对节水改造展开。[2]

为了实现水资源优化配置,提高水资源效率,水权交易平台积极促成供给方与需求方之间的交易行为。交易行为的顺利展开,要求具备明确的交易规则、交易程序、纠纷解决机制等交易制度。根据中国水权交易所官网的介绍,中国水权交易所制定了包括信息公告、风险控制、交易规则、纠纷调解等在内的各项交易制度,包括内蒙古水

---

[1] 王俊杰、李淼、高磊:《关于当前水权交易平台发展的总结与建议》,载《水利发展研究》2017 年第 11 期。

[2] 2014 年 4 月黄河水利委员会在《关于内蒙古黄河干流水权盟市间转让河套灌区沈乌灌域试点工程可行性研究报告的批复》中,试点工程拟对河套灌区沈乌灌域 87.17 万亩农田灌溉工程进行节水改造,工程总投资 18.23 亿元,节水改造工程完成后节水量 2.35 亿立方米,转让水量 1.2 亿立方米。董明锐:《内蒙古:探索盟市间水权交易》,载《中国水利》2018 年第 19 期。

权中心在内的省级交易平台都需要遵守基本的交易规则和制度。[1] 由于缺乏涉及水权交易的基本法律规范，中国水权交易所、省级水权交易平台及省级以下地方水权交易平台制定的各项具体制度难以得到有效实行。即使出现了违约行为，违反了交易规则、纠纷调解等制度规定，依然难以从法律层面定分止争。一方面，指导水权交易实践的《水权交易管理暂行办法》，是水利部发布的规章，效力层级并不高；另一方面，由于水资源具有公益性以及生态环境保障功能，仅强调市场的调节配置作用，难以从整体上实现水资源的多重价值属性。在积极鼓励水权交易的同时，还必须切实加强水资源用途管制，保障基本用水权利，满足生产、生活等公益性用水需求。通过行政配置主导水权一级市场，进行水资源的初始配置，也是为了确保不同行业不同人群基本的用水需求，实现水人权的价值属性。政府在水权交易市场中，还需要通过宏观的调控手段维持供给与需求的动态平衡，避免出现过度的买方市场或卖方市场，这样才有利于推动水权交易的良性健康发展。[2] 在满足基本用水需求的前提下，发展多种类型的水权交易模式。

第二节　水权交易的美国实践

美国水权交易的研究，通常用水市场（water markets）、水权出售

---

〔1〕 2017 年 4 月 1 日，《内蒙古自治区水权交易管理办法》（内政办法〔2017〕16 号）实行。该管理办法第 3 条规定：水权交易应当遵循公平、公正、公开、高效的原则。第 4 条规定：开展水权交易应当遵守最严格水资源管理制度，并服从旗县级以上地方人民政府水行政主管部门和有关流域管理机构的统一调度管理。内蒙古自治区人民政府网 2017 年 2 月 14 日，https://www.nmg.gov.cn/zwgk/zfgb/2017n_4768/201708/201702/t20170214_303796.html。

〔2〕 郭晖：《关于加快推进水权交易的思考》，载《水利发展研究》2017 年第 9 期。

(the sale of appropriative rights)、水资源转让(water transfers)、买卖水权(purchasing water rights)、水权交易(transfer of water right)等词语来表达与水权交易相关的行为。美国水权交易的实践主要发生在西部地区,美国西部各州实行先占优先权制度。先占优先权制度是区别于东部地区沿岸权制度的一种水权使用制度。盛行于美国东部的沿岸权制度与土地所有权制度相关联,是基于对沿岸土地享有所有权而获得水资源的权利。根据先占优先权的要求,水资源使用权人并不需要对土地享有所有权,只需要通过先占途径,包括修建蓄水设备、取水设备等,在时间上优先利用水源地的水资源,就可以因先占行为获得水资源的使用权。概言之,先占优先权独立于土地制度,通过使用水资源时间的先后顺序来判断权利主体是否享有水资源使用权限。作为独立于土地产权之外的水权,先占优先权可以独立进行交易。本节关于美国水权交易的实践分析是以美国西部的水权交易为经验基础展开的。

一、爱达荷州供水银行的实践

根据水权交易水资源使用改变的程度不同,美国水权交易程序可以分为简易程序和普通程序。如果仅仅只是水权主体的变化,而不改变水资源的分流点、水源地、用途或者其他可能影响第三人的方式,那么这样的水权交易不需要获得水资源主管部门或者法院的认可,只需要当事人之间达成一致意见即可。对于可能对第三人或者环境带来影响的水权交易,则需要水资源主管部门或者法院的认可。简易的水权交易一般可以在较短时间内完成整个交易程序,比如30天之内;但对于普通程序的交易,如果利益相关的第三人提出异议,那么听证的时间可能会持续很久,超过12个月也是常见的。交易的时间一般为60~90天。通过分析爱达荷州水银行制度及实践,可以更清晰理解美国西部水权交易市场发展的状况。

爱达荷州水银行制度始于1930年。当时,爱达荷州农民之间开展了类似的交易行为,农户之间通过租赁契约,相互开展水资源的存储(deposit)和取用(withdrawn)业务。在持续的交易实践中,关于水资源的有益使用产生了一些争议。1979年,爱达荷州立法机关正式成立供水银行(water supply bank),从愿意出售的卖方那里获取水权,再通过出售或者租赁的方式分配给其他人。[1] 供水银行通过制定交易程序和规则,减少了水权纠纷发生的概率,推动了水权交易的发展。爱达荷州水资源委员会是供水银行的管理机构,负责任命委员会成员,监督管理水资源的使用情况。爱达荷州供水银行致力于鼓励最大程度的有益用水,为新增加的水资源需求提供充足的水源和补充用水,并为改善水资源设备和提高水资源使用效率提供资金支持。[2] 水银行存储不需要的水资源,再将水资源转移给对水资源有需求的一方当事人,为水资源的买卖双方提供交易的机会和平台。2019年爱达荷水银行的年度报告显示,为了提高效率,水银行进一步简化了交易程序,降低交易费用。[3]

根据爱达荷州水银行的规定,一个完整的可交易水权必须包含以下八个方面的信息:(1)水权人的基本信息,包括姓名和住址;(2)具体的水源地;(3)具体的分水点;(4)获得先占优先权的日期;(5)使用的目的,注明是家庭用水、灌溉用水还是工业用水等;(6)可用于交易的水量;(7)具体的可调水的期间;(8)使用地点,能满足有

---

[1] See Water Supply Bank Overview, Idaho Department of Water Resources, https://idwr. idaho. gov/iwrb/programs/water - supply - bank/.

[2] See Idaho Statutes § 42 - 1761 (Idaho Statutes, Title 42, Chapter17, Section42 - 1761).

[3] See Idaho Water Resource Board, Water Supply Bank, 2019 *Report for the Board's Water Supply Bank*, Idaho Department of Water Resources, https://idwr. idaho. gov/wp - content/uploads/sites/2/water - supply - bank/2019 - annual - report. pdf.

益使用的地点。[1] 存储水资源的主体既可以是自然人个体，也可以是组织或者相关机构。比如不同的个体农民将剩余或者不使用的水资源存储在水银行，电力公司根据发展需要，从水银行购买水资源发电，水银行满足了水资源买卖双方的需要，实现了双赢。

当出售水权的主体将水资源存储在水银行时，水银行作为代理人获得了处置水权的权利，保护其先占优先权不被没收。对于出售水权的主体而言，水银行可以满足其两方面的诉求：

第一，保护先占权人免受水权被没收的风险。根据先占优先权制度，当先占权人在一段时间内（爱达荷州规定的是连续5年）不使用水资源时，其先占权会被没收或者取缔，水权重新归于该州所有，并可被其他用水主体申请。[2] 爱达荷州最高法院还采用部分没收原则判案，这表明只要5年内没有充分使用水权，则部分未被充分利用的水权也会被没收。[3] 当先占权人将水资源存储在水银行时，水资源被认为是"出租"（leased to）给了水银行，是一种处于"使用"的状态，因而不会因未使用而被没收，从而保护先占权人免受水权被没收的风险。

第二，水银行作为代理方可以临时改变水资源的用途。水权交易中，改变水权的使用、完成转让行为是一个比较漫长的过程。转让行为不仅需要满足转让双方当事人的利益诉求，还不得损害利益相关者或者其他第三人的利益，遵循无伤害原则的指导。一旦有人提出异议，就需要对异议进行回应、审核和论证等行为，将交易过程拖

---

〔1〕 See *Water Supply Bank Rules* (*IDAPA* 37. 02. 03), IDAHO Office of the Administrative Rules Coordinator Division of Financial Management, https://adminrules. idaho. gov/rules/current/37/370203. pdf.

〔2〕 See Idaho Statutes § 42 – 1764 (Idaho Statutes, Title 42, Chapter17, Section42 – 1764).

〔3〕 See State v. Hagerman Water Right Owners, 947 P. 2d 400 (Idaho 1997).

长。特别是在水资源已经被完全分配了的区域,转让水权的行为更可能受到其他用水主体的挑战。在满足相关条件的情况下,当先占权人将水权转交给水银行处理时,水银行可以直接改变水权的使用方式和途径,而不需要完成烦琐的行政程序。当先占权人在水权转移过程中想要改变分水点、使用目的、取水期间和使用地点这四个要素时,都需要完成水权转移申请,并接受相关利益主体的异议,持续进行听证等程序。当事人如果对水资源管理委员会的决定不满意,还可以向爱达荷地区法院提出诉讼,进一步上诉到最高院。有争议的水权转移转让申请可能会持续数月、数年,这给想要临时改变水权使用地点、改变使用水量的先占权人,带来沉重的负担。出租给水银行作为一种替代方案,可以短期改变使用水资源的方式。根据爱达荷州的法律规定,只要水权人改变水资源使用状态的期限不超过5年,从水银行租赁水可以替代水权转让程序。[1]

二、美国西部的农业水权交易

通过爱达荷州水银行交易制度的规范分析,可以大体了解美国西部水权交易的过程。不过,对于理解美国西部整体的水权交易行为,仅仅了解水银行的运行过程还不够,还需要在宏观层面对美国西部的农业水权交易展开分析。

美国西部是典型的干旱和半干旱地带,水资源短缺,包括加利福尼亚州中央谷地、华盛顿州的高原地区等在内都存在干旱的风险。一方面这些地区水资源供应受到限制;另一方面部分地区又拥有良好的土壤和适宜作物生长的温度,这进一步要求水资源的有效供应。导致西部地区干旱的原因有很多,既包括自然地理气候的原因,也有

---

〔1〕 See Idaho Statutes § 42 – 1764 (Idaho Statutes, Title 42, Chapter17, Section42 – 1764).

不合理使用水资源的原因,还包括城市化、工业化所带来的农业、工业、市政用水和环境用水需求增加等原因。另外,美国西部水资源的供应与需求之间,时空条件并不匹配。部分河流和含水层被超额使用,难以满足所有现有水权,次级水权人的权利处于不稳定状态。美国西部水资源的基本困境是,水资源相对丰富和水资源相对短缺的气候交替出现,可用水的年际变化加剧了水资源的过度使用。以加利福尼亚州为例,在经历了六年干旱之后,2017 年加利福尼亚州的冬季高积雪创新高。但是在 2018 年冬季,该州的大部分地区再次出现干旱状况,水资源供应紧缺。气候变化、积雪、降水,径流变化等加剧了西部水资源短缺趋势和不稳定状况。最后,环境问题获得越来越多的关注,生态环境的可持续发展是人类社会可持续发展的条件之一。公共环境压力和《美国濒危物种保护法》(The Endangered Species Act,ESA)的实施,促进了公众对上游生态系统和栖息地的水资源管理要求。各种因素的综合作用加剧了美国西部水资源短缺的发展态势。

美国农业灌溉用水是最大量的消耗用水,约占水资源量的 42%,包括地下水和地表水。[1] 2012 年农业普查显示,灌溉农场只占美国农场的 14%,但却贡献了全国 39% 的农业销售额,超过 1520 亿美元。[2] 农业灌溉主体是水资源的重要利益相关者。水资源供应紧缺,同时农业灌溉用水又占据了大量的水资源,这种供水紧缺的状态促使美国西部在农业生产中开展了多种创新,包括改进灌溉技术、改变作物种植结构(种植耗水较少的作物),开展水权交易等举措,减少

---

〔1〕 See *Estimated Use of Water in the United States in* 2015, USGS Science for a Changing World(June 19, 2018), https://pubs.er.usgs.gov/publication/cir1441.

〔2〕 Glenn Schaible, *Understanding Irrigated Agriculture*, Natural Resources & Environment, June 5, 2017.

水资源不确定所带来的风险，将水资源从经济效益较低的领域向经济价值较高的领域转移，优化水资源的综合效益。其中，水权交易有多种形式，包括租赁、永久出售、合并(pooling)以及其他安排。

西部许多州开展的农业水权交易主要包括两种形式。第一种主要发生在灌区内、运河内，被称为区域内交易(intra - district)。这类交易通常是以非正式和分散的方式进行，管理相对简单，基本在区域内就可以完成，不需要上报到州，也不需要经过州的同意。第二种是灌区之外的水权交易行为，被称为私人水权转让(private water rights transfer)。这类水权交易通常需要获得州的批准和认可，程序相对复杂，耗时较长。在公开程序中，一旦遭遇异议就需要数月甚至数年才能完成交易行为。两种水权交易中，第一种类型的水权交易行为是主要的水权交易，但由于是非正式且分散进行的，所以大量交易行为并没有记录，有数据记载的仅仅只是少部分。概言之，美国西部农业水权交易的频率被大大低估了。[1]

美国西部农业水权交易具有多种形式。结合空间地理位置和时间差异，水权交易形式也会不同。水权交易的不同形式反映了西部区域不同的水文环境、水资源制度和经济发展状况。具体而言美国西部的农业水权交易主要包括以下几种：永久转移(permanent transfers)；租赁(leases)；结转(carryover)；合并(pooling)；年度水交换(inter - annual water exchanges)；轮换协议(rotational agreements)；

---

〔1〕 See Richael Young & Nicholas Brozovic, *Agricultural Water Transfers in the Western United States*, Digital Commons @ University of Nebraska - Lincoln (January 2019), https://digitalcommons.unl.edu/cgi/viewcontent.cgi?article=1074&context=wffdocs, p. 4.

补给(recharge)。[1]

永久转移模式下,水权通常与土地联系在一起,水权从卖方的土地直接转移到买方的土地。这种转移方式耗时较长,程序要求比较复杂。通常会有州水资源管理机构进行公告,或者在法院有相关记录,并需要获得州或联邦相关机构的批准。包括加利福尼亚州、亚利桑那州、科罗拉多州、爱达荷州、堪萨斯州、蒙大拿州、内布拉斯加州、内华达州、新墨西哥州、俄勒冈州、得克萨斯州、犹他州、华盛顿州和怀俄明州等14个州都存在这种形式的水权交易。租赁是指水权人暂时将水权转移给承租人,租约时长既可以是几个月,也可以分季节租赁,或者多年期。租赁的具体水权性质不一样,如果是非正式的,辖区内审核通过即可;如果涉及运河或者水库(reservoirs)的水权交易,则需要州一级或联邦层级的审核批准。结转是指水权人将上一年度节约的水资源,用于下一年度的形式。此时,水权人并不与其他人发生交易行为,而只是将潜在的当前的用水量预留给自己以后使用。堪萨斯州提供类似的水权转移服务。合并是一种水权的重新聚集和分配形式。既可以是同一水权人的合并行为,也可以是多个水权人的合并行为。如果是多个水权人的合并行为,则根据充分分配的比例进行相应的经济补偿。年度水交换是以水换水的一种交易方式,交易双方根据需要互为出租人和承租人。如先占优先权中的高级水权持有人和次级水权持有人之间发生的交易行为。干旱年份,高级水权持有人将其部分水权出租给次级水权持有人,作为交换,在水资源充沛的年份,次级水权持有人将其部分水权转让给高级水权

---

〔1〕 See Richael Young & Nicholas Brozovic, *Agricultural Water Transfers in the Western United States*, Digital Commons @ University of Nebraska – Lincoln (January 2019), https://digitalcommons.unl.edu/cgi/viewcontent.cgi?article=1074&context=wffdocs, p. 6.

持有人。轮换协议是一种短期的以水换水的交易方式,通常以非正式的形式出现。如相邻用水的双方之间约定某一天由其中一方集中使用共用的水资源。补给是通过渗透、注入等方式将地表水转化为地下水的形式。内布拉斯加州的普拉特河流域普遍采用这一交易方式。补给地下水的水权人可以使用这一水资源,同一区域的其他人在支付相应报酬的情况下也可以使用。

三、美国西部农业水权与其他行业之间的水权交易

为了缓解美国西部水资源紧缺的发展趋势,水资源管理部门不仅采取各种举措降低消费用水量,对公共用水系统设定严格的耗水量限制,同时也积极鼓励节约用水,从而让节约的水资源用于交易。激励节约用水行为,能够满足不同用水需求,维持淡水和河流生态系统有序循环。除了通过科技途径减少水资源消耗,鼓励积极主动节约用水外,西部地区同样采取其他措施提高水资源的使用效率。比如,将加利福尼亚州中央谷地蓄水层中提取的水资源,从灌溉低附加值的干草和玉米种植,转移到城市和工业化领域,提高水资源的生产能力,满足持续增长的人口发展和食物供应要求。除了农业领域水权之间的交易外,大量存在的是农业领域的水资源向工商业领域转移的现象。围绕灌溉农业节约用水,并将节约的水资源释放给其他用途的报告和讨论构成了水权交易研究的主要方面。水权从农业领域向其他领域转移,包括支持工商业发展和对生态环境用水的保护。水资源短缺的地区很难满足环境用水的需求,水权交易行为可以帮助解决类似的用水困境。可通过购买、租赁或者捐赠等行为丰盈河流的水资源,提高河流的自我修复能力和环境生产能力,保障环境和人类的基本用水需求。

农民与城市主体之间的水权交易行为受到积极鼓励和政策支持,缓解了城市发展的水资源短缺压力。圣地亚哥、奥斯汀和圣安东

尼奥的城市发展中，鼓励灌区农民实施农场节水措施，然后将部分或全部水权转让给城市，提高水资源的使用价值，包括水资源生产率（每单位水消耗产生的价值）的提高、改造灌区的社区环境以及生态系统的恢复和保护等方面。农村向城市的水市场转移推动了这三个城市的发展，水权交易行为使这些水资源短缺城市的 GDP 每年增长 3% ~6% 。为了满足城市发展所需要的大量水资源，圣地亚哥郡水务局与相邻的科罗拉多河沿岸的帝国灌溉区进行了水资源共享谈判。1998 年双方签订了《水资源保护与调水协议》（Water Conservation and Transfer Agreement），并于 2003 年 1 月对该协议进行了修订，形成了美国有史以来最大的从农村向城市的水资源转移计划。[1] 协议要求帝国灌溉区在 75 年内，每年向圣地亚哥水务局转移不少于 20 万英亩（200,000 acre – feet）的农业节水。协议采取多种举措节约灌溉用水，以降低对科罗拉多河的过度依赖和超量取水，包括农田临时休耕、安装先进的监控系统、渠道修复等，所节约的水资源量，占圣地亚哥郡供水系统的三分之一。[2] 出现这一结果的原因不仅仅只是农业水权的转换，还包括城市居民和企业也厉行节约用水，过去的 15 年中，用水量减少了 20% 以上。

美国西部的许多流域中，州水资源管理部门颁发的水权水量远远多于干旱年份的水权水量。水资源量随着气候变化而变化，干旱年份和湿润年份的水资源保有量差异甚大。为了应对水资源湿润年份的水资源分配，减少水权纠纷的发生概率，水资源管理部门根据申

---

〔1〕 See Historic *Water Transfer Agreement Documents Finalized*: *County Water Authority and Imperial Irrigation District Landmark Water Deal*, San Diego County Water Authority (January 15, 2003), https://www.sdcwa.org/historic – water – transfer – agreement – documents – finalized/.

〔2〕 See *White Paper*: *Quantification Settlement Agreement*.

请时间先后顺序,颁发水权。按照水资源充沛时期颁发的水权,导致在水资源干旱时期,水权申请在后的权利主体没有办法获得实际的水资源。得克萨斯州科罗拉多河流域颁布的水权总量是该河流长期中位数流量的4倍。这意味着即使在正常年份,大多数水权持有人也难以获得实际的水资源量。根据先占优先权制度,申请时间在先的高级水权持有人享有优先水资源使用权。次级水权持有人如果想要获得水资源,或者从高级水权持有人那里进行租赁或者购买,或者从水供应商那里购买水资源。当得克萨斯州奥斯汀水务局没办法满足水权持有人的需求时,奥斯汀水务局会从科罗拉多河下游管理局购买蓄水。科罗拉多河下游管理局(Lower Colorada River Authority,LCRA)成立于1934年,是一个非营利多用途公共机构,管理范围涵盖了得克萨斯州科罗拉多河下游三分之二的区域。[1] 科罗拉多河下游管理局通过从农民手中收购水权,提高了先占权的优先年份,保障了干旱年份的供水稳定性。在严重干旱的年份,管理局也很难满足供水需求。如2012~2015年,管理局的水库容量仅为三分之一。为了满足城市和工业发展的基本需要,管理局获得了紧急许可,切断了对灌溉用水客户的供水。包括奥斯汀水务局和科罗拉多河下游管理局在内的水资源供应商,通过购买灌溉水权获得可能的水资源,满足城市和工商业发展需要。

四、水权市场中的水资源供应商

普通居民通常从当地公共或者私人水资源供应商那里购买水资源。正如上文提到的,当奥斯汀水务局的水资源不足以满足已购买水权的用水者的需求时,水务局会从科罗拉多河下游管理局购买水

[1] See John Williams and William McCann, *Lower Colorado River Authority*, TSHA (July 31, 2012), https://www.tshaonline.org/handbook/entries/lower-colorado-river-authority.

资源。奥斯汀水务局和科罗拉多河下游管理局都是水资源供应商，大量的个体、企业、机构从水资源供应商那里购买水资源，获得水权。城市居民通常从市政水务机构或者由投资者控股的公用事业公司购买水资源。农民则经常从灌溉区或者供水公司获得水资源。灌溉区是主要服务农业灌溉的政府性质的水资源机构；而供水公司则属于私人供应商，客户本身就是股东，他们共享利益共担风险。美国水权交易市场上，有以下五大类水务组织：监管机构（regulatory bodies）；市政供水者（municipal water suppliers）；私人供应商（private suppliers）；灌区机构（irrigation districts）和各州所有的水务项目组织（state - owned and operated water projects）。根据联邦法律，还有两个重要的水资源管理机构：陆军工程兵团（USACE）和垦殖局（bureau of reclamation）。不同的水资源供应商具有不同的功能。[1]

1. 州一级的水资源监管机构参与州水法的制定和实施工作。州一级的水资源监管机构规定取水要求、费率设定、供水计划、水质维持办法和节约举措。根据管理事项的差异，这些监管机构内部有不同的分工，包括州自然资源局、工程办公室、水资源管理部门和地下水委员会。每个州水资源监管机构的具体名称并不一致，具体机构的管辖范围也根据州法律进行不同的界定。以科罗拉多州为例，科罗拉多州水质控制委员会根据《科罗拉多州水质控制法》（Colorado Water Quality Control Act）颁布水质标准，并协助执行污染控制措施。科罗拉多州水资源局，也被称为州工程办公室，负责管理水权，代表科罗拉多州协同联邦，共同制定水利工程和水资源利用规划，监测溪流和水的使用，批准水坝的建设和维修等。

---

〔1〕 See David H. Getches, Sandra B. Zellmer, Adell L. Amos, *Water law in a nutshell*, West Academic Publishing, 2015, p. 441.

2. 水权交易市场中,政府要求各种类型的水资源供应商用合理价格出售水资源。对于由政府主导的灌区机构和市政水务机构而言,政府从公共利益和选民利益出发,所定价格符合大多数用水户的利益和承受能力。市政水务机构可以是私有公司,也可以是公共组织,但它们都被界定为提供公共事业服务的机构,受州一级水资源监管机构的监督。水资源监管委员会通过审查价格、投资和服务等内容,监督价格是否合理。水资源监管机构由选民选举产生,受选民监督,对选民负责。不过这一约束对于农村灌区机构并不适合,对于农村灌区水资源管理机构来说只有业主才能投票选举董事会成员,业主投票的方式并不是采取"一人一票"制,而是根据业主拥有灌溉土地的面积及其评估值,采取加权投票的方式。在这种情况下,承租人或者小型土地所有者的投票对于整体结果的影响不大。虽然小型土地所有者会对灌区的这种管理和监督机制质疑,但是并未改变类似的状况。司法实践认可这一投票模式,仅要求灌区的投票规则与该地区的设定目标之间具有"合理关系"。如果想要改变规则,小型土地所有者要承担举证责任,证明投票规则与既有目标之间存在不合理关系。[1] 这一要求增加了改变规则的难度,最终导致灌区机构的水资源价格主要由灌溉面积较大的业主共同决定。

3. 市政水务机构要应对不断增长的人口压力、城市发展用水需求与有限的水资源供应之间的矛盾。市政水务机构不仅有义务满足当前人口的水资源需求,同样有义务为未来可持续发展提供可能的水资源。实际上,他们享有一定的"特权",州法规和宪法通常授予市政水务机构在限制条件之外采取措施,履行水务职责。[2] 这也构成

〔1〕 See Ball V. James, 451 U. S. 355(1981).

〔2〕 See David H. Getches, Sandra B. Zellmer, Adell L. Amos, *Water law in a nutshell*, West Academic Publishing, 2015, p. 446.

了早期市政水务机构的定位宣言，认为其能满足水资源可持续增长的需求。随着水资源紧缺的态势日益明显，市政水务机构越来越难以满足服务区域内的水资源供应要求，更遑论未来发展的需要。特别是在美国西部水权交易市场上，当干旱年份来袭时，只有高级水权持有人的水权才能得到实现，其他水权持有人难以获得实际的水资源量。水资源减少和人口增长以及城市发展之间的矛盾，对市政水务机构有效供应水资源的能力提出了挑战。

随着水资源短缺态势的加剧，一些水区（water districts）已经拒绝向新客户提供水资源。当水资源供应商能证明他们已经采取合理的途径，但是依然没有办法寻找到新的水资源时，法院会认可这种禁水令。如在土地规划中，部分州要求土地使用规划者在土地使用计划中和批准开发新项目时考虑水资源供应的可能性，提供具体的规划，证明有足够的水资源满足未来50年或者100年的用水需求。还有一些州要求，城市在综合土地使用计划中应包括供水评估，这也是为了保护当前水资源用户或者说已有水权主体的权益。[1] 当未来的水权主体和已有水权主体之间的权益发生冲突时，优先保护已有水权主体的利益。为了保护已有水权主体的利益，不仅需要在当前和未来的水权人之间进行选择；还需要对当前水区和水区之外进行区分。司法实践显示，即使当地水资源供应商有足够的水资源，他们依然没有义务向管辖区之外的其他居民提供水资源，甚至是在辖区外居民饮用水缺乏的情况下，供应商依然没有义务满足辖区外居民的用水需求。[2]

4. 私人供应商在水资源供应中具有怎样的作用？公共管理机构

---

〔1〕 See Josh Eagle, James E Salzman, Barton H. Thompson Jr., *Natural Resources Law and Policy*, Foundation Press, 2017, p. 190.

〔2〕 See Fulghum v. Town of Selma, 238 N. C. 100, 76 S. E. 2D 368(N. C. 1953).

供应了美国85%的生活用水，这与其他公共产品的供应形成了鲜明对比。比如，电力、电话服务、天然气这些公共服务领域，私人投资者占据主导地位。20世纪90年代，美国各州相当多的城市考虑通过将水资源供应出售给私人公司或者引入私人资本来运营和管理，实现水资源供应的私有化。对于城市发展来讲，水资源"私有化"被认为有以下几点优势。首先，私营公司通过注入资本满足基础设施升级的需要以及提高监管能力和监管标准；其次，私有化也会提高工作效率和提升专业知识；最后，城市公共管理部门希望将供水的风险转移给私营部门。即使有这样或那样的优势，将供水系统私有化的提议总是引起激烈的争论。与其他公共服务不同，居民认为水资源是最重要的资源，高质量的水对他们的健康至关重要。考虑到水资源对于个体生命具有不可或缺的作用，居民并不想将水资源供应的权力交由私人资本决定。尽管他们会批评公共水资源供应商的服务或者行为，但他们根本不信任私人水资源供应商。[1] 随着维护公共设施费用的增加，也出现了公共水服务向私人供应商发展的趋势。

第三节　水权交易的发展基础与构成要件

一、水权交易的制约因素

水资源作为人类生存的必需品之一，是一种有益于所有人、应该让所有人受益的公共财产，而不应该成为某部分人凭借经济势力获得的垄断资源。20世纪初期以前，美国西部各州禁止水权转让行为。反对者认为一旦允许水权交易行为，则水资源将被出售给出价最高

〔1〕 See Josh Eagle, James E Salzman, Barton H. Thompson Jr., *Natural Resources Law and Policy*, Foundation Press, 2017, p. 191.

的用水主体,处于优势经济地位的人,容易获得更多的水资源,从而带来水资源垄断和水资源分配不均的局面。"一旦允许水资源进行交易或者出售,那么公众就必须放弃相应的水资源,因为水资源会被拍卖给出价最高的人……空气、水和阳光是上天赐予的礼物,在干旱地区尤其如此……石油、钢铁、煤等资源不断被垄断的风险已经警示我们,水资源的垄断会带来更大的危险……水资源属于民众,是一种公共财产。水资源的使用应该受到公共监督和制约。"[1]

水权交易是否可行,受到公共利益标准的制约(public interest criteria)。美国西部各州对公共利益的认定并不完全一致,规定的出处也不一致。有些州通过法案的形式作出界定,有些州通过司法判决确立公共利益标准。华盛顿州《1971 年水资源法案》(Water Resources Act of 1971)对公共利益进行了界定,包括是否影响野生动物、鱼类保护、风景和其他环境保护以及航行影响都被纳入公共利益判断的标准中。[2] 爱达荷州最高法院认为公共利益标准包括对申请人的利益、对其他人的伤害(harms)、对通航和公共水域的影响、确保最低限度的溪流(minimum stream flows)、公众健康和安全等 12 个方面。[3] 北达科他州主要从以下几个因素衡量是否影响了公共利益:对申请人带来的利益;由此产生的经济活动的影响;对鱼类以及公共娱乐机会的影响;丧失水的替代用途的影响;对其他人的伤害

[1] Elwood Mead, *Irrigation Institutions* 264, p. 365 - 366 (1903), quoted from Josh Eagle, James E. Salzman, Barton H. Thompson Jr., *Natural Resources Law and Policy*, Foundation Press, 2017, p. 188.

[2] See RCWs 90. 54. 020 (Revised Code of Washington, Title90. Chapter90. 54. Section020.).

[3] See Idaho Statutes § 42 - 1501 (Idaho Statutes, Title 42, Chapter 15, Section 42 - 1501).

(harm);申请人获得先占权的意图和能力等6个方面。[1] 是否符合公共利益不仅是水权配置的衡量标准之一,也是影响水权交易是否可行的标准之一。

当水资源使用权的许可需要考量用水主体对水资源的使用是否会伤害(harm)他人,是否会对公众健康和安全带来影响,是否会对野生动物、鱼类保护、通航等造成不利影响时,这就表明水权交易行为同样受到上述标准的制约。水权交易行为发生后,可能改变水资源的使用主体,可能改变水资源的使用地点,还可能改变水资源的使用方式。为了规范转让行为发生之后的水资源使用状况,一方面,需要公共利益标准对交易行为进行约束和制约;另一方面,水权交易的合理性和正当性,也需要通过公共利益获得证成。由于水资源所具有的公共资源属性和多重价值属性,即使是私主体之间的水权转移行为也需要符合公共利益要求。通过改变水权主体,或者改变水资源使用地点、使用方式、使用领域回应公共利益的诉求,满足了不断变化的水资源需求和多重价值属性。双方当事人之间的市场交易活动,既需要满足自身的利益诉求,同样不得损害第三人或者社会公众的利益,也不得损害所在区域的自然生态资源(包括鱼类、自然风景、野生动植物等)。

水权交易行为受到一定的制约,交易行为需要获得水资源管理部门的批准。公共利益是一个内涵比较广泛的概念。虽然美国西部各州对公共利益内涵的界定并不相同,但至少都涉及对受交易行为影响的第三人的利益保护问题,即水权转移行为是否会影响同一水源地的其他用水主体,最典型的是上游水权人将水资源出售后,是否会影响位于下游的享有水资源使用权的用水主体的利益。虽然保护

---

[1] See N. D. Cent. Code § 61 - 04 - 06 (North Dakota Century Code, Title 61. Chapter 61 - 04 - 06).

在先的水权人(senior appropriators)的利益是水法的核心原则,但是水法同样保护次级水权人(junior appropriators)的权益。[1] 简言之,就是在先水权人转让水权的行为不得损害次级水权人的利益。虽然在先水权人享有对水资源的有限使用权,但只有在水资源有剩余或者超出其使用量后,处于同一水源地的次级水权人才享有水资源使用权。就两者比较而言,在先水权人享有优先权,次级水权人享有的权利位阶低于在先水权人。次级水权人享有的权利位阶低于在先水权人,但是却高于除在先水权人之外的其他任何人,包括与在先水权人交易的不特定第三人。如果在先水权人出售水资源的行为,侵害了次级水权人的利益,那么,这种交易行为就不符合公共利益的标准,不会被水资源管理部门批准。例如,当在先水权人正常使用水资源进行灌溉行为时,农作物消耗一部分水,另外一部分水回流到河中,被位于下游的次级水权人使用。一旦在先水权人将水资源出售,则位于下游的次级用水主体也失去了赖以生存的回流的水资源。为了保护位于下游的次级用水主体的利益,美国西部各州虽然认可水权交易行为,但是都通过立法或者司法判决的形式对交易行为设置了限制条件,如规定买方可以使用多少水资源。

二、水权交易的可行性

(一)合理性与可行性分析

虽然受到公共利益标准的制约,但水权交易市场的建设依然获得了美国西部各州的认可。公共利益标准既可以说是一种制约,也可以说是一种赋权。公共利益标准成为水权交易合理性的理由之一。除了公共利益标准外,研究者还从以下几个方面论证了水权交

---

[1] See Josh Eagle, James E. Salzman, Barton H. Thompson Jr., *Natural Resources Law and Policy*, Foundation Press, 2017, p. 169.

易的合理性和可行性:[1]

1. 水权是一种私有产权(private right),与其他财产权一样可以进行交易。1859年加利福尼亚州最高法院在确定先占优先权是一种"实质性的、有价值的财产权利"的同时,还指出通过有益使用而获得的先占优先权是一种私权,权利主体也就是用水主体可以按照其意愿拥有或者处置这一权利。[2] 早期的美国西部水法确立了先占优先权的专有属性和私权属性。[3] 对先占优先权私权属性的一致认可,表明其具有与一般产权同样的内涵,权利主体可以依据意愿开展交易行为。同时,由于水资源具有的特殊自然属性和社会属性,要求交易行为需要兼顾公共利益。

2. 水权交易有助于提高水资源的利用效率和经济价值。市场经济通过价格机制的引导,鼓励资源要素的自由流动,提高资源配置效率。水资源在市场上的交易过程,遵循相同的市场机制,水权交易市场同样可以实现经济效益,完成水资源从经济效益较低的利用方式向经济效益较高的利用方式转变。在水资源稀缺的美国西部地区,对于已经获得先占优先权的用水主体而言,随着经济社会环境发展的变化,其对水资源的利用方式也会发生变化。这种变化既包括因节约用水或者改善取水设备而获得多余的水量,也包括改善种植结构或者水源用途后获得多余的水量。水市场通过实现水资源的自由流动提高其使用效率和经济价值,满足用水主体的不同诉求。[4]

---

[1] See Josh Eagle, James E. Salzman, Barton H. Thompson Jr., *Natural Resources Law and Policy*, Foundation Press, 2017, p. 186. 第二、三、四点的分析主要参考了该书的介绍。

[2] See Thayer v. California Development Company, 164 Cal. 117(1912).

[3] See I W. Hutchins, *Water Rights Laws in the Nineteen Western States 3 Vol. Illustrated Edition*, The Lawbook Exchange, Ltd, 2004, p. 468.

[4] See Andrew Myers & Meghan Snow, *Water Share – Using water markets and impact investment to drive sustainability*, The Nature Conservancy(2016).

3. 水权交易市场为农民提供了选择如何利用水资源的机会。根据先占优先权的规定，如果用水主体在一段时间内没有使用获得许可的水资源（如 2 年或者 5 年），则其会丧失或者被剥夺水权。一旦赋予民众可以在水权市场上进行交易的选择机会，就可以帮助实现水资源对于用水主体的经济价值。这种价值不仅仅只是使用价值，还包括水资源的交换价值。通过水权市场交易，用水主体（主要是农民）可以出售他们不使用的水资源，水权交易市场在提高水资源经济价值的同时，也给水权主体提供了额外的经济机会。[1]

4. 水权交易市场也有利于环境保护。水权市场通过刺激水资源的自由流动，降低了过度开发水资源的概率，从而有利于生态环境保护。当新的用水主体可以从现有用户那里购买水权时，他们就不再需要从早已干枯的河流或者已被过度抽取的地下水获得水源。已经获得许可且符合公共利益标准的水资源在不同主体之间的流动、不同使用方式之间的转换，降低了对水资源的过度开发，提高了水资源可持续使用的可能性。环境保护组织也会通过购买水资源，将其倒流入河，满足生态环境保护的要求。1987 年到 2007 年，相关公共机构和私人组织购置了超过 1000 万英亩的水资源，将其用于溪流。[2]

（二）反对者的质疑

水权交易的可行性理由同时也受到反对水权交易者的质疑。这种质疑主要包括以下三个方面：

1. 水权交易在提高水资源使用效率的同时，可能会损害农村区

---

〔1〕 See Josh Eagle, James E Salzman, Barton H. Thompson Jr., *Natural Resources Law and Policy*, Foundation Press, 2017, p. 186.

〔2〕 See Brandon Scarborough, *Environmental Water Markets: Restoring Streams Through Trade*, PERC Policy Series, No. 46(2010), p. 17.

域的基本用水需求。市场交易活动中的价格机制引导水资源向效益更高的工商业及娱乐业转移,如何避免水资源从农业领域、农村社区过度向城市和工商业领域转移,造成工商业领域对农业的“水资源剥削”,以及城市社区对农村社区的“水资源剥削”是水权交易发展要面对的重要问题。为了避免出现社区水资源枯竭(dry up)的状况,美国西部各州禁止对当地社区造成不利影响的水权买卖行为,部分州完全禁止从当地河流转移水资源。

2. 水权交易在保护环境的同时,也可能带来对环境的破坏性影响。虽然不排除包括公共环保组织和私人环卫士在内的环境机构购买永久性水资源滋养河流和野生动植物的栖息地,保护环境和维持生态平衡,但是市场经济中发生的水权交易行为,遵循的主要规律是从经济效益较低的行业和领域,向经济效益较高的行业和领域转移,这种转移很少能兼顾环境保护的需求。为了减少水权交易对环境造成的不利影响,还需要加强水权交易行为对环境影响的评估。[1]

3. 水权交易可能形成经济发达地区对经济落后地区的水资源剥夺现象。水权交易活动中,水资源会从经济效益比较低的农村社区向城市社区转移,同样存在从经济相对落后地区向经济发达地区转移的情形。中国水权交易第一案东阳 - 义乌的水权交易活动,既具有农村社区向城市社区转移水资源的特征,同时也具有从经济相对落后地区向经济发达地区转移水资源的特征。因此,在提高水资源使用效率的同时,还需要减少其对经济相对落后地区的不利影响。

综上所述,水资源是人类最重要的天然资源。虽然地球上有足

---

〔1〕 Western Governors' Association and Western States Water Council, *Water Transfers in the West: Projects, Trends, and Leading Practices in Voluntary Water Trading*, (December 2012), https://www.pacificresearch.org/wp-content/uploads/2017/06/3_Water_Transfers_in_the_West_2012.pdf.

够的水资源满足每个人的需求,但由于水资源分布并不均衡,某些地方的水资源比其他地方更稀缺。这种差别不仅体现在世界上不同区域、不同国家之间,同样体现在一个国家不同地区之间。在水资源分布不均、水资源日益稀缺的态势下,鼓励水权交易,实现水资源在不同行业、不同地区之间的自由流动,有利于鼓励节约用水、提高水资源的使用价值和交换价值。但同时水权交易行为一旦缺乏有效约束也将面临效益与公平两种价值之间的较量。如何在提高水资源使用效益的同时,设置相应程序保证水资源的公平分配,将是一个值得思考的问题。

三、水权交易的条件及原则

水权交易必须满足基本要求,这些要求既涉及出售主体的权利合法性问题,也涉及转让行为的可能后果。具体而言,水权交易应该满足以下几个要求:第一,出售水权的主体享有占有、使用水的权利。这一要求确保水权出售方享有受法律保护的合法使用出售水资源的权利。只有出售人获取了合法有效的水权,其才有资格在水权市场出售水权。第二,水权交易的双方当事人都有进行水权交易的真实意图。也就是说交易主体都有真实的意思表示,水权转让一方有真实转让水权的意思表示,而接受水权转移的另一方具有购买或者承租水权的意思表示。第三,水权交易行为不得损害其他相关权利主体的利益。水资源的流动性、依附性等自然属性,反映了同一水源地的水权主体使用水资源的相互关联性。处于水源地上游的水权人在转移水权时,不得损害水源地下游其他水权人的利益。利益相关主体不仅包括同一水源地的利益相关者,还包括处于水源地附近,与水源地的自然生态环境相关的其他主体。第四,水权交易主体必须向水资源行政管理部门或者法院(a water court)提出变更申请(a change application),并由其批准。提出变更申请后,水资源行政管理部门或者法院通知可能受到交易行为影响的其他各方主体，询问其对转让行为是否有异议。如果有异议，则可以提出异议申请。具体异议的内容和要求不一样，将导致不同的后续程序，如听证程序或者诉讼程序。如果没有异议，则这一水权转移行为会被水资源行政管理部门或者法院批准，从而发生效力。[1] 异议程序虽然可以保护水资源相关利益主体的利益，为他们的发声提供渠道和平台，但也增加了水权交易的成本，甚至会影响水权交易的正常开展。一项水权交易行为可能会因为异议，进行漫长又昂贵的听证会，导致几个月甚至长达几年的延误。

影响水资源行政管理部门或者法院作出是否批准决定的关键判断标准是无伤害原则(no jury rule)。无伤害原则是指水权交易行为不得损害其他先占权人或者第三方的利益，即不对相关利益主体的利益造成伤害。无伤害原则最初主要针对因为转移水权行为，导致与灌溉相关的回流水资源的减少，进而对相关利益主体产生不利影响的情形。为了降低水权交易行为对下游其他先占权人的不利影响，无伤害原则限制了水权交易的水量，从而保障基本水资源的回流依然能满足次级先占权人的用水需求。另一种影响利益相关方的情形是，通过改变已有的水资源使用分配方式，影响了第三方的利益。比如，通过改变分流点的具体位置，影响了水流方向，进而影响次级先占权人的利益。当分流点改变水流方向，降低原有河流的基本水流量时，就会带来运输利益损失。水量减少进一步带来水质降低，还会将第三方主体的范围进一步扩大。[2] 实践中，很难确定次级先占

[1] See Bonnie G. Colby, Mark A. McGinnis, etc, *Transferring Water Rights in the Western States: A Comparison of Policies and Procedures*, Getches - Wilkinson Center for Natural Resources, Energy, and the Environment(1989), p.3 - 7.

[2] See George A. Gould, *Transfer of water rights*, Natural Resources Journal, Vol. 29, p.463(1989).

权人或者第三方利益受损的情况。如果要考虑水权交易会导致回流量减少,并造成农作物损失的情形,就需要证明回流量减少降低了作物的产值。为了证明回流量减少降低了产值,就需要收集农作物种类和灌溉面积的历史数据进行比较分析,还要使用作物系数证明气候和海拔高度对水资源蒸发的影响。水资源的正常消耗,不仅包括被蒸发掉的水,还包括渗入深层含水层成为地下水的水。这部分水资源都不会回流,属于被消耗掉的范畴。季节不同、气候不同等都会影响所消耗的水量。如何对可消耗水量作出一个准确的预测非常复杂,如果不能对正常可消耗水量作出一个准确预测和论证,就难以确定可交易的具体水量。

无伤害原则通过对水权交易行为进行实质性审核,促使交易行为不仅符合交易双方当事人的利益,而且不损害其他相关主体的利益,从而提高水资源的社会整体效益,实现水资源的多重价值。通过设置其他相关先占权人或第三人的异议程序,以及水资源行政管理部门或法院的批准程序,规定了只符合双方利益的水权交易行为。无伤害原则虽然致力于保护大多数人的利益,但为了达到这一目的,交易过程被无限拉长,也提高了交易成本。为了避免无伤害原则所带来的不确定性,美国西部各州致力于提高该原则的有效实施机制。主要采取了以下两种途径提高该原则的实践效果。第一,水资源行政管理部门编制水资源交易指南。交易指南应该包括判断是否对第三方产生影响的信息和资源,降低交易双方获取信息的成本,同时指导交易活动有序进行。比如,指定具有水务方面专业知识的专门机构来评估交易行为对第三方的可能影响。第二,对水权交易行为进行分类。根据水权交易的可能后果区分不同的水权交易类型。对于异议较大,可能造成严重后果的交易行为,采取严格审核模式。对于不太可能造成严重损害后果的交易行为,采用简化流程的程序处理。

简言之,虽然水权交易行为是双方真实意思表示,且符合交易的基本要件,但在水权交易实践过程中,为了践行无伤害原则,水资源行政机关需要发挥行政指导和审核的作用,通过集中信息和降低交易成本,优化无伤害原则的实践机制。

第四节　水权交易制度的比较分析

一、提高水资源利用效率是不同水权交易制度的共性

20 世纪 60 年代,美国西部形成了关于水权交易的司法判决和法律规范。中国水权交易制度的发展始于东阳 - 义乌水权交易实践,随后在其他流域和地区逐渐发展起来,特别是伴随水权交易平台的建设和相关规范性文件的出台,各地的水权交易活动日趋丰富。从制度生成的角度来看,制度源于日常实践的发展和要求。在水权交易的规范性文件和司法实践发展之前,中美两国的民众在日常生活中早已开始了非正式的、短期的水权交易行为。爱达荷州农民在 20 世纪 30 年代进行的水权交易行为就是一个典型的例证。后期水权交易制度的发展,是对实践中已有习惯性做法的确认和完善。在这个意义上,虽然中美两国水权交易制度的实践存在较大差异,但是从水权交易制度所要解决的问题,以及践行该制度的效果来看,两者具有相似点。结合上述分析和介绍,具体而言,中美水权交易制度存在以下相似之处:

1. 中美水权交易制度都回应了水资源高效利用的诉求。被誉为中国水权交易第一案的东阳 - 义乌水权交易,在满足义乌城市发展需要的同时,提高了东阳既有水资源的利用价值,同时也倒逼东阳居民开展节约用水行为,从而符合合约约定所要求的持续供应相应数量的水资源。美国水权交易的实践发展显示,提高水资源利用效率,

不仅包括提高单位水资源量的产出效率，还包括提高水资源再分配的效率。水权交易日益成为美国西部 17 个州水资源再分配的有效工具。对于拥有先占优先权的水权主体而言，在雨水充足的年份，通过灵活多样的水权交易行为，将部分水资源转移给同一灌区的水权主体，或者经过水银行转移给市政水资源主体，提高了单位水资源的产出效率，也为水权主体节约用水提供了激励机制。水权交易行为满足了多余水资源的有效利用问题。

2. 中美水权交易制度回应了不同水权主体的利益诉求。中国农村灌溉用水转移到城市社区之后，不仅实现了农村居民对水资源的多重价值诉求，也满足了城市发展过程中，日益增长的城市居民对水资源的需求。各省市开展的水权交易平台建设，为水资源的出售方和水资源的买入方，提供了交易的平台和机会。交易成功，符合双方的利益诉求。美国水权交易的实践呈现了同样的现象。在先占优先权的发展过程中，对于高级水权主体而言，无论是干旱年份还是雨水充足年份，他们都可以因为时间在先而获得优先使用水资源的权利。而对于次级水权主体而言，在很多河流所分配的水权已经超过平均水流量 4 倍时，他们只能在有限的年份或时间段获得少量水资源。通过合并（pooling）这种水权交易形式，调节干旱年份和雨水充足年份之间高级水权主体和次级水权主体的水资源利用关系，既能保障干旱年份次级水权主体的权益，也能在雨水充足年份，满足高级水权主体的水资源诉求。在灌溉用水转化成城市发展用水的过程中，水权交易同样满足了城市居民和部分企业主的利益诉求，也为环境保护和生态修复提供了机会。

3. 中美水权交易制度回应了城市发展的需求，水资源从农业领域向工商业领域转移。城市和工商业的发展，需要大量的水资源满足日益增长的城市居民生活用水需求、城市公共基础设施用水需求以及能源发展的用水需求。虽然水权交易既发生在农业灌溉领域，同样也发生在农业领域向工商业转换的领域，但从交易数据和交易分析来看，水资源从农业领域向工商业领域的转移是水权交易市场的主要现象。宁夏作为全国首个通过验收的试点，其主要经验是探索出了农业节水支持工业发展的水权交易形式。从经济收益的角度看，农业灌溉用水是水资源消耗的主要领域，但经济效益比不上工商业领域。水资源从农业领域向工商业领域转移，有利于提高水资源效率，提高水资源单位产出。如何在提高水资源经济效益的同时，确保农业灌溉领域的基本用水，不造成对农业灌溉的水资源剥削，也是中美两国水权交易市场共同面对的问题。爱达荷州水权交易的严格限制条件主要针对改变水资源用途、分流点等情形，也是通过程序性要求，在不造成伤害的情况下，提高水资源的经济效益。水权交易过程中应该遵守的"无伤害原则"以及公共利益的衡量标准，有利于降低水资源从农业领域向工商业领域转移过程中所造成的负外部性后果。

4. 中美水权交易制度发展中政府都发挥了积极作用。东阳－义乌水权交易是由政府协助完成的交易行为。东阳、义乌两地政府在水权交易中发挥了主导作用，东阳市政府派出宣传小组，通过宣传解释消除东阳人民对水资源不足的忧虑；浙江省政府专门组织水资源协调会，解决可能产生的水资源负外部性影响。除了东阳－义乌的水权交易行为外，其他包括甘肃的水票制度、内蒙古等地开展的水权交易平台建设等都是在水利部的统一部署下，各地政府积极宣传和帮助筹备下完成的。虽然一直存在关于水资源供应私有化的呼声，但美国水资源供应中，由政府主导水资源供应的比例依然达到了85%。美国西部水权交易市场活跃，发展了多种形式的水权交易类型，既有农户之间自发形成、非正式的短期交易行为，也有需要水资源行政管理部门审核批准后才能完成的交易行为。交易双方的自发需求产生了短期的非正式交易行为;需要审核批准的交易行为中,水资源行政管理部门主导了交易程序的走向,是交易行为能否顺利开展的主要因素之一。代表州政府行使权力的水资源主管部门对交易行为是否会影响公共利益、是否符合无损害原则等进行实质审核。正如爱达荷州水银行市场的交易过程所显示的那样,一旦交易行为被公众质疑,则需要在政府主导下开展听证会,或者要求交易双方修改交易的具体内容,才能最终获得批准通过。

二、水权交易的实践样态差异

中美水权交易制度都是为了应对城市化、工业化发展过程中日益增长的水资源需求和水资源存储量有限之间的矛盾。为了缓解水资源危机,解决水资源供应与水资源存储量之间的矛盾,中美两国水资源行政管理部门发挥了积极的推动作用,致力于提高水资源利用效率。中美两国之间虽然存在相同的问题,但是由于两国具有不同的发展阶段、不同的水资源历史语境、不同的水资源交易传统以及不同的水资源管理体制,两国之间的水权交易依然存在较多不同点。具体而言,中美水权交易制度的差异体现在以下几个方面:

1. 中美水权交易形式不一样。美国探索了多样化的交易形式,中国水权交易形式有待进一步总结提炼。美国西部水权交易的实践显示,其水权交易形式多样。从时间长度上看,既有时间跨度无限长的永久转移模式,也存在短期的以水换水的年度水交换模式;从交易限制看,既有与土地紧密联系的交易形式,如永久转移模式,也存在与土地无关的、独立的交易形式,如租赁、合并等交易形式;从交易内容看,既有以水换水的交易模式,如年度水交换和轮换协议方式,也有单纯的水权买卖和租赁的模式,如永久转移模式和租赁模式;从交易主体看,既有互为交易双方的轮换协议,也有交易双方主体固定的交易模式,如永久转移、租赁等方式;从交易客体看,既有以地表水为客体的交易模式,如结转、合并等交易方式,也有通过渗透、注入等方式将地表水转换为地下水之后进行交易的方式。

永久转移、租赁、结转、合并、年度水交换、轮换协议以及补给等多种水权交易方式,是美国西部17个州水权交易实践探索的结果,结合了各州既有的水资源交易环境、历史、传统等综合原因,最终发展出了符合不同需求、满足不同主体要求的形式多样化的交易形式。从已有的文献研究来看,关于中国水权交易形式的研究更多是一种比较宏观和制度层面的分析,水权交易具体问题的研究并不多见。地方水权交易的探索实践中,甘肃张掖市的"水票转让"模式被大力宣传和推广,其他各地开展的水权试点工作,涉及水权交易形式时,多是泛泛而谈,缺乏对水权交易形式的具体介绍和分析。自发形成的制度来源于实践,同时也需要研究者进行总结和提炼。从人均水资源量来看,中国人均水资源量远远低于美国。为了解决水资源短缺的困境,除了甘肃张掖市的"水票转让"模式外,肯定存在丰富多彩的交易形态,有待研究者进一步调查研究。在水资源危机已经常态化的发展趋势下,需要进一步推进水权交易的研究。

2. 中美水权交易中水资源供应商有差异。美国水权交易中供水服务机构中私人供水者和公共供水者并存,中国水权交易中市政供水者、灌区管理者是主要的水务组织。水资源的运输成本、水质净化成本、取水成本等因素限制了个体获得水权的机会,水务组织代表个体拥有和管理水权。当水务组织通过买卖行为将水资源出售给使用的个体、企业或者其他机构时,个体、企业或者其他机构同样获得了以一定量水资源为客体的水资源使用权。水权交易市场中,美国水务组织不仅包括来自公共自来水公司这样的公共事业机构,还有大量的私人水务公司(private water companies)。从数量上看,私人自来水公司的数量超过了公共水务公司(public water companies),但就供水量和服务人数而言,公共水务公司占有的市场量更大。

不同的水务服务机构满足了不同的水资源供应需求。州一级的监管机构制定州域范围内的水资源供应的基本规范,如费率问题、水质问题和供水整体计划等。监管机构的功能类似中国水务市场上各地水资源行政主管部门,如水利厅、水利局等机构。陆军工程兵团通过对通航水域及其周围基础设施的维护确保国家安全,联邦法规赋予了陆军工程兵团在航行和防洪方面较大的自由裁量权。根据 1902 年《垦殖法》(Reclamation Act of 1902)设立的垦殖局,负责美国西部 17 个州的灌溉项目。中国水权市场上,依然是由水资源行政主管部门(水利部—水利厅—水利局)负责,全流域的问题则由流域管理机构,如长江水利委员会、淮河水利委员会等负责。美国水务组织私有化的呼声下,有大量反对私有化的研究。中国水权市场建设中,同样需要警惕水务组织私有化带来的不良后果。

3. 中美水权交易市场中政府的作用不一样。中国水权交易市场和水权交易平台的建设中,政府主导作用明显。美国水权市场的形成和发展更多是一个自发的过程。虽然中美两国政府都在水权交易市场上发挥了一定的作用,但就两者介入的程度和影响来看,美国更多体现为一种市场行为,而中国水权交易市场更多是政府主导。1997 年爱达荷州成立了供水银行,开展水资源的存储、租赁和出售业务,供水银行制定交易程序和规则,通过存储多余的或者是不需要的水资源,将其在合适的时机转移给水资源需求方,为水权交易的双方提供了交易平台和机会,推动了水权交易的发展。供水银行的成立既是主动创立的结果,更是经验发展的结果,早在 20 世纪 30 年代爱达荷州农民之间就开始了非正式的存储和租赁行为,水银行的成立和发展只是对这一实践过程的认可和规范。

中国水权交易市场和水权平台的建设更多是一种主动的政府行为。东阳－义乌的水权交易，无论是交易主体，还是交易过程的展开以及最后签订水权交易合同，都是以浙江省政府、东阳市政府、义乌市政府为主导，政府在交易行为中是关键力量。水权交易平台的建设同样体现了政府的主导力量。2016 年水利部联合北京市政府共同成立了国家级水权交易平台——中国水权交易所。此后，包括内蒙古自治区、宁夏回族自治区、河南省、广东省、山东省等在内的水权交易平台建设都体现了当地政府的支持，水权交易平台主要以国家出资为主。比如，内蒙古自治区水权中心是国有独资公司，出资资本为 1000 万元人民币。

三、完善水权交易制度的举措

中美水权交易制度的发展既有不同点也有相似之处，相似之处表明两国面临类似的水资源危机和发展困境，不同之处表明两国的水权交易面临不同的发展阶段和历史语境。比较中美两国水权交易制度，结合不同点和相似点进行分析，可以得出以下启示：

1. 发展多种形式的水权交易。形式多样的水权交易，有利于满足不同自然条件下不同主体的需求。长期的交易模式、短期的租赁模式以及以水换水式的交易模式等多种交易形式形成了多样化的交易种类。已有关于中国水权交易的研究中，除了甘肃水票转让模式被广为介绍外，并没有形成其他比较成熟的交易方式。每一种水权交易形式的形成和发展，都需要与已有的水权实践和水权制度相契合。在甘肃水票转让模式的基础上，可以进一步探寻类似租赁、结转、合并和年度水交换方式的交易形式。如年度水交换方式，双方互为出租人和承租人，一旦一方有休耕期或者减少水资源使用的情况，那么将水资源转让给另一方，既可以满足另一方的用水需求，还提高了休耕期出租人的水资源经济价值，是一个双赢的结果。既然是互为承租人，那么出租方和承租方的地位是可以互换的，这需要双方之间达成一定时间段内关于水资源稳定预期的使用规则和方案。

在中国农村，农户并不享有水资源的独立使用权，而是在村集体、村小组内部进行公共使用。水权交易的前提首先需要确权，确权之后才可能进行交易。多种水权交易形式的发展应该在已经完成确权或者适合进行确权的区域进行探索。并不是所有中国农村区域都适合进行确权。中国人均耕地面积较少，人均不足"一亩三分地"的现状，使得确权之后的灌溉成本极高，集体进行统一的水资源供应比较符合共同利益，也能有效降低取水和灌溉成本。因此，发展多种形式的水权交易形式需要在中国不同区域进行具体的实践，不可简单照搬和借鉴，应从实际情况出发进行发展和创新，如探索以村集体为出租人或者承租人的交易模式。

2. 确立水权交易公众异议和听证程序。对水权交易行为设置公开、异议、听证程序是因为水资源使用状况的改变，不仅影响当事人的利益和诉求，还可能影响有利害关系的第三人的利益，影响生态环境、影响通航等。公开、异议及听证程序，为第三人对水权交易行为进行有效监督提供了条件和机会。东阳 - 义乌水权交易不仅涉及东阳居民和义乌居民的水资源利益，还涉及与东阳处于上下游关系的嵊州市居民的利益，通过异议和听证程序，可以从程序上减少水权交易之后可能产生的损害，听取异议方的合理建议，修改交易方案，完善交易行为。引入异议和听证程序，虽然能降低交易风险，兼顾各方利益，但是，同时存在延长交易时间，增加交易成本的问题。所以，在设置异议和听证程序时，应根据不同的交易类型区别对待，取水并不复杂的交易行为，可以采用简易审核程序，不设置异议和听证程序。对于类似东阳 - 义乌的水资源量较大、合同履行时间较长以及影响面更广的交易行为，应增加异议和听证程序。

确立异议和听证程序虽然能从程序上对影响较大的交易行为设置程序审核标准,但不代表通过异议和听证就能解决水权交易过程中可能引发的诸多问题。中国水权交易加强异议和听证程序安排,将可能受影响群体的利益呈现出来,发现被遮蔽的问题,从而进一步督促和监督政府在水权交易中发挥更积极的引导作用。在具体实践过程中,要区分政府主导的水权交易行为和民众之间自发的水权交易行为中异议和听证程序的不同作用和要求。政府主导的水权交易行为,异议和听证程序主要是通过提出问题,督促和监督水资源主管部门解决问题。在民众之间自发的水权交易行为中,异议和听证程序在提出问题的同时,也对交易可能产生的负外部性后果进行了预测。

3. 制定水权交易的基本原则。水权交易基本原则指导水权交易的具体实践过程,也成为公众异议有效开展的有力支撑。《水权交易管理暂行办法》第5条规定:水权交易应当坚持积极稳妥、因地制宜、公正有序,实行政府调控与市场调节相结合,符合最严格水资源管理制度要求,有利于水资源高效利用与节约保护,不得影响公共利益或者利害关系人合法权益。[1] 该条列举了水权交易应该坚持的指导思想和具体的要求,提到了不得影响公共利益或利害关系人合法权益,但并未明确规定水权交易应坚持的基本原则是什么。上述列举式表达和确立基本原则的区别在哪里呢?列举式表达虽然提到了交易行为需要避免和遵循的诸多具体要求,看似进行了全面规定,但是

---

〔1〕 利害关系人的界定范围应以扩大解释为原则。美国环境保护的司法案例中对"利害关系人"的解释也是一个逐步宽泛的过程,从其权利、利益或义务受到行政行为直接影响的"明显的当事人"(即行政管理直接相对人)扩大到作为行政管理间接相对人的竞争者、消费者、"环境消费者"甚至"任何人"。汪劲总主编,汪劲、严厚福、孙晓璞编译:《环境正义:丧钟为谁而鸣——美国联邦法院环境诉讼经典判例选》,北京大学出版社2006年版,第49页。

实践中很难有统一标准，容易形成“公说公有理婆说婆有理”的局面。确立统一的基本原则不仅能将标准统一，也能在基本原则指导下，发展出相应的规则和制度规范，有助于水权交易的体系化发展。

结合中国水权交易的实践，可以制定水资源可持续利用原则、公平与效率相结合原则和无伤害原则。可持续利用原则从整体上规范水资源利用和交易行为。水资源交易不仅关乎水资源的当代使用，还影响水资源的未来使用状况。可持续利用原则不仅强调人类对水资源的使用，同时还从生态环境和自然界整体发展出发，分析水权交易可能带来的影响。公平与效率相结合原则，立足于中国水权交易的特色，体现了政府调控水权交易的过程中，通过平衡各方利益，实现多方共赢的可能性。无伤害原则通过规范交易双方的行为，降低水权交易的负外部后果。三大原则所规范和保护的水资源利益侧重点并不相同，在具体的水权交易实践中，三大原则的具体适用范围和程度并不一样。对于政府主导的水权交易行为，应该以公平与效率相结合原则为指导；对于民众之间自发的交易行为，应该以无伤害原则和可持续利用原则为指导。水权交易指导原则的具体内涵，也应该根据水权交易发展阶段的不同而有所不同。

结语　全球视野下的水权制度比较研究与水资源危机应对

在信息传播迅捷的全球背景下，随着各国交往日益频繁，法律制度的发展多少会受到其他国家和地区法律发展的影响。中国水权制度的发展和完善，不仅需要从中国水权历史发展的传统资源中寻找资源，同样需要在全球视野下展开比较研究。通过分析全球水资源危机状况，探究水权制度如何发挥相应的功能及带来了哪些意外后果，评价不同制度的实施效果及借鉴的可能性。[1]

水资源的属性和价值、水资源所有权的制度功能和实践后果、流域管理立法的发展和路径选择、水权配置制度的内涵和经验、水权交易制度的发展和启示等内容构成了全球视野下中国水权制度建设研究的核心内容。这些内容都是为了回应一个问题：如何通过比较研究，完善中国水权制度建设，缓解水资源危机。

作为人类生存和经济社会发展不可缺少的重要自然资源，水资源具有多重属性。水资源具有流动性、依附性、循环性等自然属性。

---

〔1〕 参见比较法研究的代表性作品：[德]茨威格特、克茨：《比较法总论》，潘汉典等译，法律出版社 2002 年版；[法]皮埃尔·勒格朗、[英]罗德里克·芒迪主编：《比较法研究：传统与转型》，李晓辉译，北京大学出版社 2011 年版；朱景文主编：《比较法总论》（第 4 版），中国人民大学出版社 2019 年版。

水资源是最活跃的自然资源，其数量和质量是动态的，地表水和地下水之间具有流动和互换属性，水资源处于流动状态。除了自然降水对自然生物的滋养作用外，水资源的利用需要借助土地或者其他水利设施，其具有依附性。水资源的循环性表现在地表水、地下水和大气补给之间形成了一个流动循环的自然水资源系统。关于水资源的社会属性存在一定的争论。本书认为水资源既是一种商品，可以通过市场提高水资源的使用效益。同时，水资源也是人类共同的财产，公民享有获得生活用水的权利。最后，获得水资源是基本人权，国家有义务帮助公民获得个人生存和发展必不可少的水资源。水资源的多重属性，决定了水资源具有多样化的价值，包括生存价值、生态价值、经济价值、文化价值和宗教意义。

现代社会水资源的多重属性和多样化价值与水资源危机同时存在。水资源危机表现在水资源短缺、洁净水资源不足、水资源分配不均和水资源污染严重等四个方面。为了实现水资源的多样价值，抵抗水资源危机带来的不利后果，水权制度的发展应该遵循水资源的价值位阶，在具体的水权实践中，通过比较分析，运用比例原则、个案平衡原则做出合理的价值排序，并在价值排序的指导下，开展具体水权配置、水权交易的制度建设。

理解水资源的多重属性和价值是厘清水资源危机的基础条件，如何应对水资源危机，还需要厘清水资源所有权制度。由于不同时期不同地域，经济社会发展条件及发展阶段的差异，水资源所有权呈现不同状态。发达国家的大多数公民可以获得洁净的水资源，而在发展中国家和欠发达地区情况就完全不一样。比如，在非洲，饮用水(potable water)就很少。[1] 这表明虽然各国都面临一定程度的水危

---

〔1〕 See Note, *What price for the priceless: implementing the justiciability of the right to water*, Harvard Law Review, Vol. 120(2007).

机,但水危机的处境差异很大,这也决定了关于水资源所有权的研究应该结合具体的发展阶段来理解。日本《河川法》规定河川属于公用资源,水资源不得据为私有;澳大利亚界规定水资源属于国家,主要由各州进行管理;印度从宪法层面规定政府应从公共利益出发管理水资源。以美国为例,虽然各州规定了水资源的所有权归属,但联邦通过对联邦保留水权以及公共信托原则的解释,从公共利益出发,确立水权归属。通过分析中美两国水资源所有权制度,本书发现一方面中美水资源所有权制度的差异主要表现在所有权主体不一样、所有权制度的内涵不一样以及所有权的制度实践不一样等三个方面;另一方面中美水资源所有权制度都具有排他功能、保障全民共享利益的功能、保障所有人平等获得水资源的功能、保障居民生活用水优先性的功能。不同的水资源所有权制度形成了应对水资源危机的不同架构。我国水资源所有权的制度内涵,主要包括水资源国家所有和统一管理制度,水量分配协商制度,水事纠纷预防、协商、裁决、执行机制等三个方面。水资源国家所有,保证了中国全域范围内水资源的统一安排和部署。南水北调工程的成功实践,既是以水资源国家所有为基础展开,同时,也是在水资源的诸多价值之间进行区域性的比较和排序。通过水资源的统一调度,确保北方地区的基本生活用水需求,缓解水资源短缺的危机。水权配置和水权交易实践主要在流域范围内展开,厘清流域立法的发展及路径选择是展开水权制度比较研究的基础。

世界主要国家除了制定宏观层面的水资源开发、利用、管理和监督等规范外,主要都是以流域为单位对水资源进行分配和管理。流域是一个相对独立的地理范围,不同流域有清晰的边界和独立的水文系统,不同的水文系统有不同的地下水时空分布规律和运动规律,这进一步影响了地表水和地下水之间的循环和互换,形成了不同流域的水资源运动特质。从流域出发进行水资源的开发、利用和管理尊重了水资源的自然属性,有利于合理开发利用水资源。全球视野下的流域立法经历了地权规则主导流域管理阶段、以水资源利用开发为主的流域立法、兼顾环境保护的流域立法、以生态经济为基础的流域综合立法四个发展阶段,在这样的发展趋势下,我国流域立法经历了流域专项立法阶段、流域管理分散式立法阶段、流域综合立法阶段等过程,形成了流域立法起步较晚发展较快、流域管理体制复杂、立法主体多位阶不高、流域立法原则性规定多操作性不强等特征。综合以上分析,本书认为我国流域管理立法应从发展流域综合管理立法模式,完善政府主导和市场规范管理相结合的体制,完善流域协商管理机制等三个方面探究流域立法的路径选择。

在分析了水资源的多重属性和多样价值,水资源所有权制度,且以流域为单位厘清了流域管理立法的路径选择后,全球视野下的水权制度研究进入水权配置以及水权交易制度及其实践的具体研究。水权配置研究是在水资源国家所有的前提下,探讨水资源如何分配的问题。如果说水资源所有权规定了水资源的静态权属问题,那么水权配置,则是对水资源使用的动态分配。有效配置水资源,并对水资源的使用过程进行监督和管理,是应对水资源危机的重要环节。配置的合理与否,不仅关系到水资源利用的效率与效益,还关系到消费群体的切身利益和社会公平。水权配置的中国经验主要表现在以下几个方面:第一,形成了以流域和行政区划为单位的水量分配模式。七大流域管理机构确立各省市的水量分配总体计划后,不同行政区域则按照行政层级逐级分配水量,采取总量控制和定额用水相结合的原则。第二,水量分配以水资源可利用总量或可分配水量为对象。从水资源可利用总量出发分配水资源是主要方面,只有在水资源可利用总量大于实际使用水资源或者远低于实际使用水资源或者难以有效计算的状况下,才以实际可分配水量为分配对象。第三,水量分配遵循公平和公正原则、保护水环境和可持续发展原则。公平公正原则不代表水资源分配的完全均等,而是要求水资源分配要根据历史和未来的水资源开发利用状况进行合理分配。公平公正原则在不同区域的实践样态和具体表现并不一致。水量分配中主张保护水环境和可持续发展原则,就是要通过实现水资源在各行各业可持续供应,不仅满足经济社会可持续发展的要求,也为生态环境保护提供足够的水资源,通过鼓励节水行为、调整排污标准、提高湿地保护率和森林覆盖率等举措,实现经济社会和水资源的可持续发展。

美国西部通过先占优先权制度分配水资源的使用权。先占优先权制度的构成要素包括权利客体要件,即哪些水资源可以成为先占优先权的保护对象;先占优先权要求在后的权利客体不得妨碍在先的权利客体的行使,还要求行为人具备优先使用的行为或者相关证明文件,以及行为人必须是有益使用。通过比较发现,中美两国在水资源使用权配置上存在启动程序差异、审批条件差异、审批原则差异。结合以上分析,本书认为完善我国水权配置制度,可以从三个方面展开:第一,在强调水资源可利用总量和行业定额控制的情况下,结合绿色经济生态发展的要求,从审批程序上,评估水资源使用可能对第三人或社会公共利益带来的影响。第二,确立水资源许可使用的有益使用原则。第三,鼓励社会公众提出针对取用水许可申请的意见。

水权交易致力于提高水资源的使用效率。对效率的追求拷问了在效率先行的情况下,如何最大化实现社会的公平、公正。中国水权交易实践,产生了一些有价值的经验,也出现了一些需要解决的问题。东阳－义乌水权交易被誉为“中国水权交易第一案”。随后,水权交易进入地方探索阶段,水利部组织了水权确权和交易试点工作,水权交易平台建设也进入发展阶段。我国水权交易的具体案例显示,水权交易的转让,以经济不发达地区向经济发达地区转让为主;同一经济区域内,则以农业用水向工业用水转让为主。水权交易的实践,既要关注水权受让方在获得水资源后的经济发展态势,还要关注转让方在转让水权后,生产生活是否受到不良影响,并探求如何有效规范水权交易行为。美国水权交易的发展形成了种类多样的交易方式。通过比较中美两国水权交易制度的发展,本书发现中美水权交易制度具有回应提高水资源利用效率、回应不同水权主体的利益诉求、回应城市发展需要以及政府都发挥了积极作用等相似点,同样存在交易形式不一样、水资源供应商有差异、政府在水权交易中的具体作用不一样以及水权交易原则有差异等不同点。综合分析,本书认为完善我国水权交易制度,可以从以下三个方面展开:第一,发展多种形式的水权交易。第二,确立水权交易公众异议和听证程序。第三,制定水权交易的基本原则。

水资源危机作为一种全球发展态势,不仅是中国面临的问题,而且是世界上大多数国家面临的问题。水权制度实践的比较研究既需要厘清中国水权具体制度的实践,也需要了解代表性国家的水权制度发展历程。比较研究具有相对性,不同国家不同流域具有不同的水文地理环境,水权的建构应该立足于本国实践,尊重地方的自主探索。本国实践和自主探索,并不能成为借鉴其他有效做法的充分理由,因为,我们必须警惕借鉴和移植需要满足的具体条件。比较研究,是一个不断发现的过程,不仅能看到本国具体做法与他国做法的差异和相似之处,也能通过考察具体后果,进一步反思如何才能做得更好。就水权制度建设的研究而言,发现问题、分析问题总是相对容易的,但难就难在解决问题。本书丰富了分析问题的视野和理论资源,但对于具体实践的指导举措还有待提高,后续的研究也将在此基础上进一步推进。

参 考 文 献

一、中文文献

[1][澳]斯蒂芬·巴克勒:《自然法与财产权理论:从格劳秀斯到休谟》,周清林译,法律出版社2014年版。

[2][德]茨威格特、克茨:《比较法总论》,潘汉典等译,法律出版社2003年版。

[3][法]R. C. 范·卡内冈:《欧洲法:过去与未来——两千年来的统一性与多样性》,史大晓译,清华大学出版社2005年版。

[4][法]皮埃尔·勒格朗、[英]罗德里克·芒迪主编:《比较法研究:传统与转型》,李晓辉译,北京大学出版社2011年版。

[5][美]戴维·艾伦·佩兹:《黄河之水——蜿蜒中的现代中国》,姜智芹译,中国政法大学出版社2017年版。

[6][日]志村博康:《现代农田水利与水资源》,刘福林译,辽宁人民出版社1990年版。

[7][意]彼得罗·彭梵得:《罗马法教科书》,黄风译,中国政法大学出版社1992年版。

[8][英]梅因:《古代法》,沈景一译,商务印书馆1959年版。

[9]《法国民法典》,罗结珍译,中国法制出版社2002年版。

[10]《马克思恩格斯全集》(第1卷),人民出版社1956年版。

[11]《瑞士民法典》,殷生根、王燕译,中国政法大学出版社1999年版。

[12]乔金亮:《我国水权改革取得重要进展 多模式水权交易格局初步形成》,载《经济日报》2017年12月22日,第4版。

[13][美]埃丽卡·吉斯:《洪水与旱灾的夹击:极端气候下的加利福尼亚州》,张涵译,载《光明日报》2017年11月29日,第14版。

[14]蔡宏伟:《作为限制公权力滥用的比例原则》,载《法制与社会发展》2019年第6期。

[15]曹明德:《论我国水资源有偿使用制度——我国水权和水权流转机制的理论探讨与实践评析》,载《中国法学》2004年第1期。

[16]陈晨:《水资源消耗“双控”行动成效如何——写在2018年“世界水日”和“中国水周”之际》,载《光明日报》2018年3月22日,第10版。

[17]陈金木、王俊杰:《我国水权改革进展、成效及展望》,载《水利发展研究》2020年第10期。

[18]崔建远:《水权与民法理论及物权法典的制定》,载《法学研究》2002年第3期。

[19]崔建远:《水权转让的法律分析》,载《清华大学学报(哲学社会科学版)》2002年第5期。

[20]崔建远:《准物权研究》(第2版),法律出版社2012年版。

[21]单平基:《论我国水资源的所有权客体属性及其实践功能》,载《法律科学》2014年第1期。

[22]单平基:《水资源危机的私法应对——以水权取得及转让制度研究为中心》,法律出版社2012年版。

[23]单平基:《我国水权取得之优先位序规则的立法建构》,载《清华法学》2016年第1期。

[24]董明锐:《内蒙古:探索盟市间水权交易》,载《中国水利》2018年第19期。

[25]伏绍宏、张义佼:《对我国水权交易机制的思考》,载《社会科学研究》2017年第5期。

[26]龚春霞:《农业水权纠纷及其解决机制研究》,载《思想战线》2016年第

5 期。
[27]龚春霞:《水权制度研究——以水权权属关系为中心》,湖北人民出版社 2019 年版。
[28]龚春霞:《水资源所有权的中外比较及借鉴》,载《武汉科技大学学报(社会科学版)》2018 年第 4 期。
[29]龚春霞:《乡村振兴背景下水权与地权关系的历史流变及反思》,载《山东大学学报(哲学社会科学版)》2018 年第 5 期。
[30]龚春霞:《优化配置农业水权的路径分析——以个体农户和农村集体的比较分析为视角》,载《思想战线》2018 年第 4 期。
[31]古小东:《基于生态系统的流域立法:我国水资源环境保护困境之制度纾解》,载《青海社会科学》2018 年第 5 期。
[32]郭晖:《关于加快推进水权交易的思考》,载《水利发展研究》2017 年第 9 期。
[33]行龙:《开展中国人口、资源、环境史研究》,载《山西大学学报(哲学社会科学版)》2001 年第 6 期。
[34]何艳梅:《我国流域水管理法律体制的演变与发展》,载《水利经济》2020 年第 6 期。
[35]和夏冰等:《墨累 - 达令河流域管理体制改革及其启示》,载《世界地理研究》2018 年第 5 期。
[36]侯保灯、刘世庆等:《关于我国水权制度建设的思考和建议》,载《中国水利》2021 年第 5 期。
[37]胡鞍钢、王亚华:《转型期水资源配置的公共政策:准市场和政治民主协商》,载《中国软科学》2000 年第 5 期。
[38]胡德胜:《水人权:人权法上的水权》,载《河北法学》2006 年第 5 期。
[39]贾大明:《美国水资源的利用与管理》,载《科技导报》1998 年第 5 期。
[40]李国英:《深入贯彻新发展理念 推进水资源集约安全利用》,载《人民日报》2021 年 3 月 22 日,第 10 版。
[41]李政等:《国内流域立法实践及其对制定长江保护法的启示》,载《水利

发展研究》2020 年第 8 期。
[42]联合国水机制环境卫生和饮用水全球分析及评估(GLAAS):《环境卫生和饮用水全球分析及评估 2018/2019 年周期国家调查指南》(PDF)。
[43]刘世庆、巨栋等:《中国水权制度建设考察报告》,社会科学文献出版社 2015 年版。
[44]刘文、王建平等:《关于推进流域立法的思考》,载《水利发展研究》2010 年第 1 期。
[45]刘云生:《民法典设立先占取得制度之必要性与可能性透视》,载《河北法学》2005 年第 3 期。
[46]罗志高等编著:《国外流域管理典型案例研究》,西南财经大学出版社 2015 年版。
[47]吕忠梅:《〈长江保护法〉适用的基础性问题》,载《环境保护》2021 年第 Z1 期。
[48]吕忠梅:《〈长江法〉专家建议稿》,载吕忠梅主编:《环境资源法论丛》第 11 卷,法律出版社 2019 年版。
[49]吕忠梅:《关于制定〈长江保护法〉的法理思考》,载《东方法学》2020 年第 2 期。
[50]吕忠梅:《寻找长江流域立法的新法理——以方法论为视角》,载《政法论丛》2018 年第 6 期。
[51]潘海英、叶晓丹:《水权市场建设的政府作为:一个总体框架》,载《改革》2018 年第 1 期。
[52]裴丽萍:《可交易水权论》,载《法学评论》2007 年第 4 期。
[53]裴丽萍:《可交易水权研究》,中国社会科学出版社 2008 年版。
[54]裴丽萍:《论水资源法律调整模式及其变迁》,载《法学家》2007 年第 2 期。
[55]裴丽萍:《论水资源国家所有的必要性》,载《中国法学》2003 年第 5 期。
[56]裴丽萍:《水权制度初论》,载《中国法学》2001 年第 2 期。
[57]钱杭:《共同体理论视野下的湘湖水利集团——兼论“库域型”水利社会》,载《中国社会科学》2008 年第 2 期。

[58]邱秋:《域外流域立法的发展变迁及其对长江保护立法的启示》,载《中国人口·资源与环境》2019年第10期。
[59]沈大军:《论流域管理》,载《自然资源学报》2009年第10期。
[60]沈满洪:《水权交易与政府创新——以东阳义乌水权交易案为例》,载《管理世界》2005年第6期。
[61]慎海雄、王磊:《我国首笔用水权交易成交——义乌出资两亿元 买来上游东阳水》,载《人民日报》2001年2月16日第2版。
[62]史尚宽:《物权法论》,中国政法大学出版社2000年版。
[63]水资源处:《充分体现流域水资源刚性约束意志 扎实推进河流水量分配工作》,载淮河水利网2020年1月20日,http://www.hrc.gov.cn/main/jlfy2020hwgzhy/208541.jhtml。
[64]苏波、王蔚:《水资源私有化及其解决途径:观照拉丁美洲》,载《重庆社会科学》2014年第9期。
[65]田贵良:《国家试点省(区)水权改革经验比较与推进对策》,载《环境保护》2018年第13期。
[66]田倩、白成全:《这部流域立法有何地方特色》,载《中国环境报》2019年7月19日,第6版。
[67]佟金萍等:《新时期我国水权交易的时代特征及制度供给》,载《中国水利》2018年第19期。
[68]汪劲总主编,汪劲、严厚福、孙晓璞编译:《环境正义:丧钟为谁而鸣——美国联邦法院环境诉讼经典判例选》,北京大学出版社2006年版。
[69]汪恕诚:《水权和水市场——谈实现水资源优化配置的经济手段》,载《中国水利》2000年第11期。
[70]王彬、冯相昭:《我国现行流域立法及实施效果评价》,载《环境保护》2019年第21期。
[71]王慧:《水权交易的理论重塑与规则重构》,载《苏州大学学报(哲学社会科学版)》2018年第6期。
[72]王建平、李发鹏、夏朋:《两手发力——要充分发挥好市场配置资源的作

用和更好发挥政府作用》,载《水利发展研究》2018 年第 9 期。
[73]王景山、苏立宁等:《农业内部水权指标交易关键技术研究——以宁夏吴忠市红寺堡区水权交易试点为例》,载《人民长江》2016 年第 18 期。
[74]王俊杰、李淼、高磊:《关于当前水权交易平台发展的总结与建议》,载《水利发展研究》2017 年第 11 期。
[75]王磊:《浙江义乌 2 亿元水权交易 提升水的价值与尊严》,载《华东新闻》2005 年 2 月 21 日,第 3 版。
[76]王巧玲:《水权结构与可持续发展——以黄河为例透视中国的水资源治理模式》,中国出版集团、世界图书出版公司 2014 年版。
[77]王清军等:《我国流域环境管理的法治路径:挑战与应对》,载《南京工业大学学报(社会科学版)》2020 年第 5 期。
[78]王文革主编:《自然资源法——理论·实务·案例》,法律出版社 2016 年版。
[79]王小军:《美国水权制度研究》,中国社会科学出版社 2011 年版。
[80]王晓东、刘文、黄河主编:《中国水权制度研究》,黄河水利出版社 2007 年版。
[81]王旭:《论自然资源国家所有权的宪法规制功能》,载《中国法学》2013 年第 6 期。
[82]王亚华、舒全峰、吴佳喆:《水权市场研究述评与中国特色水权市场研究展望》,载《中国人口·资源与环境》2017 年第 6 期。
[83]王亚华:《水权解释》,上海人民出版社 2005 年版。
[84]王泽鉴:《民法物权》(第 1 册),中国政法大学出版社 2001 年版。
[85]韦凤年:《宁夏:水资源使用权确权改革与实践》,载《中国水利》2018 年第 19 期。
[86]魏衍亮、周艳霞:《美国水权理论基础、制度安排对中国水权制度建设的启示》,载《比较法研究》2002 年第 4 期。
[87]吴凤平、陈艳萍:《流域初始水权和谐配置方法研究》,中国水利水电出版社 2010 年版。

[88]萧正洪:《历史时期关中地区农田灌溉中的水权问题》,载《中国经济史研究》1999年第1期。
[89]谢世清:《美国田纳西河流域开发与管理及其经验》,载《亚太经济》2013年第2期。
[90]徐军:《我国流域管理立法现状及反思》,载《河海大学学报(哲学社会科学版)》2004年第4期。
[91]许大凯:《高台全面实行冬灌"水票制"》,载《甘肃经济日报》2017年11月15日,第3版。
[92]杨彦明:《水权制度建设中的政府与市场关系刍议》,载《水利发展研究》2018年第5期。
[93]袁亚平:《浙江义乌花4.79亿元向东阳买水"喝"——首例城市水权交易兑现》,载《人民日报》2005年1月7日,第6版。
[94]张俊峰:《金元以来山陕水利图碑与历史水权问题》,载《山西大学学报(哲学社会科学版)》2017年第3期。
[95]张俊峰:《清至民国内蒙古土默特地区的水权交易——兼与晋陕地区比较》,载《近代史研究》2017年第3期。
[96]张力:《先占取得的正当性缺陷及其法律规制》,载《中外法学》2018年第4期。
[97]张佩国、王扬:《"山有多高,水有多深"择塘村水务工程中的水权与林权》,载《社会》2011年第2期。
[98]赵连阁、胡从枢:《东阳-义乌水权交易的经济影响分析》,载《农业经济问题》2007年第4期。
[99]赵世瑜:《分水之争:公共资源与乡土社会的权力和象征——以明清山西汾水流域的若干案例为中心》,载《中国社会科学》2005年第2期。
[100]郑玲:《对"东阳-义乌水权交易"的再认识》,载《水利发展研究》2005年第2期。
[101]曾玉珊、陆素艮:《我国水权交易模式探析》,载《徐州工程学院学报(社会科学版)》2015年第4期。

[102]曾玉珊、张玉洁:《中国水权与土地使用权关系探微》,载《中国土地科学》2015 年第 4 期。

[103]中国水利部和世界银行:《中国国别水资源合作战略(2013 - 2020)》,载世界银行,https://documents. shihang. org/zh/publication/documents - reports/documentdetail/805351468262754749/china - country - water - resources - partnership - strategy - 2013 - 2020。

[104]朱景文主编:《比较法总论》(第 4 版),中国人民大学出版社 2019 年版。

二、英文文献和案例

[1] A. Charnes , W. W. Cooper, E. Rhodes, *Measuring the Efficiency of Decision-Making Units*, European Journal of Operational Research, Vol. 2 (1979).

[2]Abiy Chelkeba Worku, *Human Rights Approach to Water in the Ethiopian Context: Legal and Policy Assessments and Challenges*, Haramaya Law Review, Vol. 6(2017).

[3] Andrew Myers & Meghan Snow, *Water Share - Using Water Markets and Impact Investment to Drive Sustainability*, The Nature Conservancy (2016), https://www. environmental - finance. com/assets/files/research/WaterShare _Fin_Web_Med. pdf.

[4]Arizona v. California, 373 U. S. 546(1963).

[5]Ball v. James, 451 U. S. 355(1981).

[6]Bonnie G. Colby, Mark A. McGinnis, etc, *Transferring Water Rights in the Western States: A Comparison of Policies and Procedures*, Getches - Wilkinson Center for Natural Resources, Energy, and the Environment (1989).

[7] Brandon Scarborough, *Environmental Water Markets: Restoring Streams Through Trade*, PERC Policy Series, No. 46(2010).

[8] Brian E. Gray, *The Modern Era in California Water Law*, Hastings Law

Journal, Vol. 45(1994).

[9] California Water Code Division1, Chapter1.

[10] Cappaert v. U. S., 426 U. S. 128(1976).

[11] Charles Wilkinson, *Introduction to the Culture of Water Symposium*, Wyoming Law Review, Vol. 6(2006).

[12] Cheryl A. Dieter, Molly A. Maupin, Rodney R. Caldwell, etc, *Estimated Use of Water in the United States in* 2015, U. S. Geological Survey Circular 1441.

[13] Coffin v. Left Hand Ditch Co., 6 Colo. 443(1882).

[14] Colorado Constitution Article XVI, Section 5.

[15] Comment, *Federal Reserved Rights in Water: The Problem of Quantification*, Texas Tech Law Review, Vol. 9(1977).

[16] Craig Anthony Arnold, *Water Privatization Trends in the United States: Human Rights, National Security, and Public Stewardship*, Wlilliam&Mary Environmental Law and Policy Review, Vol. 33(2009).

[17] Dan Tarlock, *Prior Appropriation: Rule, Principle, or Rhetoric*, North Dakota Law Review, Vol. 76(2000).

[18] Dan Tarlock, *The Future of Prior Appropriation in the New West*, Natural Resources Journal, Vol. 41(Fall, 2001).

[19] David H. Getches, Sandra B. Zellmer, Adell L. Amos, *Water Law in a Nutshell*, West Academic Publishing, 2015.

[20] David J. Stuckenberg, Anthony L. Contento, *Water Scarcity: The Most Understated Global Security Risk*, Harvard National Security Journal (May 18, 2018) https://harvardnsj. org/2018/05/water – scarcity – the – most – understated – global – security – risk/.

[21] Debbie Leonard, *Doctrinal Uncertainty in the Law of Federal Reserved Water Rights: The Potential Impact on Renewable Energy Development*, Natural Resources Journal, Vol. 50(2010).

[22] Donald Worster, *Watershed Democracy: Recovering the Lost Vision of John Wesley Powell*, Journal of Land, Resources, & Environmental Law, Vol. 23 (2003).

[23] Eldridge v. Cowell, 4 Cal. 81(1854).

[24] Eva Melody LaManna, *Three's a Crowd: Examining Georgia's Options in the Tri – state water wars under Principles of International Law*, Georgia Journal of International and Comparative Law, Vol. 39(2015).

[25] Fact Sheet, T*he Indus Waters Treaty* 1960 *and the Role of the World Bank*, World Bank(June 11, 2018), https://www. worldbank. org/en/region/sar/brief/fact – sheet – the – indus – waters – treaty – 1960 – and – the – world – bank.

[26] Food and Agriculture Organization of the United Nations, *Water Scarcity*, http://www. fao. org/land – water/water/water – scarcity/en/.

[27] Fulghum v. Town of Selma, 238 N. C. 100, 76 S. E. 2D 368(N. C. 1953).

[28] Gabreil Eckstein, *Precious, Worthless, or Immeasurable: The Value and Ethic of Water*, Texas Tech Law Review, Vol. 38(2006).

[29] Gabriel Eckstein, *Precious, Worthless, or Immeasurable: The Value and Ethic of Water*, Texas Tech Law Review, Vol. 38, No. 4(Summer 2006).

[30] George A. Gould, *Transfer of Water Rights* , Natural Resources Journal, Vol. 29(1989).

[31] Georgia Protection of Tidewaters Act, Chapter 1 Article 1, Section2.

[32] Glenn Schaible, *Understanding Irrigated Agriculture*, Natural Resources & Environment, 05 June 2017.

[33] *Historic Water Transfer Agreement Documents Finalized, County Water Authority and Imperial Irrigation District Landmark Water Deal*(January 15, 2003), San Diego County Water Authonty (Jowuary 15, 2013), https://www. sdcwa. org/historic – water – transfer – agreement –

documents – finalized.

[34] Hubert Savenije, Pieter van der Zaag, *Water as an Economic Good and Demand Management Paradigms with Pitfalls*, Water International, Vol. 27:1(2002).

[35] I W. Hutchins, *Water Rights Laws in the Nineteen Western States*, 3 *Vol. Illustrated Edition*, The Lawbook Exchange, Ltd, 2004.

[36] ICWE. 1992, *The Dublin Statement and Report of the Conference*, International Conference on Water and the Environment: Development Issues for the twentieth century.

[37] Idaho Statutes, Title 42, Chapter 15, Section 42 – 1501.

[38] Idaho Statutes, Title 42, Chapter17, Section 42 – 1761.

[39] Idaho Statutes, Title 42, Chapter17, Section 42 – 1764.

[40] Idaho Water Recource Board, *Water Supply Bank*: 2019 *Report for the Board's Water Supply Bank*, Idaho Department of Water Resources, https://idwr.idaho.gov/water – supply – bank/reports.html.

[41] Illinois Central Rail Road v. Illinois, 146 U. S. 387(1892).

[42] Irwin v. Phillips, 5 Cal. 140(1855).

[43] J. Stevens, *The Public Trust Doctrine: A sovereign's Ancient Prerogative Becomes the People's Environmental Right*, U. C. Davis Law Review, Vol. 14(1980).

[44] J. J. N. P. Co. v. State(655 P. 2d 1136, 1137 Utah 1982).

[45] James L. Huffman, *Comprehensive River Basin Management: The Limits of Collaborative, Stakeholder – Based, Water Governance*, Natural Resources Journal, Vol. 49(2009).

[46] James Salzman, *Thirst: A Short History of Drinking Water*, Yale Journal of Law & the Humanities, Vol. 17(2006).

[47] Janice L. Weis, *Federal Reserved Water Rights in Wilderness Areas: A Progress Report on a Western Water Fight*, Hastings Constitutional Law

Quarterly, Vol. 15(Fall 1987).

[48] Jaqualin Friend, *Nephi C v. Hansen: The Utah Supreme Court Sidesteps Public Trust Principles in Allowing Forfeiture of Municipal Water Rights*, 11 Journal of Energy, Natural Resources & Environmental law, Vol. 11 (1991).

[49] Jedediah Purdy, *After Nature: A Politics for the Anthropocene*, Harvard University Press, 2015.

[50] Jeffrey T. Hawkins, *Protecting Federal Reserved Water Rights on Military Installations*, The Air Force Law Review, Vol. 79(2018).

[51] Joel M. Gross, Kerrl L. Stelcen, *The Clean Water Act* (the second edition), American Bar Association Section of Environment, Energy, and Resources, 2012.

[52] John Franklin Smith, *The Public Trust Doctrine and National Audubon Society v. Superior Court: A Hard Case Makes Bad Law or the Consistent Evolution of California Water Rights*, Glendale Law Review, Vol. 6 (1984).

[53] John Grim and Mary Evelyn Tucker, *Ecology and Religion*, Island Press, 2014.

[54] John L. Heim, *Georgia Water Law*, *Use and Control Factors*, Georgia Bar Journal, Vol. 19(1956).

[55] John R. Teerink, *Water Allocation Methods and Water Rights in the Western States*, U. S. A, in John R. Teerink and Masahiro Nakashima, Water Allocation, Rights and Pricing: Examples from Japan and the United States, The World Bank Press, 193.

[56] John Williams and William McCann, *Lower Colorado River Authority*, TSHA (July 31, 2012), https://www. tshaonline. org/handbook/entries/lower - colorado - river - authority.

[57] Joseph L. Sax, *Public Trust Doctrine in Natural Resource Law: Effective*

Judicial Intervention, Michigan Law Review, Vol. 68(1970).

[58] Joseph L. Sax, *Reflections on Western Water Law*, 34 Ecology Law Quarterly, Vol. 34(2007).

[59] Joseph Regalia, *A New Water Law Vista: Rooting the Public Trust Doctrine in the Courts*, Kentucky Law Journal, Vol. 108(2019).

[60] Josh Eagle, James E Salzman, Barton H. Thompson Jr., *Natural Resources Law and Policy*, Foundation Press, 2017.

[61] Kathryn Reid, *Global Water Crisis: Facts, FAQs, and How to Help*, World Vision (April 16, 2021), https://www.worldvision.org/clean-water-news-stories/global-water-crisis-facts.

[62] Kelly J. Latimer, *Federal Reserved Water Rights Doctrine under the Wilderness Act: Is it Finally Here to Stay*, Journal of Land Resources & Environmental law, Vol. 20(2000).

[63] Kerry Turner, Stavros Georgiou, *Economic Valuation of Water Resources in Agriculture from the Sectoral to a Functional Perspective of Natural Resource Management*, Food and Agriculture Organization of The United Nations, 2004.

[64] Kleppe v. New Mexico, 426U. S. 529(1976).

[65] Lyla Mehta, Gert Jan Veldwisch, Jennifer Franco, *Introduction to the Special Issue: Water Grabbing? Focus on the (Re)appropriation of Finite Water Resources*, Water Alternatives 2012, Vol. 5 Issue 2.

[66] Lyla Mehta, *Problems of Publicness and Access Rights: Perspectives from the Water Domain, from Inge Kaul, Providing Global Public Goods: Managing Globalization*, Oxford: Oxford University Press, 2003.

[67] Mark Kanazawa, *Golden Rules: The Origins of California Water Law in the Gold Rush*, University of Chicago Press, 2015.

[68] Martin v. Waddell, 41 U. S. (16 Pet.) 367(1842).

[69] Martiny v. Wells, 419 P. 2d 470(1966).

[70] Matthew Goff, Ben Crow, *Water is Water Equity? The Unfortunate Consequences of a Global Focus on "Drinking Water"*, Water International, Vol. 39(2014).

[71] Maude Barlow, *Protecting Water and Land From Grabbers, For a New Water Ethic*, Down To Earth (November 30, 2021), https://www. downtoearth. org. in/blog/protecting - water - and - land - from - grabbers - for - a - new - water - ethic - 44688.

[72] Mckay J, Marsden S. Australia: The Problem of Sustainability in Water, Dellapenna J, Guptat J. The Evolution of the Law and Politics of Water, Springer, 2009.

[73] Mesfin M. Mekonnen & Arjen Y. Hoekstra, *Four Billion People Facing Severe Water Scarcity*, Science Advances (February 12, 2016), https:// advances. sciencemag. org/content/2/2/e1500323.

[74] Michael C. Blumm, *Federal Reserved Water as a Rule of Law*, Idaho Law Review, Vol. 52(2016).

[75] Michelle Bryan Mudd, *Hitching Our Wagon to a Dim Star: Why Outmoded Water Codes and "Public Interest" Review Cannot Protect the Public Trust in Western Water Law*, Stanford Environmental Law Journal, Vol. 32(2013).

[76] Moses Lasky, *From Prior Appropriation to Economic Distribution of Water by The State - Via Irrigation Administration*, Rocky Mountain Law Review, Vol. 1(1929).

[77] N. D. Cent. Code § 61 - 04 - 06(North Dakota Century Code, Title 61. Chapter 61 - 04 - 06).

[78] National Audubon Society v. Thesuperior Court of Alpine County, 33 Cal. 3d 419(1983).

[79] Niki Rust, Religion Can Make Us More Environmentally Friendly - or - not, Yale Forum on Religion and Ecology (February 7, 2017), http:// www. bbc. com/earth/story/20170206 - religion - can - make - us - more

- environmentally - friendly - or - not.

[80] Note, *What Price for the Priceless: Implementing the Justiciability of the Right to Water*, Harvard Law Review, Vol. 120(2007).

[81] Notes, *Water Law - Public Trust Doctrine*, Natural Resources Journal, Vol. 24(July 1984).

[82] *Overview of the Idaho Water Supply Bank*, Idaho Department of Water Resources, https://idwr. idaho. gov/water - supply - bank/overview. html.

[83] Perry, C. J. , M. Rock, and D. Seckler, *Water as an Economic Good: A Solution, or a Problem?* Research Report 14. IWMI, Colombo.

[84] Randy Strobo, *Commodity of the Future? Environmental Ethics and the Value of Water*, Journal of Animal & Environmental Law, Vol. 8 (Symposium Edition).

[85] Randy Strobo, *Commodity of the Future: Environmental Ethics and the Value of Water*, Journal of Animal & Environmental Law, Vol. 8(2017).

[86] Rebecca Lowe & Emily Silvester, *Water Shortages Threaten Global Security*, IBA Global Insight(October 1, 2014), https://www. ibanet. org/Article/NewDetail. aspx? ArticleUid = B7ACBA3B - A762 - 4B1A - A715 - 8BBEDC90F854.

[87] Rhett B. Larson, *The New Right in Water*, Washington and lee Law Review, Vol. 70, Issue 4(2013).

[88] Richael Young & Nicholas Brozovic, *Agricultural Water Transfers in the Western United States*, Digital Commons @ University of Nebraska - Lincoln, (January 2019), https://waterforfood - www. whglyj. com/ -/media/ projects/dwfi/resource - documents/reports - and - working - papers/ agricultural - water - transfers - in - the - western - united - states. pdf.

[89] Richard M. Frank, *The Public Trust Doctrine: Assessing Its Recent Past & Charting Its Future*, U. C. Davis Law Review, Vol. 45(2012).

[90] RobinKundis Craig, Robert W. Adler, Noah D. Hall, *Water Law*, Foundation Press,2017.

[91] Rose Francis, *Water Justice in South Africa: Natural Resources Policy at the Intersection of Human Rights, Economics, and Political Power*, The Georgetown International Environmental Law Review,2005.

[92] Saby Ghoshray, *Searching for Human Rights to Water Amidst Corporate Privatization in India: Hindustan Coca - Cola Pvt. Ltd. v. Perumatty Grama Panchayat*, The Georgetown Int'l Envtl. Law Review,Vol. 19.

[93] Salman M. A Salman, *The Human Right to Water and Sanitation: Is the Obligation Deliverable?* Water International,Vol. 39(2014).

[94] Samy Magdy,*Egypt warns Ethiopia Nile dam dispute is "life or death"*, The Times of Israel(Nov. 18,2017), https://www. timesofisrael. com/egypt - warns - ethiopia - nile - dam - dispute-life-or-death/.

[95] State v. Hagerman Water Right Owners,947 P. 2d 400(Idaho 1997).

[96] Stephen C. McCaffrey, *The Human Right to Water: A False Promise?* University of Pacific Law Review,Vol. 47(2016).

[97] Teclaff L A, *Evolution of the River Basin Concept in National and International Water Law*,Natural resources journal,Vol. 36:1(1996).

[98] Thayer v. California Development Company, 164 Cal. 117(1912).

[99] The Revised Code of Washington,Title 90,Chapter54,Section020.

[100] *The water crisis*, Water,https://water. org/our - impact/water-crisis/.

[101] UN World Water Development Report 2019,*Leaving No One Behind*, United Nations Environment Program Live (2016), https://www. unwater. org/publications/world - water - development - report - 2019/.

[102] United Nations Environment Program(UNEP),*A Snapshot of the World's Water Quality: Towards a Global Assessment*, https://uneplive. unep. org/media/docs/assessments/unep _ wwqa _ report _ web. pdf https://unstats. un. org/sdgs/report/2018/overview/.

[103] United Nations, *The Sustainable Development Goals Report* 2018, United Wations (2018), https://unstats. un. org/sdgs/report/2018/overview/.

[104] United Nations, *Water Quality and Wastewater*, United Nations, https://www. unwater. org/water – facts/quality – and – wastewater/.

[105] United Statesv. New Mexico, 438U. S. 696(1978).

[106] USGS, *How Much Water Is There on Earth*, USGS (November 13, 2019), https://www. usgs. gov/special – topic/water – science – school/science/how – much – water – there – earth? qt – science_center_objects = 0#qt – science_center_objects.

[107] Violeta Petrova, *At the Frontiers of the Rush for Blue Gold: Water Privatization and the Human Right to Water*, Brooklyn Journal of International Law , Vol. 31, Issue 2(2006).

[108] Vrinda Narain , *Water as a Fundamental Right: a Perpective from India*, Vermont Law Review, Vol. 34(2007).

[109] *Water Conflict Chronology*, World Water (May 13, 2022), https://www. worldwater. org/conflict/list/.

[110] *Water Supply BankRules* (IDAPA 37. 02. 03), Division of Finacial Managmenl, https://adminrules. idaho. gov/rules/current/37/370203. pdf.

[111] Western Governors' Association and Western States Water Council, *Water Transfers in the West: Projects, Trends, and Leading Practices in Voluntary Water Trading*, (December, 2012), http://westgov. org/images/editor/Water_transfers_in_the_West_December_2012. pdf.

[112] *White Paper, Quantification Settlement Agreement*, San Diego County Water Authority (January 15, 2013), https://www. sdcwa. org/white – paper – quantification – settlement – agreement.

[113] Winters v. United States, 207U. S. 564(1908).

[114] World Bank Group, *High and Dry: Climate Change, Water, and the Economy* , World Bank, https://www. worldbank. org/en/topic/water/

publication/high - and - dry - climate - change - water - and - the - economy.

[115] World Health Organization, *Water & Culture*, *the Internation Decade for Water 2005 - 2015*.